U0793543

北京宣传文化引导基金
BEIJING CULTURE GUIDING FUND
北京宣传文化引导基金资助项目

北京博物馆学会社会教育专业委员会支持项目

古都博览

探秘北京100家博物馆

果美侠 主编

多媒体资源

北京·旅游教育出版社

编者按

北京是一座有着丰厚历史文化积淀的文明古都，也是一座正在创新发展的现代化都市。在这里，古代遗迹与现代建筑并立，传统文化与时尚创意碰撞。其中，最能体现古今发展与融合的地方，大概要数博物馆了。

博物馆肩负着研究、收藏、保护、阐释和展示物质与非物质文化遗产的责任，是人们学习历史文化知识、了解自然科学常识、提升艺术鉴赏能力的重要场所，也日益成为人们文化休闲的重要去处。北京现有注册博物馆 200 多家，是全世界博物馆资源最多的城市之一，从国有到民办，从国家级到区县级，从综合类到行业类，从自然科学类到社会科学类，等等，不仅类型全，而且覆盖广。正是因为拥有如此得天独厚的资源，北京才积极打造“博物馆之城”，以“彰显首都风范、古都风韵、时代风貌”。

旅游教育出版社关注到这一资源，策划了这本《古都博览——探秘北京 100 家博物馆》（以下简称《古都博览》），希望以此整合北京地区博物馆资源，展现北京文化事业发展成果，增强人民文化生活获得感；同时，讲好博物馆故事，传承中华优秀传统文化，坚定文化自信。这样一个项目，依靠出版社自身的力量还是有些吃力。旅游教育出版社找到了北京博物馆学会社会教育专业委员会（以下简称“社教专委会”），希望借助社教专委会的力量来组织编撰。

社教专委会隶属北京博物馆学会，秘书处在故宫博物院，由北京地区博物馆社会教育专业人员组成，通过组织各类博物馆社会教育工作的交流研讨，搭建北京地区博物馆社教专业人员之间的交流平台，促进馆际沟通与资源共享，推动各类博物馆社会教育领域的协同发展。

《古都博览》这本书符合社教专委会的宗旨，能够很好地展示北京地区博物馆的资源与特色，增进公众对这些博物馆的认识和了解，为人们选择参观北京地区博物馆提供借鉴与参考。

社教专委会欣然接受了出版社邀约，将编撰出版该书列入专委会 2022 年度工作计划，向北京地区各博物馆发出征稿通知。通知得到了各博物馆的积极响应与支持，100 家博物馆的名单很快就出炉了。随后，沟通联络、稿件撰写、设计排版、审校修改及音视频资料收集等工作有序开展。经过近一年的共同努力，《古都博览》终于和读者见面了。

该书图文并茂，介绍了北京地区 100 家博物馆的概况、常设展览、馆藏精品等，同时附参观攻略，还嵌入二维码，搭载部分博物馆音频和视频介绍，极大丰富了图书内容，增强了阅读体验感和获得感。

希望这本书能够让读者更好地感受北京地区博物馆的魅力，进而想走进这些博物馆一探究竟，开阔眼界，充实自我。

最后，感谢为本书提供珍贵资料的 100 家博物馆，感谢所有参与本书编写的博物馆工作人员、编辑审校人员，感谢大家对北京博物馆学会社会教育专业委员会的支持！

果美侠
故宫博物院 研究馆员
北京博物馆学会社会教育专业委员会主任

目录 Contents

综合类博物馆

社会科学类博物馆

自然科学类博物馆

综合类博物馆

故宫博物院午门

01 故宫博物院

概　况

故宫博物院成立于1925年，是在明清皇宫及其收藏基础上建立起来的国家级大型综合性博物馆。故宫于1961年被国务院列为第一批全国重点文物保护单位，1987年被联合国教科文组织列入《世界遗产名录》。2007年，故宫博物院被评为国家AAAAA级旅游景区，2008年被国家文物局列为首批国家一级博物馆。

故宫博物院所管理的明清建筑群占地面积106万平方米，是我国现存规模最大、保存最完整的古代宫殿建筑群。其前身明清皇宫紫禁城，于明永乐十八年（1420年）建成，分为外朝和内廷两部分。外朝以太和殿、中和殿、保和殿为主体，文华殿、武英殿为两翼，主要是皇帝举行盛大典礼的场所。内廷以乾清宫、交泰殿、坤宁宫为主体，东西六宫为两翼，是皇帝处理日常政务以及帝后妃嫔生活起居的地方。此外还有外东路的太上皇宫和外西路的太后宫院。明清两代共有24位皇帝居住于此。1912年清朝灭亡后，紫禁城作为皇宫的历史就此终结。1914年，于外朝区域成立古物陈列所；1925年，于内廷区域成立故宫博物院；1948年，古物陈列所并入故宫博物院。

故宫博物院院藏文物体系完备、涵盖古今、品质精良、品类丰富，涵盖陶瓷、绘画、法书、青铜器、玉石器、漆器、雕塑、生活器具、古籍等25种大类别，现有藏品总量186万余件（套），其中一级藏品8000余件（套），堪称艺术的宝库。故宫博物院通过明清皇家宫殿建筑，宫廷史迹原状陈列，珍宝、钟表、书画、陶瓷、雕塑等艺术藏品专馆陈设，以及专题展览等多种方式，向公众传播弘扬故宫所承载的中华优秀传统文化。

常设展览·馆藏精品

故宫博物院的展览包括专题展览、专馆陈设和原状陈列三大系列，构成了体系完备、分类清晰、符合故宫定位和故宫特色的展陈体系。

其中，专题展览分为临时特展和常设展览，覆盖书画器物、古代建筑、历史文化、宫廷生活等多个方面；专馆陈设是在某座宫殿内固定展出某类藏品，目前设有珍宝馆、钟表馆、书画馆、陶瓷馆、雕塑馆、家具馆等11座专馆；原状陈列是历史悠久、极具特色，且深受广大观众喜爱的展览类型，殿内陈设都严格遵循历史档案记载去选择与布置，力求恢复历史原貌，让观众能够真切地感受到厚重的历史文化氛围。

专馆——珍宝馆

故宫博物院收藏的文物中，绝大多数属于清代宫廷遗存，今称“清宫旧藏”。清宫旧藏珍品有的源自前代皇室的递藏，有的是由宫廷营造体系——内务府造办处与苏州、江宁（今南京）、杭州三织造等共同承旨制作，另有每逢年节地方官吏的贡品，甚至不乏来自少数民族政权或与西方国家交往获赠的礼品。这些文物历经岁月淘洗，成为中华民族悠久历史和灿烂文化的物证。其中有一部分以金、银、玉、翠、珍珠等制作而成，不仅材质珍贵，甚或还由著名匠师设计制造，可谓精美绝伦、竭尽巧思，代表了当时的最高工艺技术水平。

珍宝馆从中遴选约400件（套）文物，结合建筑的特点，在皇极殿两侧庑房4个展厅分别陈列珠宝、金银、玉石、盆景类文物；养性殿、乐寿堂、颐和轩等建筑则根据其功能与历史，恢复相关原状陈设。

馆藏精品

东珠朝珠

清顺治，周长137厘米。朝珠是清代一种独特的礼制性饰物，源于佛教的念珠。制作朝珠的材质有很多，如东珠、青金石、蜜蜡、珊瑚、绿松石等，其中东珠朝珠最为珍贵。清朝典章制度规定，东珠朝珠只有皇帝、皇太后和皇后在参加大典时才能佩戴。

此件朝珠的主体由108颗大小一致的东珠穿成，由4颗形状稍大的珊瑚佛头等分，佛头两侧各有一颗青金石结珠。主体上垂挂3串记念，每串穿10颗绿松石，坠角为红宝石，上系一颗东珠结珠。颈后正中的珊瑚佛头之下，以黄丝带系嵌金镶猫眼石背云，上下各有一个珊瑚蝙蝠形结牌，末端垂金累

东珠朝珠

丝托红宝石坠角。佩戴朝珠时，需将背云垂于背后，起到平衡整串朝珠的作用，使朝珠不会过于前倾或左右移动。

专馆——钟表馆

钟表是故宫博物院文物藏品中的一个特殊门类。这些装饰华贵、制作精美、功能复杂的钟表，通过贸易、官员进献、外国使团或组织馈赠、清廷自主制造等几种途径汇聚清宫。

故宫博物院的中外钟表收藏品数量超过1500件，制作年代从18世纪至20世纪初不等，既有来自英国、法国、瑞士的名家之作，也有出自清宫做钟处和广州的精品，以及一些中西合璧的产物，堪称世界博物馆钟表收藏中的翘楚。

铜镀金写字人钟

馆藏精品

铜镀金写字人钟

英国，18世纪，高231厘米，底座77厘米 ×77厘米。钟型为铜镀金4层楼阁。底层是此钟最精彩、结构最繁复的部分，它独立于上层的计时部分机械设置，只需上弦开动即可演示。写字人为欧洲绅士容貌，单腿跪地，一手伏案，一手握毛笔。上弦前，需提前将写字人手中的毛笔蘸好墨汁，开启机关后写字人便会在其面前的纸上写下“八方向化，九土来王”8个汉字，与此同时写字人的头部还会随之摆动。第二层是钟的计时部分。第三层有一位敲钟人，每逢报完3、6、9、12时后，便会敲打钟碗奏乐。顶层的圆形亭内，有两人举着一个圆筒好似翩翩起舞，启动后，二人旋转拉开距离，圆筒随即展为横幅，上面写有“万寿无疆”4字。

这件精美的大型钟是英国伦敦的威廉森

西洋写字人

（Williamson）专为清宫制作的。

原状陈列——太和殿

太和殿，俗称“金銮殿”，位于北京中轴线上，是故宫体量最大、等级最高的建筑物，建筑规制之高，装饰手法之精，堪列中国古代建筑之首。

太和殿最初建成于明永乐十八年（1420年），之后屡遭焚毁又多次重建，现存建筑为清康熙三十四年（1695年）重建后的形制。太和殿东西长约63米，南北宽约37米，占地约2377平方米，连同其下三层汉白玉台基通高约35米。太和殿使用等级最高的重檐庑殿顶，覆以黄琉璃瓦，檐角屋脊上装饰有10个脊兽，数量之多为中国现存古建筑中的孤例。

明清两代，太和殿用于举行宫廷重大典礼，如皇帝登基、大婚、册立皇后、命将出征等。此外，每年元旦、冬至和万寿三大节，皇帝会在太和殿接受文武官员的朝贺，并向王公大臣赐宴。清初，太和殿还曾是举行殿试的场所。从乾隆五十四年（1789年）开始，殿试改在保和殿举行，但“传胪”（宣布进士名次）仍在太和殿举行。

馆藏精品

金漆雕龙宝座与祥瑞陈设

太和殿中央的宝座及其四周祥瑞陈设构成了一个“金色空间”，无疑成为殿内的焦点。这个宝座由楠木制成，通体髹漆雕龙，装饰有金粉和金胶，高173厘米，宽162厘米。位于宝座上方的四字匾额“建极绥猷”为清代乾隆皇帝御笔，以此告诫帝王应同时对上天和万民负责，顺应大道，执政公

太和殿外景

太和殿中央的宝座与祥瑞陈设

太和殿内的“金色空间”

允。宝座两侧排列6根沥粉贴金云龙图案的巨柱，高12余米，直径1米。宝座上方天花正中安置金龙衔珠藻井，龙头下探，口衔宝珠。

宝座前的4对祥瑞陈设分别是宝象、角端、仙鹤和香亭，均由铜胎掐丝珐琅制成。宝象背驮宝瓶，宝瓶内盛五谷，整体寓意“太平有象”，国家安定，五谷丰收；角端是传说中的独角神兽，通晓多种语言，可日行万里，象征君主贤明；仙鹤是传说中的长寿鸟，象征君主健康长寿，国家长治久安；香亭用于皇帝朝会时燃点檀香，寓意天下大治，国泰民安。

拓展阅读

《清明上河图》

北宋，张择端，绢本，淡设色，纵24.8厘米，横528厘米。

《清明上河图》描绘的是清明时节北宋都城汴京（今河南开封）东角子门内外和汴河两岸的繁华热闹景象，画面内容丰富生动，集中概括地再现了北宋全盛时期都城汴京的生活面貌。

全画可分为三段：卷首是汴京郊外的乡野春光；中段是以虹桥为中心的汴河两岸，车水马龙的交通、人声鼎沸的商业活动；卷尾是城门里的各种商贸活动，喧闹的商肆渐趋平静。全画的构思极为巧妙，人物的活动

《清明上河图》局部

跌宕起伏，富有节奏变化。

作者用传统的手卷形式，采取“散点透视法”组织画面。画面长而不冗，繁而不乱，严密紧凑，如一气呵成。画中所摄取的景物，大至寂静的原野、浩瀚的河流、高耸的城郭，小到舟车里的人物、摊贩上的陈设货物、市招上的文字，丝毫不失。在多达500余人物的画面中，穿插着各种情节，组织得有条不紊，同时又具有情趣。

此画后幅有金张著、明吴宽等13家题记，钤96方印。《清河书画舫》《庚子销夏记》《式古堂书画记》等书著录。

拓展视频

参观攻略

地　　址： 北京市东城区景山前街4号

咨询电话： 400-950-1925

交通路线：

1. 故宫博物院实行自南向北单向参观路线。午门（南门）只作为参观入口，观众一律从午门进入；神武门（北门）和东华门（东门）只作为参观出口，观众参观结束后可由神武门或东华门离开。

2. 公交1、120、2、52、82、夜1、观光1线、观光2线天安门东站；地铁1号线天安门东站。

3. 公交1、5、52、夜1路，观光1线、观光2线天安门西站；地铁1号线天安门西站

开放时间： 旺季（4月1日—10月31日）8：30—17：00，淡季（11月1日—次年3月31日）8：30—16：30

门票价格： 旺季大门票60元/人，淡季大门票40元/人；珍宝馆（即进入宁寿宫区，包括戏曲馆、石鼓馆）参观门票10元/人；钟表馆（即进入奉先殿区）参观门票10元/人

注意事项：

1. 除法定节假日外，故宫博物院全年实行周一全天闭馆措施。

2. 故宫博物院实行线上预约参观制度，参观当天持预约时所填报的有效证件原件（身份证、户口本、护照等）在任意检票口入院，无须兑换纸质门票。

3. 故宫博物院针对未成年人、老年人等不同观众群体实行门票优惠政策，详情可见故宫博物院官方网站。

首都博物馆外景

02 首都博物馆

概 况

首都博物馆1953年开始筹备，1981年正式对外开放，原址位于北京孔庙。北京市委、市政府高度重视博物馆建设，1999年筹备首都博物馆新馆，经过4年多的建设，2006年5月18日正式开馆。

首都博物馆是北京市属的大型地志类综合性城市博物馆，总建筑面积63 390平方米。首都博物馆建筑是一座融古典美和现代美于一体的建筑艺术品，既具有浓郁的民族特色，又呈现鲜明的现代感。巨大的屋盖继承了中国传统建筑深远挑檐；通长的石质幕墙象征着中国古代城墙；广场起坡传承古代高台建筑风格；北门外地面镶嵌清代丹陛，大厅内有明代牌楼，体现出中国传统建筑平面中心轴线特点；椭圆形的青铜展馆斜出墙面寓意古代文物破土而出。

作为国家一级博物馆，首都博物馆所藏文物达125 001件（套），尤其以辽、金、元、明、清代文物为特色，品类丰富，包括佛教造像、陶瓷器、书画、青铜器、玉器、石刻、钱币、玺印、织绣、竹木牙角器、文房用具、家具等，其中不乏享誉海内外的孤品与珍品。

首都博物馆以完善先进的设备设施为基础，以人性化服务理念为原则，为广大公众提供了多种优质的服务。它不仅是一座重要的文化设施，同时也是北京地区文物保护、文物研究、面向公众尤其是广大青少年传播爱国主义精神、历史及科学知识的基地，还是北京市举办礼仪和庆典活动的重要场所，已成为首都重要的文化活动场所，是北京地区公共文化服务体系的重要组成部分。

目前，北京大运河博物馆（首都博物馆东馆）正在筹备建设中。该馆从大运河与北京城市发展的互动关系以及北京服务国家首都建设的角度，诠释和弘扬大运河文化，通过将北京城市发展的历史脉络与大运河文化有机结合，将大运河的历史贡献、历史地位具体化，向世界讲好大运河故事、副中心故事、北京故事、中国故事。

常设展览

首都博物馆展览以基本陈列、专题展览和临时展览构成，其中基本陈列有“古都北京·历史文化篇”“京城旧事·老北京民俗展”。“古都北京·历史文化篇”是首都博物馆展陈的核心，表现了恢宏壮丽的北京文化及不断提升并走向辉煌的都城发展史；专题展览有“古代瓷器艺术精品展”“燕地青铜艺术精品展”“古代玉器艺术精品展”“古代佛像艺术精品展”“千年宝藏 盛世重光——北京古代佛塔文物展”。目前，首博的基本陈列正在改陈当中，改陈后将完整展示北京悠久的70万年人居史、辉煌的3000年建城史、璀璨的800余年建都史、砥砺奋进的70年新中国首都史；着重揭示北京在中国历史、世界文明史上的重要地位，弘扬北京在传承中华优秀传统文化、维护国家统一、推动中华民族共同体形成、实现中华民族伟大复兴等方面所做出的不可替代的卓越贡献。

拓展阅读

伯矩鬲

1974年北京房山区琉璃河西周墓地251号墓出土。鬲本是一种炊煮器，特点为足中空如袋状，以扩大容量和增加受热面积。陶鬲是极具中原文化特色的陶器，在新石器时代已普及。青铜鬲源自陶鬲，出现于商代，盛行于西周。伯矩鬲造型雄伟庄重，凸显出“吉金”的厚重之美。其装饰工艺令人惊叹，采用了高浮雕和浅浮雕相结合的手法，通体装饰7个风格各异的牛首兽面纹。盖钮的2个写实牛首相背组成盖钮；器盖的2个牛首则为神兽，口有獠牙，和牛角上的鳞纹都显现出神兽的威严；3个袋足装饰的牛首长巨眼，装饰于浑圆的足部更彰显灵动之感。看似憨拙的牛在商周时期作为力量的象征，被赋予了神性，既可用作最高等级的祭品，其

伯矩鬲

肩胛骨也常用来占卜。因此牛首成为商周青铜器兽面纹中比较常见的题材。但如伯矩鬲这般多达7个牛首的青铜纹饰却极为罕见，其高浮雕的立体风格也迥异于常见的平面化牛首兽面纹。纹饰如此复杂的青铜器一次浑铸成型，反映了西周燕国极为高超的青铜冶铸水平。伯矩鬲的盖内及颈内壁分别铸有相同的十五字铭文："在戊辰，燕侯赐伯矩贝，用作父戊尊彝"。铭文大意是：在某年某月的戊辰日，燕侯赏赐贵族伯矩海贝，伯矩为了纪念这一荣耀而铸造了这件尊贵的铜器，用于祭祀父亲戊。燕侯赐伯矩贝，是因为在商周时期南海出产的热带海贝因珍奇而被作为货币使用，赐贝就相当于赐钱。虽然目前没有更多文献资料能揭示这位伯矩的身份、家世，但能拥有伯矩鬲这样的珍宝，必非等闲之辈。迄今发现伯矩铸造的青铜礼器已达20余件，据此判断伯矩应贵为公卿，有可能是燕侯的亲族。伯矩作为周人，却因袭商人的传统，依照天干将亡父称为戊，这一罕见现象从侧面展现了燕国始封建国的历史。周灭商后，商纣王的儿子武庚发起叛乱，被周王朝的辅国重臣周公旦和召公奭平定，部分商遗民为躲避周人迁徙到了冀北、北京一带。为了镇守王朝的北大门、监视殷商遗民，召公奭被册封于北京地区，其长子克作为第一任燕侯赴北京建立了燕国，国都就是已发掘的房山琉璃河燕都遗址。燕国的居民包括了周人、商人、土著部族，三种文化相互融合形成了燕文化。伯矩的父亲以天干取名，就是融合后的燕文化的一个表象。这也折射出北京地区自古以来就已具有兼容并蓄、开放进取的文化传统。伯矩鬲造型雄伟，纹饰奇巧，工艺精湛，铜质精良，铭文清晰且有较高研究价值。尤为难得的是，其艺术构思和铸造工艺在目前已知的商周青铜鬲中仅此一件，为此类器物中的孤品，代表了燕国青铜文化的最高水平。

景德街牌楼

步入首都博物馆的正门，一座高大壮观、流光溢彩的中式牌楼迎面而立。牌楼正中镶嵌着"景德街"3个描金字，常引起许多观众在此驻足。这座牌楼来自何处？为什么会矗立在首都博物馆？"景德"又是何意？这一连串的问题也常会出现在观众提问

景德街牌楼

中。解开“景德街”牌楼之谜，首先要从位于北京市西城区阜成门内大街路北的全国重点文物保护单位——历代帝王庙说起。1530年，即明嘉靖九年，为祭祀中华先祖、三皇五帝、历代帝王和功臣名将始修建了这座皇家庙宇，并一直为明清两朝皇家祭祀所沿用。“景德街”牌楼原矗立于历代帝王庙庙门前，共为两座，分设庙门东西两侧。牌楼为四柱三间七楼式样。两座牌楼制式相同，与庙门对面的照壁围合成历代帝王庙建筑群的起始空间，凸显出这座庙宇的威严。中华人民共和国成立后，随着北京城市建设的飞速发展，原庙宇门前的街道明显狭窄，横跨街道南北的牌楼不仅影响交通，且多次受到车辆撞击，造成人员伤亡及古建的损坏。1954年，北京市政府决定将牌楼进行拆卸保存。在著名古建专家学者梁思成先生等人的建议下，北京市建设局养路工程事务所的工作人员对拆卸前的牌楼进行了多角度拍摄，全面测量及绘制图样，并对拆卸下来的每一个构建进行了详细登记。这为牌楼今天在首都博物馆复建留下了宝贵资料。这座牌楼为什么会复建在首都博物馆礼仪大厅呢？这就要从进入21世纪，首都博物馆建设新馆说起了。2001年12月，经国务院批准建设的首都博物馆新馆在北京复兴门外大街拔

地而起。如何在这座现代化的博物馆中充分体现出北京这座世界历史名城的古代建筑特色？从北京市文物局领导到专家学者，不约而同地想到了这座保存已久的牌楼。牌楼的复建，不仅可以充实博物馆礼仪大厅巨大的空间，使这座现代建筑与中国古代建筑融为一体、交相辉映，更能使这一古代建筑的精华得到更妥善的保护和充分的展示。而这座牌楼，也成为目前首都博物馆所展出的最大的一件文物。在牌楼复建时，正面按原装饰风格重新彩绘，背面则未加任何的修饰，保留了古朴原貌。牌楼之所以称“景德”，因为“景”字在古汉语中同“影”，“景德”即追随先贤们的美好品德之意，与修建历代帝王庙的初衷一脉相通。历代帝王庙中轴线上主体建筑，通贯以“景德”二字，如“景德门”“景德崇圣殿”等。今天当人们站立在这座高大的牌楼前，不仅可以了解观赏中国古代建筑的高超技艺，还可以追溯中华民族先贤们的美德，同时感受到历史的北京与现代的北京在时代的交替中融合与进步。

拓展视频

参观攻略

地　　址： 北京市西城区复兴门外大街 16 号

咨询电话： 010-63370491、010-63370492

交通路线： 公交 26、45、80、114 路白云路站，1、52 路工会大楼站，78 路真武庙三里站；地铁 1 号线木樨地站 C1 口出站，向东 500 米

开放时间： 9：00—17：00（16：00 停止入馆），周一闭馆（节假日除外）

门票价格： 免费参观

中国国家博物馆西门

03 中国国家博物馆

概 况

中国国家博物馆的前身可追溯至1912年成立的国立历史博物馆筹备处，是代表国家收藏、研究、展示、阐释能够充分反映中华优秀传统文化、革命文化和社会主义先进文化代表性物证的最高机构，是国家最高历史文化艺术殿堂和文化客厅，总用地面积7万平方米，建筑面积近20万平方米，建筑高42.5米，地上5层，地下2层，展厅48个，是世界上单体建筑面积最大的博物馆。2012年11月29日，习近平总书记带领十八届中共中央政治局常委来到中国国家博物馆参观“复兴之路”基本陈列，发出实现中华民族伟大复兴中国梦的伟大号召，中国特色社会主义新时代在这里扬帆启程。

中国国家博物馆至今已走过100多年的光辉历程，积淀了深厚的历史文化底蕴，现有藏品数量140万余件，涵盖古代文物、近现代文物、图书古籍善本、艺术品等多种门类，其中一级文物近6000件（套），具有高度的历史价值、时代价值、文化价值、科技价值和审美价值。中国国家博物馆属于国家一级博物馆，每年吸引着近千万国内外观众前来参观，是世界上最受欢迎的博物馆之一。

常设展览 · 馆藏精品

中国国家博物馆已建立以基本陈列为基础、专题展览为骨干、临时展览为支撑的立体化展览体系，均衡历史、文化、艺术展览结构，丰富呈现形式和展陈手段，全面展示中华优秀传统文化、革命文化和社会主义先进文化。

“古代中国”“复兴之路”“复兴之路 · 新时代部分”是中国国家博物馆的三大

基本陈列，也是目前全国唯一能够展示中华民族发展史的展览。它们共同展现了中华文明绵延不绝的发展特点和各族人民共同缔造多民族国家的历史进程，展现了中国社会发展的全貌。

专题展览作为中国国家博物馆陈列展览体系当中的重要组成部分，包括“中国古代玉器艺术”“中国古代钱币”“中国古代佛造像”“中国古代服饰文化”“科技的力量”“屹立东方——馆藏经典美术作品展”等，是对3个基本陈列展陈内容的延伸和深化。

基本陈列——“古代中国”

“古代中国”基本陈列是中国国家博物馆的常设展览之一。该展览以中国古代历史中的王朝更替为主要脉络，分为远古时期、夏商西周时期、春秋战国时期、秦汉时期、三国两晋南北朝时期、隋唐五代时期、辽宋夏金元时期和明清时期8个部分。该展览以2000余件中国古代珍贵文物为主要见证，较为全面地展示了不同历史时期在政治、经济、文化、社会生活以及中外交流等方面的发展状况，突出展现了中华文明绵延不绝的发展特点和各族人民共同缔造多民族国家的历史进程，展现了中华民族所取得的辉煌成就和对人类文明所做出的伟大贡献。

馆藏精品

“后母戊”青铜方鼎

商代晚期，高133厘米，口长110厘米，口宽79厘米，重832.84千克，传河南安阳武官村出土。后母戊鼎因其腹壁内侧所铸铭文而得名。“后母戊”，学界或读为“司母戊”“姛戊”“姤戊”，应为商王武丁配偶妇姘的庙号。该鼎造型方正，体量巨大，雄伟庄重。鼎身四壁沿周缘装饰数种形象不同的兽面纹、龙纹，足部也装饰兽面纹，鼎耳上部则装饰鱼纹，鼎耳外侧装饰虎食人纹。后母戊鼎是目前所见中国古代最重的青铜礼器，因其体量、重量均远超一般的青铜器，在原料冶炼、塑模制范、浇铸充型等一系列铸造过程中的技术要求极高，充分显示出此时青铜器铸造业庞大的生产规模和杰出的技术成就。

“后母戊”青铜方鼎

基本陈列——“复兴之路”

“复兴之路”基本陈列通过回顾1840年鸦片战争以来，陷入半殖民地半封建社会深渊的中国各阶层人民在屈辱苦难中奋起抗争，为实现民族复兴进行的种种探索，特别是中国共产党领导全国各族人民争取民族独立人民解放、国家富强人民幸福的光辉历程，充分说明历史和人民怎样选择了马克思主义、怎样选择了中国共产党、怎样选择了社会主义道路，使中华民族以崭新的姿态屹立于世界东方。展览分“中国沦为半殖民地半封建社会”“探求救亡图存的道路”“中国共产党肩负起民族独立人民解放历史重任”“建设社会主义新中国”“走中国特色社会主义道路”5个部分，展出了大量珍贵文物史料。

馆藏精品

毛泽东在开国大典上升起的新中国第一面五星红旗

1949年10月1日，纵338厘米，横460厘米。1949年10月1日，中华人民共和国开国大典在天安门广场隆重举行。中央人民政府主席毛泽东在天安门城楼宣告中华人民共和国中央人民政府成立，并亲手按动电钮升起第一面五星红旗。五星红旗由曾联松设计，旗面为红色，由5幅红绸拼接而成，5颗五角星用黄缎做成。大五角星正立于旗面左上角，代表中国共产党，4颗小五角星代表工人、农民、小资产阶级和民族资产阶级，环绕在大五角星右侧，各有一个角尖正对大五角星中心点，象征中国共产党领导下的革命人民大团结。

毛泽东在开国大典上升起的
新中国第一面五星红旗

专题展——“中国古代佛造像”

该展通过265件馆藏造像精品，勾勒出中国古代佛造像艺术的发展演变历程。展览围绕着“溯源”与“发展”的结构进行展示。“溯源”部分展示了斯瓦特、克什米尔、东北印度和尼泊尔等古印度地区的造像，引领观众了解佛教发源地的造像艺术。“发展”由“汉传佛造像”和“藏传佛造像”两个并列部分组成，展示出佛造像在中国不同时期、不同地域的艺术特色。“汉传佛造像”以时间为轴，展示了北朝至明清时期不同质地的造像精品。“藏传佛教造像”以造像艺术风格为主线，呈现了宫廷风格、西藏风格、蒙古风格和极具写实风格的祖师造像。整个展览呈现了不同地域佛造像的精彩造型和丰富内涵，彰显了中华文化的多元一体、源远流长、开放包容和博大精深。

馆藏精品

彩绘木雕观音菩萨坐像

宋，高200厘米。菩萨头戴高花冠，面目清秀，神态安详，双目下视，似以无限悲悯的神情关注着人间。身披帔帛，帛带绕

彩绘木雕观音菩萨坐像

臂飘逸身边。胸饰璎珞，下着长裙，长裙色彩鲜艳，覆座垂地。裙腰结带，腰带饰宝珠花饰。菩萨右手持莲花，左腿下垂，足踏山石，极富生活情趣。菩萨造像雕刻技法流畅，造型飘逸脱俗，庄严中蕴含沉静之美，体现出宋代的美学精神。

参观攻略

地　址：北京市东城区东长安街 16 号（天安门广场东侧）

咨询电话：010–65116400

交通路线：公交 1、2、52、82、120 路，观光 2 线、旅游公交 1 线、旅游公交 2 线天安门东站；地铁 1 号线天安门东站 D 口出站

开放时间：9：00—17：00（16：00 停止入馆，16：30 观众退场）

门票价格：免费参观

注意事项：

1. 全员实名制预约参观。除法定节假日外，中国国家博物馆全年实行周一全天闭馆的措施。

2. 个人观众需提前 1~7 天在“国家博物馆”官方网站或微信公众号预约，每天分为以下 3 个预约入馆时段：9：00—10：00，10：00—13：30，13：30—15：30。参观当天凭预约时使用的本人二代身份证原件（外籍人士和港、澳、台地区观众凭预约二维码）从北门西侧入馆参观。

3. 观众须在预约时间段到馆参观，避免造成扎堆聚集，如错过预约时间段将谢绝入馆。如无法按时入馆参观，观众可于参观当日 15：00 前在本系统申请退票，逾期无法退票，系统将自动默认该账号爽约 1 次。年度内累计 3 次爽约的账号，将在 90 天内不能预约。

4. 场馆内请勿推行轮椅、儿童推车等使用扶梯，如有轮椅、儿童推车或其他使用直梯需求，请于现场拨打电梯使用电话。

5. 临时展览信息及其他相关政策，详见中国国家博物馆官方网站。

社会科学类博物馆

北京菜百黄金珠宝博物馆打卡点——锦鲤莲花池

04 北京菜百黄金珠宝博物馆

概 况

北京菜百黄金珠宝博物馆（以下简称“菜百博物馆”）位于北京市西城区广安门内大街306号，于2020年由北京市文物局正式备案。菜百博物馆总面积约8800平方米，设置近20处互动打卡点，展示近千件来自世界各地珍稀珠宝、矿物、虫珀展品，涵盖宝石学、古生物学、矿物学等多个领域。

常设展览 · 馆藏精品

菜百博物馆设有世界矿物长廊展区、寿山石雕“满汉全席”展区、臻品荟萃特色展区、珍稀虫珀特色展区、黄铂金K金贵金属展区、珠宝玉石臻品展区、荧光矿物专题展区、翡翠沙盘互动展区、“与大师同行”展区、非遗编织技艺展区近20个展区。珍稀虫珀特色展区展示包裹着蚂蚁、蜡蝉、草蛉、甲虫等不同史前生物的珍稀虫珀。黄铂金K金贵金属展区展示琳琅的贵金属产品，包含铂金诞生之旅展、历年熊猫金币展、婚庆文化展等，展销结合。珠宝玉石臻品展区展示钻石、红蓝宝石、祖母绿、碧玺、海蓝宝石、欧泊、和田玉、翡翠等特色珠宝玉石

荧光矿物专题展区

展品，并有“千粒克拉钻”展。荧光矿物专题展区展示天然矿物晶体在长、中、短波紫外荧光下展现的荧光之美。

展览一大亮点是互动性强，通过翡翠文化互动大屏、紫晶之翼拍照互动等提供集科普教育和游戏娱乐于一体的参观体验。

常设展览——世界矿物长廊展区

该展区展示来自 14 个国家的珍稀矿物晶体，如世界较大较完整的天河石晶体、大型水晶晶洞、透视石、水硅钒钙石、磷氯铅矿等。

馆藏精品

天河石晶体

重 399 千克，是目前国内已知较大较完整的天河石晶体，其颜色为浓艳蓝绿色，并与许多黑色电气石共生，非常罕见稀有。整件晶体造型仿佛蓝色屋顶的童话小屋，俏丽活泼，充满童趣。

天河石晶体

常设展览——寿山石雕“满汉全席”展区

该展区展示用寿山石雕刻的满汉全席菜品。寿山石有 100 多个石种，色彩斑斓、质地温润、肌理变化多端，有“细、洁、温、润、凝、腻”六大特点，莫氏硬度 2~3，非常适宜雕刻。

馆藏精品

寿山石雕满汉全席

作品运用 20 余种寿山石，雕刻 108 道菜。雕刻上突出“奇”与“巧”。作品打破了传统的工艺，为欣赏寿山石拓宽了想象空间，从相石、构思、设计到雕刻都投入了很大心血，展品栩栩如生，引人入胜。

寿山石雕满汉全席

常设展览——臻品荟萃特色展区

该展区云集珍奇、稀有的矿物标本，展示罕见的“狗头金”自然金、水晶球等珍贵标本，并通过智能设备提供集科普、娱乐于一体的参观体验。

馆藏精品

自然金

自然金

自然金属于等轴晶系，是一种自然元素矿物，呈现为树枝状、粒状、片状、块状等，颜色、条痕均为金黄至浅黄色，随含银量增加而变淡，金属光泽，不透明。莫氏硬度 2.5~3，无解理，比重 15.6~19.3。该自然金密度大，硬度低，富延展性，造型美观，呈现明亮的金属光泽，颜色为深金黄色，纯正鲜亮，说明金含量很高。黄金以自然金的形式产出是较为罕见的，可遇而不可求，被人们视为宝中之宝。

参观攻略

地　　址：北京市西城区广安门内大街 306 号

咨询电话：010–83520088

交通路线：公交 57、6、109、38、5 路等广安门内站；地铁 7 号线广安门内站

开放时间：9：30—20：30（全年开馆）

门票价格：免费参观，无须预约

北京大学赛克勒考古与艺术博物馆外景

05 北京大学赛克勒考古与艺术博物馆

概 况

北京大学赛克勒考古与艺术博物馆（以下简称“北大赛克勒博物馆”）坐落于风景秀丽的北京大学鸣鹤园内，是中国高校第一座现代化博物馆和中国高等院校第一座考古专题教学博物馆。博物馆由北京大学与美国友人阿瑟·姆·赛克勒博士及其夫人吉莉安·赛克勒女爵士合作筹建，于 1986 年 9 月破土奠基，并于 1993 年 5 月 27 日正式对外开放。博物馆建筑面积 4000 平方米，展厅建筑面积 2000 平方米。

北大赛克勒博物馆的理念是“考古传递理性，艺术激励创新”，致力于打造世界一流大学博物馆，为北京大学成为世界顶级大学提供文化支撑，在学校教学、科研和成果转化中发挥独特的不可替代的作用，培育北京大学学生的艺术素养、科学精神、国际视野，是展现学校教学科研成果与学校风采的窗口与文化交流平台。

常设展览·馆藏精品

自建成开放以来，北大赛克勒博物馆形成了自己独特的风格，发挥教学、科研和社会服务功能，举办了以考古、艺术及北大师生科研生活为主题的多项展览，包括以北大师生田野考古发掘重要收获为基础的基本陈列“燕园聚珍”、以唐纳德·斯通捐赠为主体的西方版画展和“吉莉安·赛克勒女爵士国际艺术家展览项目”推介的国际艺术家展览，并举办获得业内外好评的学术性特展，如“吉金铸国史——周原出土西周青铜器精粹展”“花舞大唐春——何家村遗宝精粹展”“秦与戎——秦文化与西戎文化十年考古成果展”“千山共色——丝绸之路文明特展”等。

目前，北大赛克勒博物馆拥有藏品13 000余件，大部分为中国考古学各时期的典型标本，如周口店遗址石器、新石器时代不同考古学文化的代表性器物、商周甲骨、山西曲村晋侯墓地出土铜器及玉器等。这些藏品始于20世纪20年代北京大学国学门考古学研究室，之后陆续汇集了北京大学博物馆和燕京大学史前博物馆的部分收藏，以及北京大学从田野考古发掘中获得的教学标本，国内各文物、考古机构和博物馆调拨的器物，还有海内外文物收藏家的捐赠。除了中国考古学教学标本外，北大赛克勒博物馆还拥有包括丢勒、伦勃朗、马蒂斯、毕加索等西方艺术大师作品的600余件西方版画，具备国内最为完整的西方版画收藏体系。

“旅途与想象——馆藏中国题材版画展”
展厅内景

“北京大学考古100年 考古专业70年”
特展展厅内景

馆藏精品

陶鸮面

新石器时代晚期仰韶文化庙底沟类型（公元前4000—前3000年），高7厘米，直径14.1厘米，1958年陕西省华县泉护村南台地出土。泥质褐陶，手制，器表呈暗褐色。原物似为圆形，正面塑出鼓起的双目和尖喙，头部上方两侧有双耳残迹，形象地勾画出鸱鸮的面部，构图简练而传神。用戳印点纹象征羽毛，构思巧妙，具有强烈的质感。

陶鸮面

卵白釉印花“太禧”铭盘

元后期（1328—1352年），高3.4厘米，口径17.8厘米，底径11.4厘米。圆唇，敞口，浅曲腹，阔底，矮圈足。卵白色釉光润，局部有小块缩釉现象，外壁积釉处呈青绿色。平砂底，胎质细腻，色白稍泛灰。盘内印花，由于釉层稍厚且釉较黏滞，纹饰显得不清晰。

盘心印独龙戏珠纹，内壁腹部印阳纹变形缠枝莲花，上托八宝，纹间印有对称的“太禧”二字。外壁刻“八大码”纹。

“太禧”为太禧宗禋院的简称。太禧宗禋院掌“禋享礼典”，因此此盘应是一件祭器。卵白釉瓷器中带“枢府”款的较多，而“太禧”款的绝少，目前仅知故宫博物院和英国维多利亚与阿尔伯特博物馆（Victoria and Albert Museum）各藏有一件，与此盘的器型纹饰均相同，总计存世三件，应为同批产品。

拓展视频

卵白釉印花“太禧”铭盘

参观攻略

地　　址： 北京市海淀区颐和园路5号北京大学西门内

咨询电话： 010-62751667

交通路线： 公交332、424、584、608、644、686、688路等北京大学西门站；公交305、307、320、355、365、450、549、579、601、614、681路等中关园站；地铁4号线北京大学东门站

开放时间： 周二至周日9：00—17：00（16：30起停止入馆），周一闭馆（用以维护修缮）。春节期间闭馆，平时如遇特殊情况临时闭馆，请参见开放公告

门票价格： 免费参观

注意事项： 博物馆目前仅面向校内观众预约开放。校内观众请前往博物馆公众号菜单栏的“校内预约”板块线上预约

北京工艺美术博物馆外景

06 北京工艺美术博物馆

概　况

北京工艺美术博物馆创建于1987年，隶属北京工美集团有限责任公司，是全国第一家由企业创建的专业性工艺美术博物馆，开了企业创办博物馆的先河。

馆藏分为25个门类，共3044件（套），其中国家珍贵文物702件（套），此间不乏“国宝级”珍品。藏品共分4个类别：一是代表宫廷传统工艺的“燕京八绝”——玉雕、牙雕、景泰蓝、雕漆、花丝镶嵌、金漆镶嵌、京绣和宫毯；二是代表北京民间非遗工艺的“民间九珍”——面人、泥人、风筝、毛猴、绢花、料器、绒鸟等；三是其他类，即瓷器、青铜器、古铜钱、木雕、金铜佛像等；四是重要国事纪念品等。

常设展览·馆藏精品

常设展览——“京华绝技　古韵今香”

此展览分南北两区，南区展示八种宫廷手工技艺，即“燕京八绝”，北区主要展示北京地区特种工艺与民俗工艺。

宫廷手工艺在“清宫造办四十二作”基础上被提炼为“燕京八绝”，是中国传统文化智慧与技术的结晶。这些工艺在中华人民共和国成立初期被定名为北京市“特种工艺”。所谓“特”，是指特殊的材料、特殊的技艺、特殊的历史背景、特殊的民族传统风格以及特殊的经济价值等。它们虽然不是出自宫廷，但都带有浓厚的宫廷色彩，是手工技艺发展与融合的结晶，有极高的文化价值与经济价值。

馆藏精品

雏鸡脱壳

高 5.5 厘米，宽 4 厘米，厚 4 厘米，1972 年制作，作者潘淑艾。作品《雏鸡脱壳》的体积如鸡蛋，玲珑小巧，形象逼真，俏色运用巧妙。椭圆形的蛋壳中，一只粉红色、羽毛未干的雏鸡探出头来，眼睛睁大，表情惊奇；一只细嫩的红色小爪奋力伸张，像要把禁锢它的蛋皮挣裂，惟妙惟肖。

玛瑙《雏鸡脱壳》

《雏鸡脱壳》用料虽小巧，运色却极俏。蛋壳呈奶白色，光洁滋润，晶莹如脂，与壳内崭露头角、刻画细致、清秀俏丽的橙红色雏鸡，一白一红、一静一动、一光亮滑洁一毛绒精琢，形成鲜明对比，欣喜之余，不禁为一个小生命的诞生而兴奋。原本冷硬的石料，在琢玉艺师巧妙的构思雕琢下，成了富有生命力、跃跃欲出的雏鸡。也许这雏鸡还弱小，但它却蕴含旺盛的活力。琢玉艺师赋硬石以灵魂，奏出一曲生命颂歌。

专馆——珍宝馆

北京工艺美术博物馆藏品中有很多是代表中华人民共和国成立后最高工艺水平及艺术文化品质的珍品。珍宝馆中的展品是从众多藏品中精选出的 100 件顶级工艺美术代表作，有人民大会堂收藏的牙雕巨作、毛主席休息室陈设品、郭沫若参与设计的玉雕作品、天安门广场人民英雄纪念碑浮雕之牙雕小样、20 世纪 60 年代后影响全国的玉雕“毛主席像”等。

馆藏精品

翡翠三秋瓶

高39.6厘米，宽15.2厘米，1959年制作。此作品由北京市玉器厂王仲元设计，北京市玉器厂佟功祥、马德利、李长友制作。作品用一整块较为珍稀的杨柳绿翡翠雕刻，重15 千克，白地，含硬绿、黄翡及藕粉色带黄皮。作者巧用俏色，琢出顶花带刺的黄瓜、秋豆、小萝卜和顶盖上一只秋鸣的大蝈蝈，汇集秋实、秋韵、秋色于一体，呈现出一派令人陶然的金秋景色。瓶身采用深浮雕镂空，凸显立体感；瓶盖采取镂空透雕法，使茎叶、豆角显得玲珑剔透。中华人民共和国成立十周年时，这件作品被制作成 3 米多高的模型，参加天安门广场的阅兵仪式，代表了当时整个工艺美术行业的最高水平。

翡翠三秋瓶

雕漆《镂空花篮盘》

直径38厘米，制作于20世纪70年代。这件作品是工艺美术大师杜炳臣的代表作，以黄铜做内胎，上涂约600层大漆后，在半干未干时绘上图案，再用特制的刀具剔雕片刻。雕漆镂空花篮盘以红色寓示红红火火，以圆形和填充丰富纹样的盘体寓意圆圆满满，以各种花卉寓意富贵满堂、幸福长寿、花好月圆、世代传延。镂空雕技艺由杜炳臣耗尽20年心血研制而成，其在雕漆工艺品中的应用，是雕漆技艺的重大历史性发展和突破。它不仅具有细腻丰满的装饰效果，而且极大增强了雕漆工艺品的立体感、空间感和艺术感染力。

雕漆《镂空花篮盘》

拓展阅读

黄杨木雕《劳模》

长30厘米，高34厘米，1957年制作，作者高从理。此作品以一整块罕见的黄杨木大料雕刻而成。《劳模》是表现翻身做主人的广大农民，以极大热情投身社会主义农业建设的缩影。主人公戴着光荣花，获得奖励的喜悦心情溢于言表，人物刻画极为生动。

黄杨木雕《劳模》

参观攻略

- 地　　址：北京市朝阳区天辰东路10号
- 咨询电话：010-64811285
- 交通路线：公交379、484、594、695、751路洼里南口站下车，向西100米到下沉广场新奥工美大厦内；地铁8号、15号线奥林匹克公园E口出，左转100米
- 开放时间：周二至周日10：00—17：00（16：30停止入馆）
- 门票价格：免费参观
- 注意事项：除法定节假日外，北京工艺美术博物馆全年实行周一全天闭馆的措施

07 北京古代建筑博物馆

概　况

北京古代建筑博物馆（以下简称“古建馆”）坐落于明清时期的皇家坛庙先农坛内，是一座收藏、研究和欣赏中国古代建筑的专题性博物馆，1988 年成立。2001 年 6 月 25 日，先农坛被国务院公布为第五批全国重点文物保护单位。

古建馆占地 7 万余平方米，隶属北京市文物局，是国家二级博物馆、全国青少年科普教育基地、北京市青少年爱国主义教育基地。博物馆以弘扬中国传统文化、普及科学知识、开展文化交流为服务宗旨向广大观众提供服务。

常设展览 · 馆藏精品

“中国古代建筑展”和“先农坛历史文化展”是古建馆的两组基本陈列，分别向观众展示了中国古代建筑悠久的发展历史、精湛的建筑技艺、丰富的建筑类型以及以先农坛为载体的中国深厚的先农文化。

常设展览——“中国古代建筑展”

“中国古代建筑展”分为中国古代建筑发展历程、中国古代建筑营造技艺、太岁坛复原陈列、中国古代城市、中国古代建筑类型欣赏 5 个部分，分别从历史、技术和类型角度向广大观众展现中国古代建筑的发展变迁、文化内涵，为观众展示中国古代建筑独特的文化魅力。

馆藏精品

太岁殿

面阔七间，进深三间，占地面积约 1320 平方米，是先农坛内最大的单体建筑。太岁殿始建于明永乐十八年，明代称为山川坛正殿。明嘉靖十一年前，这里是合祀太

太岁殿

岁、城隍及天神地祇众神的场所；嘉靖十一年开始专祀太岁之神。太岁殿院落中的拜殿既是穿殿，也是官员代祭太岁神的祭拜之处。东西配殿用来供奉十二月将神。

隆福寺万善正觉殿明间藻井

这个星象藻井为隆福寺万善正觉殿内最华丽的一组，为国家一级文物，是我国现存明代藻井实物中的精品。1976年因地震将藻

隆福寺万善正觉殿明间藻井

井从大殿上拆下，1988 年移至古建馆收藏并进行了修复。如今所见的星象藻井共分六层，外圆内方，外圆井作三重天宫楼阁自上而垂，形如伞状。内方井旁刻有楼阁、舞人，周壁彩绘人物精巧华丽。最下面两层悬吊于佛像所占用的明间天花板之下，而在一、二、三、五层上布置有琼楼玉宇的天上宫阙，天宫下为彩绘的二十八星宿神像，宫阙里有仙人天女，都是精雕细琢而成，表情神态极为细腻，有和善安详，有怒目圆瞪，有颔首微笑，有闭目养神，惟妙惟肖。藻井最上方是一幅星象图，存星 1400 多颗，据传此图是参照唐代一幅星象图绘制。在藻井外围，与室内天花板及藻井一、二层相平的为一正方形井枋，其上彩云缭绕中立着一个个神像，藻井第三层四角又有木雕四大力士支撑。

北京城沙盘

这个沙盘所展现的是 1949 年北京城的面貌。北京建城有 3000 多年的历史，到元明清时期最终发展成为中国皇权专制时代统一国家的“国都”和“国际大都市”。北京城是一座完全按照传统礼制规划建造的城市。北京城平面呈“凸”字形，北部近乎方形的部分是内城，南城称为外城，全城以皇宫所在的宫城为中心。城市内突出一条由南而北、贯穿全城的中轴线，宫城里的重要殿堂都被放在轴线之上，两旁对称地配列着寝宫厅馆，左祖右社也置于轴线左右。明清北京中轴线北至钟鼓楼，南至永定门，长达 7.8 千米。这一条城市轴线像这座城市的脊梁，演绎出北京城特有的壮美秩序。

北京城沙盘

山西曲沃东韩村金墓

这是一座金代仿木结构的砖雕墓。墓坐北朝南，平面近方形，顶部由砖石层层堆叠向外出挑，形成叠涩顶，墓室西部为墓门及甬道，东部为棺床。墓室内部由砖石构建须弥座，四周设立 4 根角柱，柱头上有仿木质结构的斗栱，柱子之间雕有精美的棱花门、棱花窗。墓室墙壁上还刻有以“二十四孝”为主题的人物雕刻。

常设展览——“先农坛历史文化展”

“先农坛历史文化展”分为先农坛的变迁、亲耕享先农和古代祭农文化 3 个部分，详细介绍了先农坛从 1420 年至今的变化与发展，展示了明清时期皇帝亲耕亲祭周密详备的典礼制度和隆重有序的典礼过程，更展示了中国源远流长的农耕文明。

馆藏精品

《清雍正帝先农坛亲祭图》（复制品）和《清雍正帝先农坛亲耕图》（复制品）

清代宫廷画师将清世宗雍正帝祭祀先农之神和扶犁亲耕的盛大场面，绘成上下两幅画卷。上卷为《雍正帝先农坛亲祭图》，纵 61.8 厘米，横 467.8 厘米，藏于北京故宫博

物院。画卷真实反映了雍正帝在先农坛祭祀先农神的隆重场景，图中显示的祭祀陈设、祭祀乐器和乐舞人员等内容，成为研究清代国家祭祀先农之神制度的重要依据。下卷《雍正帝先农坛亲耕图》，纵62厘米，横459厘米，现藏于法国吉美博物馆。该图卷是研究清代耤田礼珍贵的形象化资料。

先农神坛

拓展阅读

先农神坛

先农神坛是明清时期皇帝祭祀先农神的地方，与神厨院落的神牌库在同一轴线上，始建于永乐十八年，是祭祀先农神的核心功能建筑。先农神坛为一座坐北朝南的正方形

一亩三分地

《清雍正帝先农坛亲祭图》(复制品)

《清雍正帝先农坛亲耕图》(复制品)

平台，砖石结构，长约15米，高约1.5米，面积为273平方米。坛台为四出陛，各有8级台阶，没有任何装饰。

一亩三分地

先农坛内的籍田历史文物景观，是北京先农坛农耕文化的核心体现区，也是中国古代天子亲耕农田，“劝课农桑，重农固本”的籍田礼活动区。

拓展音频

参观攻略

地　　址： 北京市西城区东经路21号

咨询电话： 010-63172150

交通路线： 公交15路南纬路站，35路天桥站，2、20、120路天坛西门站，14、106路太平街站

开放时间： 9：00—17：00（16：30停止售票），周一闭馆

门票价格： 成人15元/人，学生8元/人

注意事项： 北京古代建筑博物馆实行实名制预约参观，观众需提前通过“北京古代建筑博物馆”微信公众号进行预约，预约后购票入馆。符合免票条件的观众，预约后持有效证件入馆。详情可见“北京古代建筑博物馆”微信公众号

北京郭守敬纪念馆内

08 北京郭守敬纪念馆

概 况

北京郭守敬纪念馆位于什刹海西海北岸的汇通祠内，于1988年建成并对社会开放，为北京市首批免费开放博物馆。现为北京市爱国主义教育基地、大运河博物馆联盟成员单位、北京市“社会大课堂”资源单位、北京市校外教育协会成员单位，西城区新时代文明实践基地、西城区河长制湖长制宣传教育基地。

纪念馆占地面积近800平方米，建筑面积400平方米。为了推进大运河文化带的建设，配合大运河世界遗产的展示，同时也为了能够更加丰富和立体地展示郭守敬在北京水利规划和大运河建设中的伟大功绩，2018年纪念馆进行了整体的展陈提升，以全新的面貌向社会公众开放。

纪念馆所在的汇通祠始建于明永乐年间。永乐皇帝朱棣迁都北京后，引玉泉山之水入京城，此处为水关。为了防止水患，在这里兴建法华寺，供奉镇水观音菩萨，因此也叫作镇水观音庵。清乾隆二十六年（1761年）重修，改名汇通祠，并立御制诗碑。这座碑就立在纪念馆山下的碑亭中，是积水潭地区变迁的历史见证，也是西城区的文物保护单位。

纪念馆以“世界名人郭守敬 世界遗产大运河”为主题，系统介绍元代伟大科学家郭守敬一生的功绩，其中尤为重要的，是他对元大都规划建设、京杭大运河全线贯通，乃至延续至今的北京水系格局的杰出贡献。

常设展览 · 馆藏精品

馆内常设展览以“世界名人郭守敬 世界遗产大运河”为主题，通过4个主题展厅

第一展厅内景

第二展厅内景

第三展厅内景

第四展厅内景

系统地介绍了郭守敬一生的功绩，生动地表现了他在元大都水利建设，以及京杭大运河贯通工作中的丰功伟绩。通过多种创新的展陈形式，展示元代科学家郭守敬在中国古代天文、水利、历法等领域所取得的成绩，更用心诠释了大运河在凝聚民族文化、承载中华传统方面的巨大成就。

第一展厅“世界名人郭守敬”，以大事记的形式介绍郭守敬的一生，以及他在天文、水利、历法等领域做出的卓越贡献。第二展厅“大都水利开新篇”，介绍郭守敬对元大都水利系统的规划、建设、作用及其历史贡献。第三展厅“通大运河树丰碑”，介绍郭守敬在贯通京杭大运河中的主要做法及意义。第四展厅“前贤遗珍惠后人”，介绍郭守敬大都治水的历史遗产对今天的作用与影响。

馆藏精品

简仪（模型）

简仪由元代天文学家郭守敬创制，是当时的天文观测利器。郭守敬在浑仪的基础上进行了几项改进，制作出简仪，极大地提高了观测的精确度，更通过几处巧思设计，让

简仪（模型）

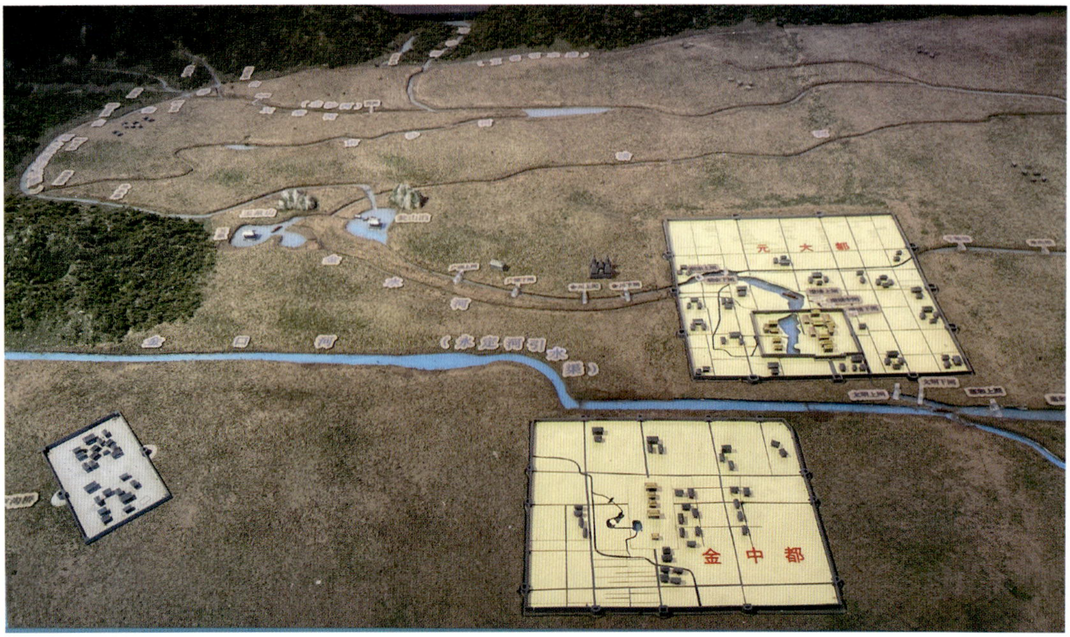

元代北京水系地形沙盘

简仪成为领先世界几百年的天文仪器。简仪的精妙之处有以下三点。第一，仪器的观测视野极大扩展；第二，郭守敬在类似今天望远镜镜筒的“窥管”两端圆孔上，用细丝线打上十字结，作为“准星”，便于观测记录；第三，郭守敬在这台仪器上，开创性地使用了类似“滚轴轴承”的装置，使得每个圆环旋转更加顺畅。

元代北京水系地形沙盘

沙盘详细呈现出北京所处的地理位置和地形特点，以及通惠河贯通所面临的主要问题。北京位于永定河冲积平原，俗称“北京湾”，北有燕山山脉，西有太行山脉，东临渤海，向南可抵中原，既有天然的屏障抵御外敌，又和广袤的中原大地相连接，地理位置得天独厚，非常适合作为首都。但这样的地形也存在一个问题，就是北京的地势西北高而东南低，沿着大运河到达通州的货船要想通过任何一条河道向元大都运输粮食物资，都面临着由低向高逆水行舟的问题，元大都周边水源也相对有限。科学家郭守敬则用他非凡的才智，最终完美地解决了水源与逆水行舟两项难题，奠定起北京城延续至今的基本水系格局。

临清砖

这是大运河所流经的山东临清专门烧制的贡砖。临清地区的土质十分细腻，杂质少，沙和黏土的比例也正是烧砖所适合的，再加上当地高超的传统手工烧制技艺，使

临清砖

临清砖具有质地坚硬、敲击声音清脆、内部质地均匀、耐腐耐蚀的特点。因此临清砖多用于皇宫、坛庙、城墙、粮仓等重要建筑。

拓展视频

参观攻略

地　　址： 北京市西城区德胜门西大街甲60号汇通祠内

咨询电话： 010-83224626

交通路线： 公交27、135、143、专31路积水潭桥东站；地铁积水潭站C口出，左转步行50米即是汇通祠西海公园入口

开放时间： 旺季（4月1日—10月31日）9：00—17：00（16：30停止入馆），淡季（11月1日—次年3月31日）9：00—16：00（15：30停止入馆）；周一闭馆（法定节假日照常开放）

门票价格： 免费参观，需提前预约

焦庄户地道战遗址纪念馆展馆正门

09 北京焦庄户地道战遗址纪念馆

概　况

北京焦庄户地道战遗址纪念馆（以下简称“纪念馆”）位于北京市顺义区龙湾屯镇焦庄户村，保存有全国著名的地道遗址，是全国保存最完好的抗战地道遗址之一。1947 年，顺义县人民政府授予焦庄户“人民第一堡垒”称号。1964 年，经北京市委同意，建成“焦庄户民兵斗争史陈列室”，1979 年改名为“北京焦庄户地道战遗址纪念馆”。1987 年，由顺义县武装部将地道遗址移交顺义县文化广播局管理。纪念馆建成之后，先后被评为“全国爱国主义教育示范基地”“全国红色旅游景区”“全国重点文物保护单位”“国家级抗战纪念遗址”。

常设展览 · 馆藏精品

纪念馆分 3 个展区，即展馆参观区、地道参观区、抗战民居参观区（目前未开放）。展馆参观区展出面积 1000 平方米，以冀东地区战争为主线，讲述抗日战争时期、解放战争时期革命历程，综合应用历史资料，通过雕塑、字画、遗物等形式，生动翔实地展现顺义区光荣历史和社会影响，供观众瞻仰缅怀和学习研究。地道参观区保留了 830 多米地道战遗址，展示地道原始风貌，再现地道战的工事特点。抗战民居参观区通过还原在中国共产党领导下，焦庄户军民依托遍布全村的地道，开展战斗、生产、生活的场景，讲述革命事迹和民居旧址所承载的历史，突出抗战主题，呈现地道和抗战民居特色。这里曾是区公所、十四军区司令部和卫

展厅内景——地道剖面模型及挖建地道工具

生处第二卫生所的所在地，陈列着当年的一些生活用品和战斗设施。

地道遗址内部

常设展览——地道参观区

地道参观区展示了地道战遗址。地道内有休息室和指挥所，有单人掩体、陷阱、碾盘和庙台暗堡等战斗设施，还有水缸、炕洞、墙柜、锅台、猪圈、驴槽等较隐蔽的出入口和民兵指挥瞭望楼。

焦庄户地道是焦庄户人民在与敌人斗争的战争实践中逐步完善起来的。人们把初期简单的隐蔽单口洞连接起来，在地道内安装翻板、陷阱、暗堡等，最后挖成户户相连、村村相通、四通八达、上下呼应、长达 11.5 千米的地道网。中国共产党领导下的敌后抗日根据地曾广泛开展地道战、地雷战打击日本侵略军，焦庄户兵民发挥地道能打能藏、可守可攻、进退自如的优势，在战争中配合对敌斗争 150 余次，给敌人以重创，为抗击日本法西斯侵略、为祖国的解放事业做出了

地道遗址——驴槽出入口

卓越的贡献。

馆藏精品

瞭望楼

瞭望楼有5层，高18米，本为娘娘庙旧址，附近村民经常前来祭祀，并举行丰富多彩的集会活动。后来娘娘庙破败坍塌，1947年在此处建起瞭望楼。

1948年2月28日深夜，敌人伙同附近几个县的地主武装1400余人，偷袭焦庄户。焦庄户民兵利用地道、瞭望楼打退了敌人的进攻，使敌人处于被动挨打的局面，死伤多人。到中午时分，敌人增加兵力并调来火炮轰塌了瞭望楼。在县支队和邻村村民的支援下，焦庄户村民顽强作战，最终打败了来犯

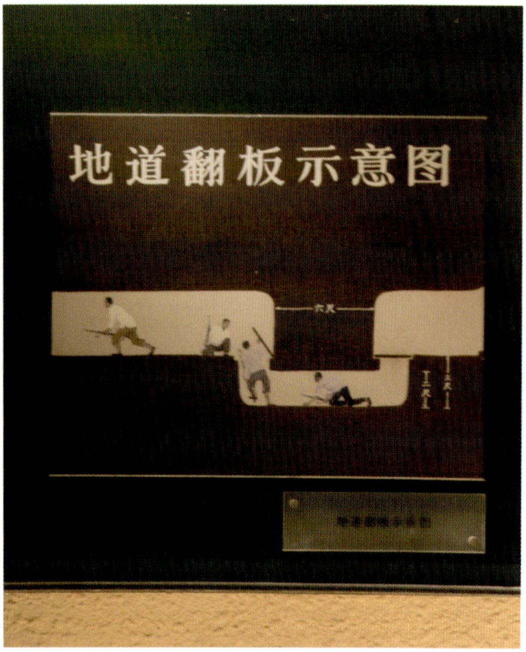

地道翻板示意图

焦庄户地道战遗址——瞭望楼

地道翻板入口

地道翻板出口

的敌人。此后，焦庄户民兵又在原址重建起这座瞭望楼，可居高临下侦察敌情。侦察民兵一旦发现敌情，可立即拉响瞭望楼前的铁钟，村民听到钟声，便迅速投入战斗。瞭望塔底层与地道相通，侦察民兵可以迅速转移到地道继续战斗。

翻板

翻板是地道中重要的防御型设施，能防毒、防烟、防水。翻板呈“凹”字形，人通过翻板后，将两端木板盖上，用黄土与水进行掩埋，可将地道分支就此隔断，能有效阻止毒烟、毒气、水流通过。

参观攻略

地　　址： 北京市顺义区焦庄户村纪念馆路 38 号

咨询电话： 010-60461906

交通路线： 地铁 15 号线俸伯站 C2 口出，换乘顺 31 路在焦庄户站下车

开放时间： 每周二至周日 9：00—16：00

门票价格： 免费参观

注意事项： 除法定节假日外，纪念馆全年实行周一全天闭馆措施；纪念馆实行线上预约制度，请关注“北京焦庄户地道战遗址纪念馆”公众号提前预约。每日限流 2700 人

北京考古遗址博物馆——金中都水关遗址外景

10 北京考古遗址博物馆——金中都水关遗址

概　况

北京考古遗址博物馆——金中都水关遗址位于北京市丰台区右安门外玉林小区内，是建立在金中都水关遗址之上的一家专题性遗址类博物馆，建筑面积约 2500 平方米，是北京除部分金代城墙外仅存的金中都都城建筑遗迹。

1990 年 10 月，北京市园林局在建造宿舍楼时在这里发现了金中都南城垣水关遗址。水关遗址的发现立刻引起了学界的极大重视，被评为“1990 年度全国十大考古发现”之一。1991 年，北京市政府在遗址上建北京辽金城垣博物馆，于 1995 年 4 月 23 日正式对外开放。1995 年 10 月 20 日该遗址被公布为北京市文物保护单位，2001 年 6 月 25 日又被公布为全国重点文物保护单位。

2022 年与北京市大葆台西汉墓博物馆、北京市西周燕都遗址博物馆合并为北京考古遗址博物馆。

常设展览 · 馆藏精品

北京考古遗址博物馆——金中都水关遗址共有 3 个常设展览，分别为：辽金器物展，主要展出馆藏辽金时期文物；金中都水关遗址，展示了一处南北方向、木石结构的建筑遗址；辽金遗迹展，主要展出辽金时期的石像、墓志、石函等各类石质文物。由于辽金两朝文字流传甚少，石刻资料则显得尤为珍贵。

常设展览——辽金器物展

辽金器物展展厅面积 552 平方米，主要展出馆藏辽金文物，共计 80 余件（套），分为陶瓷器、金银器、建筑构件、金代服饰、拓片、家具、车马具、铜镜、钱币、瓷枕等几大类。从中可以看到中原式的瓶、

辽金器物展展厅

盘、碗、罐之类的生活瓷器，还包括一些契丹式瓷器，比如鸡冠壶、鸡腿瓶、长颈瓶、辽三彩等特色瓷器，体现了辽金文化与中原文化的交流融合。

馆藏精品

辽代绿釉贴塑马镫壶

壶身作扁圆体，高身，圈足，高环梁，环梁作鸡冠状。黄白胎，施淡绿色釉，釉色细腻，玻璃感较强。器身上贴塑有串珠纹，串珠釉色似翡翠。马镫壶，又名“鸡冠壶”。契丹族自在辽河上游崛起以来，一直过着“转徙为时，车马为家”的游牧生活。在入主中原以后，契丹人逐渐接受了汉人的生活方式，由游牧转为半游牧半定居。契丹人日常生活器皿和艺术品的制作和使用，在保持本民族特征的同时，吸收了中原地区的先进文化，形成了独具风貌的契丹文化特色。其烧造的瓷器，粗犷、雄浑，富于动态美，以鸡冠壶最为典型。鸡冠壶是最具草原特色的代表器物，造型源于游牧民族所使用的皮囊袋，早期多在器表边缘仿制皮革缝合的线脚来表现器型的转折和变化，因在壶的上

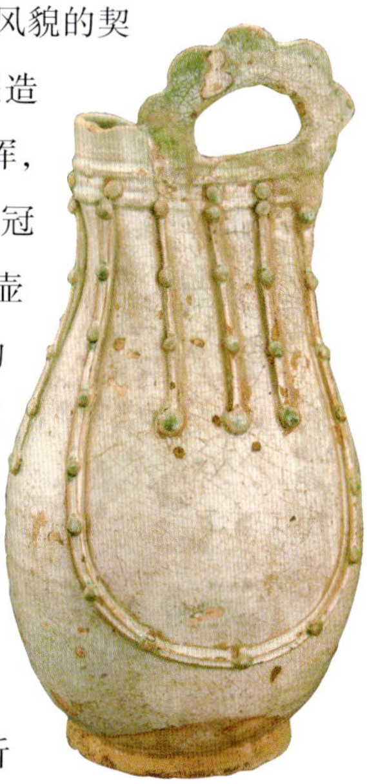

辽代绿釉贴塑马镫壶

部装饰有鸡冠状的穿系，故名“鸡冠壶”。

常设展览——金中都水关遗址

金中都水关遗址是一处南北方向、木石结构的建筑遗址，全长近 44 米，两厢石壁 7.7 米，最宽处 13 米。使用了大量木、石、砖、铁、沙石等建筑材料。木材大多为柏木，主要用于地钉和衬石枋。据统计，建水关约用了 1800 根 1~2 米长的木桩；遗址石料为青石，约为 530 立方米；共用了约 2500 个铁银锭榫。银锭榫还有木、砖等质地，主要用于相关材料的连接。金中都南城垣水关遗址的堆积厚达 5.6 米，根据地层叠压关系及文化层中出土的遗物可推断出，该水关在元代早期还在使用，至元代中晚期被毁弃。

金中都水关遗址

金中都水关遗址的发现基本明确了城内水系的流向，以及其中一支东南走向的水系过龙津桥后经南城墙入护城河的确切地点。此外，水关遗址的基础建筑结构与宋代《营造法式》的规定相一致，是现存中国古代都城水关遗址中体量最大的，也是研究我国古代建筑和水利设施的重要实例。

参观攻略

- **地　　址：** 北京市丰台区右安门外玉林小区甲 40 号
- **咨询电话：** 010-63054991、010-63054992
- **交通路线：** 公交 9、48、88、377、454、474、特 17 路右安门外站，沿凉水河北岸向西 500 米；公交 59、63、122、395、458、474、692、717、958、997、特 12 外、特 17、运通 102 路右安门西站，沿玉林东路向南约 1000 米。地铁 14 号线景风门站 D 口出，沿凉水河北岸向西 500 米
- **开放时间：** 周二至周日 9：00—17：00（16：30 停止入馆），周一闭馆
- **门票价格：** 免费参观
- **注意事项：** 观众可通过“北京文博”微信公众号或“北京考古遗址博物馆”微信公众号预约参观，使用有效期内身份证号码进行预约

北京李大钊故居正门

11 北京李大钊故居

概　况

北京李大钊故居位于北京市西城区文华胡同 24 号（原石驸马后宅 35 号）。1920 年春至 1924 年 1 月，李大钊及其家人在此居住。这是他在故乡之外与家人生活时间最长的一处居所。这里见证了李大钊传播马克思主义、创建中国共产党、领导北方工人运动、促成第一次国共合作等一系列最具代表性的革命实践活动，也是他简朴生活和高尚情操的真实写照，具有丰富厚重的文化内涵。

北京李大钊故居作为中国共产党及其创始人的重要活动地，在党的历史上有着重要的历史地位和文物价值，1979 年 8 月 21 日被公布为北京市重点文物保护单位。

2007 年 4 月 28 日，李大钊同志英勇就义 80 周年之际，北京李大钊故居正式向社会开放，并办理博物馆登记；2013 年 3 月 5 日被公布为第七批全国重点文物保护单位；2019 年 9 月被命名为“全国爱国主义教育示范基地”；2020 年 3 月被列为“北大红楼与中国共产党早期北京革命活动旧址”。北京李大钊故居现为“北京市党员教育培训现场教学点”“北京市廉政教育基地”“北京市青少年学生校外活动基地”“北京市中小学生社会大课堂资源单位”。

常设展览 · 馆藏精品

北京李大钊故居展览由原状陈列和“播火者——李大钊革命思想与实践”专题展两部分组成。

原状陈列

该展览严格按照时代特征和李大钊子女、友人、学生的回忆录复原陈列，呈现李

北京李大钊故居院景

大钊以家为基地开展革命活动的场景，反映李大钊在故居的生活状态，展示李大钊家庭成员、家庭生活和家风家教等内容，通过营造沉浸式观展体验，引发观众思想共鸣。

馆藏精品

“铁肩担道义，妙手著文章”对联

李大钊手书复制品。李大钊工作繁忙，偶尔闲暇时喜欢写大字练书法。他十分敬仰明代忠臣杨继盛的气节，也很欣赏杨继盛“铁肩担道义，辣手著文章”这一诗句，便在此句基础上，取陆游《文章》一诗中的“文章本天成，妙手偶得之”的“妙”字，改写成“铁肩担道义，妙手著文章”。此联是李大钊一生精神风范的真实写照。

李大钊非常喜欢这副对联，曾经多次书写，以此畅抒己志。他每设计出一期《晨钟报》，都要写上一句警语。1916年9月，李大钊手书此联送给连襟杨子惠。1924年，李大钊为劝章士钊不要倒向北洋军阀政府，应章士钊妻子吴弱男要求，手书对联“铁肩担道义，妙手著文章”赠予吴弱男。

“铁肩担道义，妙手著文章”对联

播火者——李大钊革命思想与实践专题展

该展览重点展示两方面内容：一是李大钊1920年至1924年在北京的主要革命活动；

播火者——李大钊革命思想与实践专题展

二是李大钊对马克思主义在中国传播和中国共产党创建的重要思想贡献。“播火者”意为“播马克思主义思想之火，播中国共产党创建之火，播中国革命实践之火”。除前言和结束语外，展览分别从中国传播马克思主义的先驱、中国共产党的主要创始人之一和中国革命实践的开拓者 3 个维度，展现了李大钊在中国共产党历史上的重要地位和伟大贡献。

馆藏精品

《史学要论》

馆藏一级文物，是 20 世纪中国马克思主义史学理论的奠基石，也是李大钊史学思想的精粹之作。当时教授上课没有固定教材，李大钊写就《史学要论》后，去商务印书馆印刷，作为教材发给学生，因受众量小，存世量少，所以显得格外珍贵。

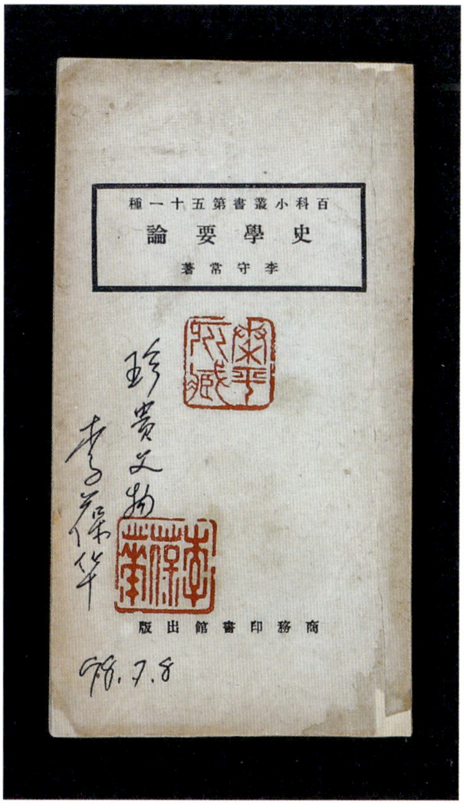

《史学要论》

参观攻略

地　　址：北京市西城区文华胡同24号

咨询电话：010-66089208

交通路线：公交7、10、38、47、88路新文化街西口站，7、10、15、52、88路民族文化宫站；地铁1号线复兴门站、西单站，2号线复兴门站、长椿街站，4号线西单站

开放时间：周三至周日9：00—16：30（12：00—14：00闭馆消杀，16：00停止入馆），周一、周二闭馆（节假日除外）

门票价格：免费参观

鸟瞰北京历代帝王庙

12 北京历代帝王庙博物馆

概 况

历代帝王庙始建于明嘉靖九年（1530年），是明清两朝祭祀三皇五帝、历代帝王和文臣武将的皇家庙宇，1996年被国务院公布为全国重点文物保护单位。

历代帝王庙始终以三皇五帝为祭祀中心，体现了三皇五帝崇高的祖先地位。庙中入祀人物不断增多，至清乾隆时期，已在景德崇圣殿内供奉三皇五帝和历代帝王188人的牌位，在东、西配殿供奉历代文臣武将79人的牌位。清代中后期建有关帝庙，单独供奉关羽。

历代帝王庙占地21 500平方米，建筑面积6000平方米。建筑群坐北朝南，以中轴线形成纵深排列，由南向北依次为影壁、庙门、景德门、景德崇圣殿、祭器库，中轴线两侧分列燎炉、东西配殿、碑亭。东南侧有钟楼、神厨、神库、宰牲亭、井亭，西南侧有遣官房、乐舞执事房、典守房、斋宿房以及关帝庙。整体布局气势恢宏，彰显出皇家庙宇的尊贵和气派，为中国古建筑精品。

常设展览

北京历代帝王庙博物馆现有5个常设展览，分为原状陈列展览和专题展览。其中，景德崇圣殿原状陈列展览遵循历史文献记载，力求恢复历史原貌，使观众能够切实感受到皇家祭祀的文化氛围。专题展览从“中华统绪 不绝如线”“功在社稷 德协股肱”“百姓一家 根在华夏”3个不同角度与层面，梳理历代帝王庙的历史脉络，解读历代帝王庙的文化内涵，讲好历代帝王庙的文物故事，使观众全面了解历代帝王庙的文物价值与文化价值。

景德崇圣殿内景

原状陈列——景德崇圣殿

历代帝王庙正殿为景德崇圣殿，是供奉三皇五帝和至清乾隆时期的历代帝王188人神位的神圣殿堂。伏羲、炎帝、黄帝的三皇神位和少昊、颛顼、帝喾、唐尧、虞舜的五帝神位居大殿中心显要位置，历代帝王按昭穆制分列左右。本着尊重历史、恢复原貌的原则，对殿堂陈设、神位排列进行了复原，再现了清乾隆时期景德崇圣殿的原貌。

专题展览——“回望·选择——明清皇帝与历代帝王庙”

历代帝王庙是明清两朝皇家庙宇，由明清皇帝选择入祀帝王及从祀名臣，主导者为明洪武、嘉靖，清顺治、康熙、雍正、乾隆6位皇帝。

历代帝王包括上古时代的三皇五帝、夏商周时代的王、秦汉至明清时代的皇帝，共计460多位。他们的主要特点如下。

一是历史功过不同。《资治通鉴》区分为创业、守成、陵夷（衰落）、中兴、乱亡5种类型。二是所处朝代性质不同。以大一统王朝为主，总计时间最长，帝王在位相对稳定。分裂割据时期诸政权称“偏方之国”，历时较短，帝王更换频繁，最终由胜出者复归于一统。三是帝王族属不同。以华夏、汉民族帝王为主，也有北方少数民族帝王及不同民族血统的帝王，具有多元一体特点。

明清皇帝选择入祀帝王，由少到多，最终达到188位，旨在“报功观德”，彰显历代帝王之功德传承，而昏庸乱亡之君则被拒之门外，不予祭祀。

走进展览，可一探其回望与选择过程。

专题展览——“功在社稷 德协股肱——历代帝王庙从祀名臣”

历代帝王庙东西配殿从祀历代名臣79人，上起三皇五帝，下至明朝中期，是辅佐帝王实现文治武功的中坚力量。他们既有开国元勋，也有治国良臣，功高德厚，载誉千秋。不同朝代的功臣名将同堂而列、共享殊荣，成为中华五千年文明不可分割的一部分。展览主题突出一个“德”字，强调这些官员的德行，歌颂他们的高尚人格与丰功伟绩。

专题展览——“三皇五帝与百家姓”

中华姓氏，不仅是个人称谓与标志，更是一种饱含家族梦想、浸透社会沧桑、折射家国命脉的文化。

北京历代帝王庙供奉的历代帝王与功臣名将，形成了至清乾隆时期“中华统绪，不绝如线”的祭祀体系，体现了中华一统、主权延续、朝代更迭、一脉相承的人文特色。

流传数千年的中华姓氏，今使用者超过十几亿人。追根溯源，每一个姓氏与三皇五帝都有千丝万缕的联系。走进展厅，让我们在寻根问祖中，感受百姓一家、根在华夏的家国情怀。

拓展阅读

景德崇圣殿

始建于明嘉靖九年（1530 年），是历代帝王庙的主体建筑。坐北朝南，面阔九间（51 米），进深五间（27 米），重檐庑殿顶，金丝楠木柱，地面墁金砖，为“九五之尊”的皇家建筑。清雍正、乾隆时期曾大修，重绘金龙和玺彩画，更换成黄琉璃瓦顶。

殿前月台的东、南、西三面有石护栏，南面三出陛，中为云山纹御路，东、西各出一陛。

“三皇五帝与百家姓”专题展览展厅内景

景德崇圣殿外景

参观攻略

地　　址： 北京市西城区阜成门内大街131号

咨询电话： 010-66517739、010-66120186

交通路线： 公交3、13、42、409、612路及101、102、103路无轨电车白塔寺站；地铁2号线阜成门站出站向东约1000米，4号线西四站出站向西约500米

开放时间： 9：00—16：30，16：00停止入馆，周一、周二闭馆（节假日除外）

门票价格： 20元/人。60岁以上老年人、未成年人（未满18周岁）、现役军人、退役军人、伤残军人、残疾人凭本人有效证件免费参观。大学生（不含成人教育）、社会保障金领取人员凭本人有效证件半价优惠，票价10元/人

注意事项： 北京历代帝王庙博物馆实行线上预约参观，预约方式详见北京历代帝王庙博物馆微信公众号

北京励志堂科举匾额博物馆大门

13 北京励志堂科举匾额博物馆

概　况

北京励志堂科举匾额博物馆，建筑形制为仿古两进四合院，占地3000平方米，其中建筑面积2600平方米，以展陈与科举制度密切相关的“科举匾额”及众多科举文物为主，由馆长姚远利个人创办。

博物馆以历代科举匾额为切入点，全面展示了中国科举制度的相关内容，体现了中国传统文化的思想，以期达到“协辅文教”“代起儒风”的社会效益。

馆内藏品丰富、层次分明，共收集科举藏品1000余件，其中木石匾额600余方，石刻匾额收藏尚为国内罕见。此外，还收藏有石砚500余方，将择期展示。匾额中，仅状元、榜眼、探花所题刻的匾就有60余方。藏品中，年代最久远的木匾为洪武三十年（1397年）制；年代最久远的石匾“状元及第”为永乐十六年（1418年）题刻；最为珍贵的金代科举门为博物馆的镇馆之宝，距今已800余年。

常设展览·馆藏精品

北京励志堂科举匾额博物馆有5个常设展厅。其中，序厅展示了中国科举简史及相关科举知识；秀才厅主要展陈儒童、文童、生员、贡生的匾额；举人厅主要展陈举人（文举、武举）匾额及与我国台湾地区有关的科举匾额；进士厅主要展陈状元、榜眼、探花、进士的匾额；榜书厅主要展陈大型木匾、石匾等古代榜书艺术精品。

序厅

博物馆序厅展示了“千年科举史”和

"艰辛科举路"两大主题。科举制度是中国历史上一种十分重要的官员选拔制度，在相当程度上体现了公平竞争、择优录取的原则，激励了一代代读书人拼搏奋斗。历代统治者通过科举考试选拔了不少治国安民的有用之才。

馆藏精品

金代石刻科举门

金代石刻科举门是该馆"镇馆之宝"，原因有二：一是它为金代遗存，是馆内年代最久的藏品；二是古代文庙、官学、贡院都设有龙门，多题刻"龙门"或"禹门"字样，但唯独此门题刻"科举门"。

金代石刻科举门

明永乐"状元及第"石匾

状元是殿试一甲第一名。古代"状元及第"匾额，只有三种人能题，即皇帝题、老状元题、自题。这块"状元及第"石匾，由老状元曾棨题与新科状元萧时中，距今已经有600余年，是馆内石质展品中年代仅次于金代科举门的珍品。

秀才厅

此展厅以展示秀才、贡生、监生匾额为主，以便人们了解最初级的科名（学位）。秀才是俗称，其官称为"生员"，即通过县、府、院三级考试被录取、授予入官办学校学习资格者。这只是科举路的第一级台阶。考中秀才，才能通过乡试考取"举人"。因此，展厅展陈的古代匾额大都与"秀才"相关。

馆藏精品

明朱元璋圣谕匾

此匾为木制，内容为洪武三十年朱元璋命礼部向全国颁行的六条圣谕，即"孝顺父母；尊敬长上；和睦乡里；教训子孙；各安生理；毋作非为"。内容简洁，朗朗上口，易于记诵，成为由国家颁行的第一部道德教

明永乐"状元及第"石匾

化制度。由于年代久远，匾额上油漆剥落殆尽，纹理斑驳，但仍为馆内镇馆之宝。

拓展阅读

张鼎丞题“当红军是最光荣的”匾额

“当红军是最光荣的”匾额是博物馆收藏的“最年轻”的镇馆之宝，此匾额为木制，1932 年由闽西苏维埃政府主席张鼎丞为红军家属谢玖莲题写。此匾曾在 2021 年被中国共产党历史博物馆借展，受到各界游客青睐。题匾人张鼎丞是闽西革命根据地的主要创始人之一，华东军政委员会原主席，中华人民共和国成立后曾担任最高人民检察院检察长。

“当红军是最光荣的”匾额

参观攻略

- 地　　址：北京市朝阳区高碑店乡高碑店村东街 1366 号
- 咨询电话：010-87739693、010-87741928
- 交通路线：四惠交通枢纽站乘专 167 路至文化新大街站；地铁 7 号线百子湾站出，换乘 35 路至文化新大街站
- 开放时间：全年无休息日（农历大年三十除外），每日 9：00—17：00
- 门票价格：成人 40 元 / 人，学生、老年人、现役军人、残疾人凭有效证件享受优惠价格 25 元 / 人

14 北京鲁迅博物馆（北京新文化运动纪念馆）

概　况

北京鲁迅博物馆（北京新文化运动纪念馆）是主要承担鲁迅和新文化运动时期著名人物、重大事件有关实物、资料的征集、保管、研究和宣传展示等工作的国家一级博物馆，包括鲁迅博物馆馆区和新文化运动纪念馆馆区。现有馆藏文物、图书等藏品7万余件，其中国家一级文物759件。主要有鲁迅的手稿、藏书、藏画、藏碑拓片、藏友人信札等；有陈独秀、钱玄同、胡适、周作人等新文化运动时期历史人物的遗存；以及瞿秋白、冯雪峰、萧军、萧红、叶紫、柔石等与鲁迅有着密切交往的其他同时代人相关文物；有大量的鲁迅著、译、编著作版本和鲁迅研究著作版本、中国新文学各类期刊；还有大量中外版画名作及李可染、蒋兆和、吴冠中等的绘画作品。

北京鲁迅博物馆馆区位于北京市西城区阜成门内大街宫门口二条19号（原宫门口西三条21号），内有鲁迅旧居及鲁迅陈列展览。鲁迅旧居为全国重点文物保护单位，是鲁迅于1924年春购入后自己设计改建的，也是迄今在北京保存最完整的一处鲁迅居所。

北京新文化运动纪念馆馆区位于北京市东城区五四大街29号，是依托原北京大学红楼建立的旧址类博物馆，是全国唯一一家全面展示五四新文化运动历史的综合性纪念馆。北大红楼是一座具有光荣革命传统的近代建筑，原为北京大学第一院，始建于1916年，落成于1918年，全楼以红砖红瓦建成，俗称“红楼”。作为新文化运动的大本营、五四运动的发源地、中国共产党早期

北京大学红楼

重要活动地，北大红楼于 1961 年 3 月被公布为第一批全国重点文物保护单位。

常设展览 · 馆藏精品

“鲁迅的道路”——鲁迅生平陈列展

鲁迅说：“地上本没有路，走的人多了，也便成了路。”北京鲁迅博物馆馆区常设展览紧扣“鲁迅的道路”这一主题，向观众呈现鲁迅从青年时期的“我以我血荐轩辕”到晚年“俯首甘为孺子牛”的道路选择。展览汇聚 518 件文物展品和 600 余幅历史图片，以雕塑、绘画、场景复原为辅助，并运用多媒体手段，叙述鲁迅生于绍兴，求学南京和日本，归国后辗转杭州、绍兴、南京、北京、广州、厦门、上海的经历，展现其在文学创作、学术研究等领域的卓越成就，为人民的觉醒呐喊，为新文学的建设苦干，为社会的进步奋斗的一生，彰显其甘于奉献的“孺子牛”精神和敢于斗争的“硬骨头”精神。

“鲁迅的道路”——鲁迅生平陈列展内景

馆藏精品

钱玄同藏《新青年》第 4 卷第 5 号

这本《新青年》第 4 卷第 5 号，为钱玄同收藏，封面上盖有“玄同之鉢”白文印章，“鉢”读作“xǐ”，本意是印章，义同“玺”。

钱玄同，语文改革活动家，文字音韵学家，五四新文化运动的倡导者之一，著名思

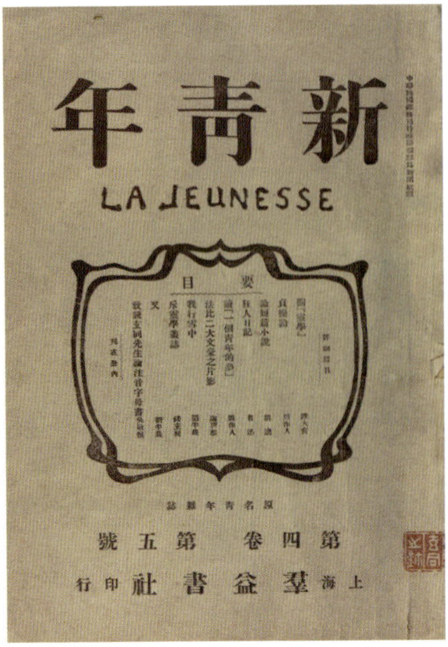

钱玄同藏《新青年》第 4 卷第 5 号

想家。钱玄同留日时期与鲁迅同在章太炎门下学习，成为同窗好友。鲁迅、周作人兄弟居住于绍兴会馆期间，钱玄同常于下午 4 点来到绍兴会馆探访周氏兄弟，一直聊到晚上十一二点才回到位于琉璃厂的北高师教员宿舍。他把这种长谈戏称为“生根”，意即坐下不走，屁股生根。钱玄同是《新青年》杂志的编辑，急需新生力量的支持，所以经常向周氏兄弟约稿。

1917 年 8 月，钱玄同与周树人在补树书屋的老槐树下开启了著名的关于“铁屋子”的谈话。

钱玄同说：“我想，你可以写点文章。”

周树人答：“如今的中国就好比一个铁屋子，绝无窗户而万难破毁，里面的人们从昏睡入死灭，并不感到临死的悲哀。如果有人大嚷起来，惊起了较为清醒的几个人，反倒使他们感到无可挽救的临终苦楚，你倒以为对得起他们吗？”

钱玄同反驳道：“然而，几个人既然起来了，你不能说绝没有毁坏这铁屋的希望。”

为了这份希望，教育部官员周树人由沉寂走向呐喊。1918 年 4 月，他以“鲁迅”为笔名创作了中国新文学史上的第一篇现代样式的短篇小说——《狂人日记》，发表在《新青年》第 4 卷第 5 号。鲁迅借狂人之口，揭露了礼教吃人的本质，发出了“救救孩子”的呐喊。

鲁迅书赠瞿秋白条幅

“人生得一知己足矣，斯世当以同怀视之。”这幅条幅是鲁迅集清代何瓦琴的集句为一联，书赠革命烈士瞿秋白的。

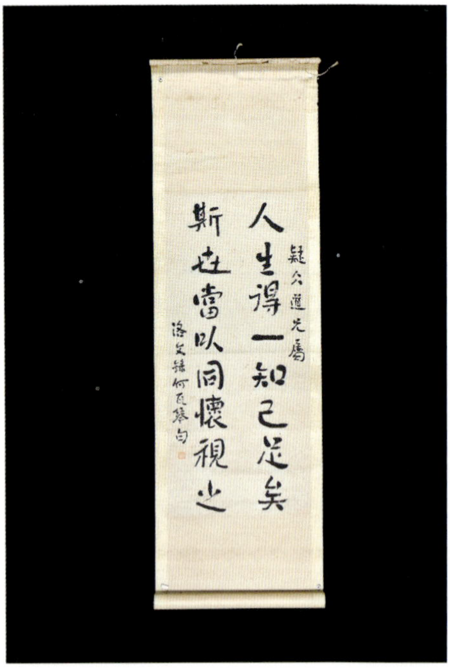

鲁迅书赠瞿秋白条幅

1931 年，瞿秋白来到上海从事革命文化工作，和正从事马克思主义理论的翻译工作的鲁迅，通过冯雪峰相识并结为挚友。鲁迅在一封信中，称瞿秋白为“敬爱的 J.K 同志”，在现存鲁迅 1700 多封信中，称对方为“同志”的，仅此一封。

鲁迅还曾多次冒着生命危险，掩护从事革命工作的瞿秋白夫妇，1932—1933 年，鲁迅就曾先后 4 次接纳瞿秋白夫妇在自己的寓所避难。

在互相了解的基础上，瞿秋白在很短的时间内编成《鲁迅杂感选集》，并写好了序言。瞿秋白的这篇序言分析了鲁迅在新文化运动和左翼文艺运动及整个思想、文化斗争史上的重要地位及其杂文的美学价值。鲁迅认为瞿秋白的评论是“用心”之作，他录写了条幅“人生得一知己足矣，斯世当以同怀视之”赠送瞿秋白。

1935 年 6 月 18 日，瞿秋白在福建长汀英勇就义。这时的鲁迅已是大病垂危，但他仍在短期内完成了亡友 60 万字的译著遗文的校对工作，并用与朋友们募集的印费，把这部书以瞿秋白的别名“史铁儿”的名义出版。遗憾的是，鲁迅还是未及等到下卷出版就离开了人世。

鲁迅 1935 年 9 月 9 日致李桦信

鲁迅曾评价说：“李桦成绩最好，足够与日本现代有名的木刻家争先。”鲁迅在这封署名为“干”（鲁迅笔名之一）的信中写道：“我以为明木刻大有发扬，但大抵趋于超世间的，否则即有纤巧之憾。惟汉人石刻，气魄深沉雄大，唐人线画，流动如生，倘取入木刻，或可另辟一境界也。”

鲁迅到上海后，大力倡导新兴木刻。他说，“当革命时，版画之用最广，虽极匆忙，顷刻能办”，他认为，木刻版画是“正

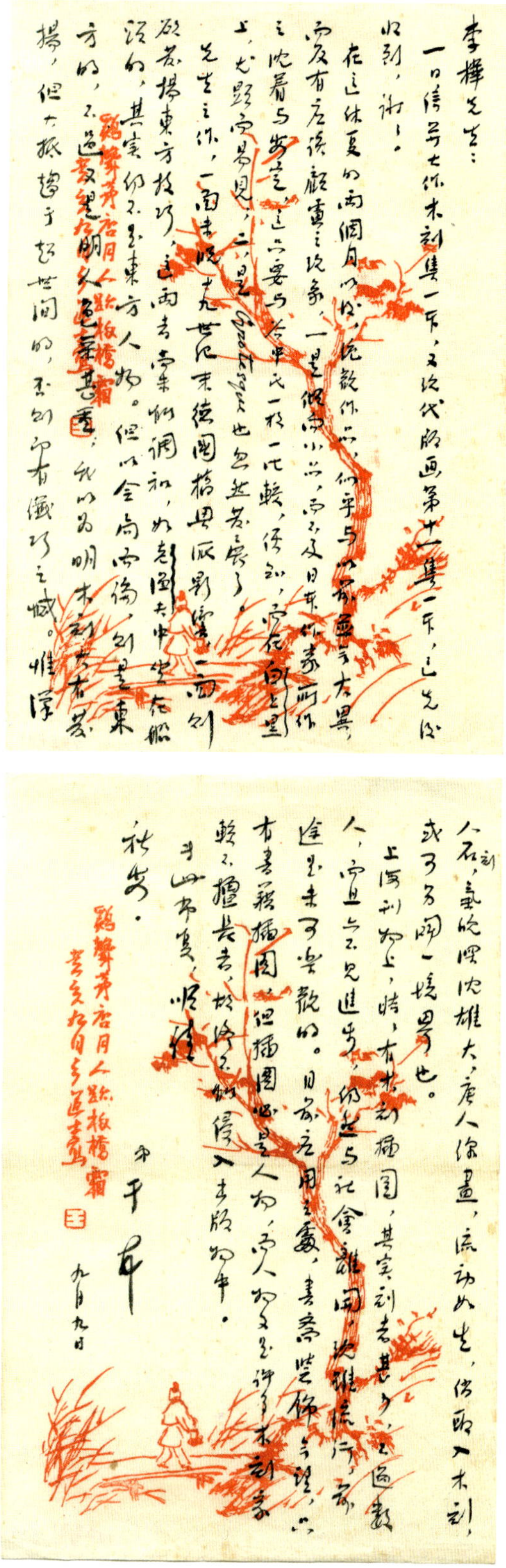

鲁迅 1935 年 9 月 9 日致李桦信

适合于现代中国的一种艺术”，这封信，也是鲁迅对木刻青年艺术指导和殷切希望的缩影。

在鲁迅的影响下，李桦等一批木刻青年积极创作了大量融合中外版画艺术、反映残酷现实、讴歌表现革命与抗战军民生活的木刻版画。鲁迅逝世后，这些木刻青年一部分仍然留在国统区，从事抗战版画创作和抗日宣传；另一部分则陆续奔赴延安，成为鲁迅艺术学院美术系的教员。抗战版画的蓬勃发展，充分体现了鲁迅在艺术上的战略眼光。

鲁迅用中号高脚煤油灯

在北京鲁迅博物馆西三条鲁迅旧居，鲁迅的卧室兼工作室“老虎尾巴”的书桌上，有一盏中号的高脚煤油灯。这样一件看似普通的照明用具，早在1962年就被定为国家一级文物。鲁迅居住在西三条期间，因为这里不通电，夜晚创作没有煤油灯相伴是不可想象的。在鲁迅的散文诗《秋夜》和《好的故事》中，这盏煤油灯都有“特写镜头”。

西三条原是一条比较僻静的胡同，自从鲁迅先生搬到这里后，顿时变得热闹起来。青年学生白天要上课，拜访鲁迅更多是在黄昏之后。王冶秋曾深情回忆了自己和韦素园从东城贡院附近出发探访鲁迅的经历：“记得常常在晚饭后……当时的西三条胡同晚上几乎是没有灯光的，道路也很不平，他们摸到21号，轻轻地拍着门 上的铜片，女工出来开门的时候，鲁迅先生已经从北屋拿着油灯站 在院里等着了……”夜深人静，先生总是手擎煤油灯，把青年们送到大门外，看

鲁迅旧居“老虎尾巴”中摆放煤油灯的书桌

着他们的身影消失在漆黑的夜幕中。

今天，我们参观鲁迅旧居通常是在白天，不过当我们看到煤油灯时，在想象中还是会浮现它在黑夜中闪烁着微光的样子。

拓展视频

参观攻略

北京鲁迅博物馆馆区

地　　址：北京市西城区阜成门内大街宫门口二条19号

咨询电话：010-50872677

交通路线：公交102、103、101、13、45、61、80、121、73、335、336、387、409、603、618路等；地铁2号线阜成门站B口

开放时间：周二至周日9：00—16：00（15：30停止进馆参观），周一全天闭馆

门票价格：免费参观

注意事项：通过“北京鲁迅博物馆”微信公众号，使用第二代身份证实名预约3日内的参观（每个身份证号每日限约1次）

新文化运动纪念馆馆区

地　　址：北京新文化运动纪念馆馆区位于北京市东城区五四大街29号

咨询电话：010-52208928、010-52208929

开放时间：周二至周日9：00—17：00（16：30停止检票），周一例行闭馆（国家法定节假日除外）

交通路线：公交58、101、103、109、111、128路沙滩路口西站下车，步行至馆区；地铁8号线中国美术馆站下车，步行至馆区

注意事项：通过“北大红楼”微信公众号，使用第二代身份证实名预约7日内的参观（每个身份证号每日限约1次）。馆区无停车场且周边交通流量大，建议绿色出行

北京人民艺术剧院戏剧博物馆序厅

15 北京人民艺术剧院戏剧博物馆

概　况

北京人民艺术剧院戏剧博物馆（以下简称“戏剧博物馆”）位于北京市东城区王府井大街22号首都剧场4层，是国内第一家展示话剧艺术的专业博物馆，展区面积1300平方米。2007年，正值中国话剧百年华诞，6月12日，北京人民艺术剧院（以下简称“北京人艺”）建院55周年，戏剧博物馆正式向公众开放。

北京人艺始建于1952年，建院以来共上演古今中外不同风格的剧目近300余部，形成了自己独特的演剧风格，同时也积累了大量宝贵的艺术资料，戏剧博物馆正是在此基础上建成的，真实反映了北京人艺自建院以来走过的艺术历程。

戏剧博物馆还定期举办专题展、艺术讲座以及戏剧活动，通过多种形式与观众分享戏剧艺术的魅力。通过多年探索与实践，“戏剧永恒”艺术讲座、“致敬与传承”群众戏剧展演、“助力快乐成长，畅游艺术殿堂”青少年戏剧体验、剧目创作分享会、戏剧进校园等活动，已经形成系列品牌，有数万名观众和青少年借此更深入地了解到话剧艺术的台前幕后，不计其数的社区戏剧爱好者和

北京人民艺术剧院戏剧博物馆艺术家长廊

学校师生得到了北京人艺专业演职员的直接指导，在各方舞台上展现艺术风采。

常设展览 · 馆藏精品

戏剧博物馆集馆藏、研究、展陈、教育功能于一体，包含序厅、历史厅、人物厅、剧目厅、舞美厅、综合厅。丰富的图片、文稿，以及舞台美术模型、服装、道具构成展陈主体，集中展示了北京人艺建院的历史及艺术成就，展示了曹禺、焦菊隐、欧阳山尊、赵起扬等剧院奠基人的生平和成就，展示了经典剧目、理论建设、舞台美术、人才培养等内容。

星光熠熠的艺术家走廊和演员墙，展出了从舒绣文、于是之、朱琳、蓝天野到濮存昕、杨立新、宋丹丹、梁冠华、冯远征等几代艺术家风貌。他们在舞台上塑造了虎妞、程疯子、王掌柜、蔡文姬、秦二爷、李白等众多令人难忘的艺术形象，堪称中国话剧史经典人物长廊的缩影。

成就一座经典的戏剧艺术殿堂，离不开文学家和剧作家的文本创作。该馆收藏和展示了巴金、郭沫若、老舍、曹禺、沈从文、田汉、石评梅等多位中国现当代文学名家的手稿和信札，从中不仅可窥见文学家个人的学识、修养和个性，更直观地反映出他们以各自的文学风格和造诣对北京人艺演剧风格的深深滋养。

剧目厅

剧目厅展示了《龙须沟》《雷雨》《茶馆》《蔡文姬》《天下第一楼》等70余部经典剧目的创作资料。这些剧目也是中国话剧史在各个时代的代表作品，全面展示出北京人艺深植于中华沃土、反映民族风貌和人民生活的现实主义创作风格。而剧中的演出本、场记本、舞美设计图细致地还原了剧目在二度创作中的每一环节，折射出北京人艺一直以来所秉承的创新、严谨的艺术精神。

北京人民艺术剧院戏剧博物馆剧目厅

馆藏精品

话剧《蔡文姬》剧本

郭沫若亲笔修改稿。1956年，焦菊隐选择《虎符》作为话剧民族化探索的首部剧目，开启了北京人艺与郭沫若的合作。1959年2月，郭沫若专为北京人艺创作的历史剧《蔡文姬》，只用7天时间一挥而就，完成初稿。1959年5月21日，《蔡文姬》在首都剧场正式首演。从完成初稿到正式排演，郭沫若曾多次修改剧本，此即为其中一版修改稿。从《虎符》《蔡文姬》到《武则天》，在北京人艺艺术风格形成的关键时期，郭沫若的剧作为北京人艺在历史剧和话剧民族化的探索上提供了一片广阔天地。

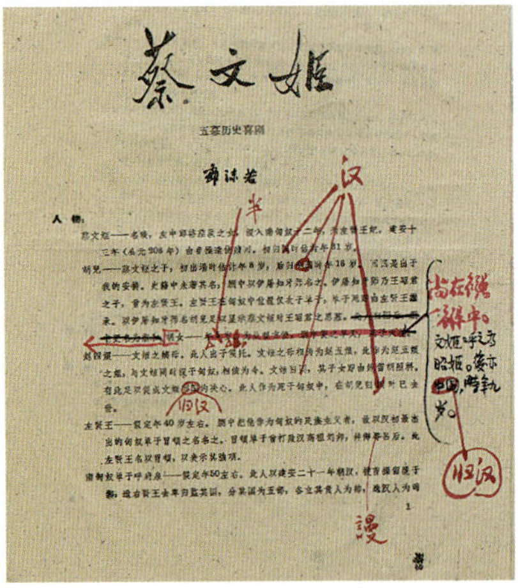

话剧《蔡文姬》剧本（1959年）

话剧《日出》剧本手稿（部分）

曹禺是中国杰出的剧作家，曾任北京人艺首任院长。此件是曹禺先生创作《日出》时的手稿。1935年，曹禺有感于黑暗的社会现实，便整合生活中所见的众多原型开始创作《日出》。曹禺说："我想用片段的方法写《日出》，用多少人生的零碎来阐明一个观点。这个观点就是'人之道，损不足以奉有余'。"《日出》于1936年6月在《文季月刊》第1期开始连载，至第4期刊毕。

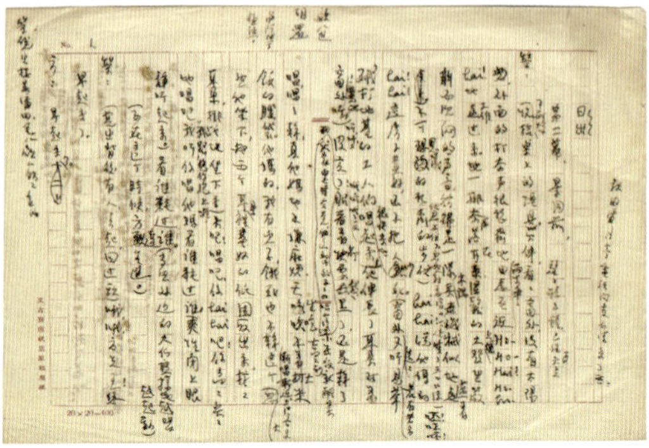

话剧《日出》手稿（1935年）

拓展阅读

周恩来总理的亲笔批示

北京人艺目前拥有5座剧场，作为主剧场的首都剧场于1955年建成，在北京人艺戏剧博物馆的序厅和历史厅，展示着剧场内使用过的舞台地板、灯具、转台龙骨以及

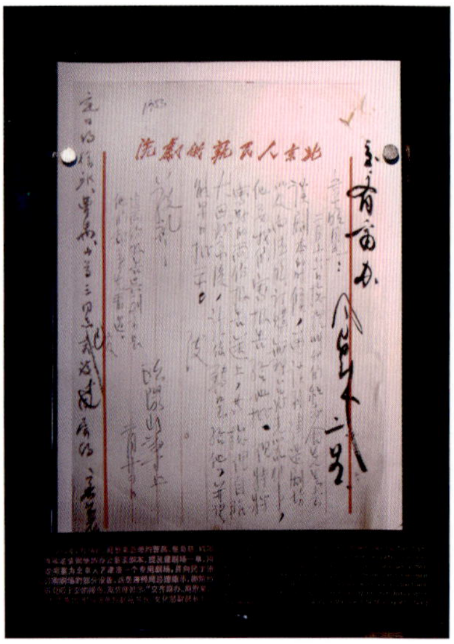

周恩来总理的亲笔批示

首都剧场剖面图（1956 年）

北京人民艺术剧院首都剧场

建设剧场过程中的往来书信和周恩来总理的批示。

1953 年，北京人艺苦于没有自己的专用剧场，排练和演出很不方便，经与周恩来总理汇报，由副院长欧阳山尊向国家提出建设剧场的报告并得到领导的迅速批复，在领导直接关心和支持下，首都剧场于两年后建成。其建筑风格完美融合了欧洲剧院和中国传统建筑元素，设计合理，典雅大气。岁月流逝，时代变迁，这里早已成为名副其实的戏剧殿堂和首都知名的地标性文化建筑。

参观攻略

地　　址： 北京市东城区王府井大街 22 号

咨询电话： 010-85120006

交通路线： 公交 108、111、104 路灯市西口站，58、101、109、112、128 路美术馆东站；地铁 8 号线美术馆站，6 号线、5 号线东四站

开放时间： 10：30—19：00，周一闭馆

门票价格： 免费参观

北京荣唐连环画博物馆主题展厅

16 北京荣唐连环画博物馆

概 况

北京荣唐连环画博物馆大门

北京荣唐连环画博物馆坐落于北京市朝阳区豆各庄1号北化华腾易心堂文创园内，2020年经北京市文物局和民政局批准，由北京易心堂文化集团全资捐赠设立，于2020年10月10日正式开馆，是北京唯一一家以连环画收藏、研究、展览为主题的博物馆。

北京荣唐连环画博物馆作为一家连环画主题的专业博物馆，以弘扬中华优秀传统文化为己任，保护传承非物质文化遗产，为北京推进全国文化中心建设贡献增添异彩。博物馆藏有连环画及原稿1800件（套），常年展出连环画及原稿藏品千余件，藏品具有较高的历史代表性和较强的艺术观赏性。该馆利用自身藏品优势，开辟了连环画阅读空间，开展线上、线下连环画主题活动，并针对中小学生的年龄和兴趣特点，推出连环画假期研学体验、周末游戏互动等活动。

北京荣唐连环画博物馆的展览包括常设展览和主题展览两大系列。其中常设展览有 3 个展厅，以编年体陈列展出数百件具有历史和艺术代表性的连环画，用实物见证中国连环画百年发展史。主题展为不定期展览，分别展出有“红色传承”大型主题系列展览之“浴血荣光”“民族英雄”“抗美援朝百种连环画展”“红孩子：少年英雄连环画展”等。

常设展览 · 馆藏精品

在北京荣唐连环画博物馆不仅可以看到中华人民共和国成立之初 20 世纪 60 年代连环画创作飞速发展的藏品，也可以欣赏到 60 年代后期至 90 年代连环画创作蓬勃发展时期获奖的精美藏品。

第一展厅——“发展繁荣：新中国连环画创作飞速发展”

本厅主要陈列中华人民共和国成立之初到 20 世纪 60 年初期的连环画作品。

1949 年中华人民共和国成立后，党和政府十分重视连环画的出版工作，先后实施了新连环画出版、旧连环画改造等重大举措，布局北京、上海、天津、石家庄和沈阳等连环画出版基地建设，连环画创作和出版得到飞速发展。虽然 1957 年后连环画出版经历了曲折的路程，如今却获得了重大发展。

馆藏精品

《铁道游击队》（1~10 册）

1954—1962 年，丁斌曾、韩和平绘画，上海人民美术出版社出版。

《铁道游击队》之一

20 世纪 50 年代，上海人民美术出版社两位青年画家丁斌曾、韩和平用了 9 年时间创作完成的长篇连环画《铁道游击队》，成为中华人民共和国现实题材连环画中的一座里程碑。整部作品虽然篇幅长、人物多，但人物刻画都真实生动、各具特点。如老洪的鸭舌帽、王强的络腮胡，凸显了他们的形象特征。而对人物动态和画面场景的描绘，更是刻画得生动逼真，细致准确。

当年《铁道游击队》连环画一经出版，就在读者群体中产生了不小的轰动，成为几乎人手一册的热门读物，在 1963 年举办的全国第一届连环画评奖中，还获得绘画创作一等奖。

迄今为止，《铁道游击队》连环画已再版 20 多次，重印 50 多次，发行量超过 4000 万册，创造了中国连环画出版史上的奇迹。

北京荣唐连环画博物馆常设展厅

第二展厅——“茁壮成长：新时期连环画创作蓬勃发展”

本厅主要陈列了1960年以后出版的数百件精品连环画。1963年至1991年，国家共举办过4届全国连环画评奖，全面检阅了新中国成立以来连环画发展成就，大量思想性和艺术性都比较优秀的连环画作品相继问世。

馆藏精品

《山乡巨变》(1~4册)

1961—1965年，贺友直绘画，上海人民美术出版社出版。

画家贺友直于1958年开始创作长篇连环画《山乡巨变》，历时4年，几易其稿，最终以美轮美奂的中国传统白描形式惊艳面世，成为中华人民共和国连环画史上无法逾越的巅峰之作。1963年，《山乡巨变》在文化部与中国美术家协会举办的全国第一届连环画评奖会上荣获绘画一等奖。

连环画《山乡巨变》全套4册，近600幅画面描绘得一丝不苟，山水景物、人物角色无不细致入微。

《山乡巨变》之一

参观攻略

地　　址：北京市朝阳区豆各庄1号易心堂文创园14幢2~3层

咨询电话：13520836192

交通路线：地铁7号线黄厂站A口

开放时间：9：00—16：30，周一、周二闭馆（法定节假日除外）

门票价格：免费参观

注意事项：北京荣唐连环画博物馆实行线上预约参观制度

北京石刻艺术博物馆外景

17 北京石刻艺术博物馆

概 况

北京石刻艺术博物馆位于长河北岸的明清时期皇家寺院真觉寺旧址内，是收藏、研究、展示北京地区石刻文物的专题博物馆。隶属北京市文物局，现为国家三级博物馆、北京市爱国主义教育基地、北京市科普教育基地。

该馆成立于1987年10月。馆藏文物2600余件，以北京地区的石刻、石雕文物

“石破天惊——从石头到石刻”展厅

为主，包括碑碣、墓志、造像、经幢、石雕、石质建筑构件等类别，是北京地方史志研究的重要实物资料。

博物馆每年举办“五色五香——五塔寺端午文化嘉年华”等文化活动，并推出多项临展、巡展。拓片传习室常年开展拓片表演及互动。金石书院每月开展公益文化讲座。

北京石刻艺术博物馆四季风景皆美。金刚宝座前有两棵600岁的雌银杏树，树干遒劲，枝繁叶茂。秋天银杏满树金黄，古树、古塔相映生辉，每年10月下旬到11月中旬是最佳观赏期。

常设展览 · 馆藏精品

贞石永固——北京石刻艺术历史文化展

馆内基本陈列为“贞石永固——北京石刻艺术历史文化展”，陈列面积3900平方米（室内1400平方米，室外2500平方米），展示文物745件（套），以中、东、西3路展线进行陈列布局。中轴线展区沿原真觉寺遗址的中轴线，经大雄宝殿、金刚宝座至后罩楼中厅，共4个单元，分别为“真觉年轮——真觉寺历史沿革展”“密宗神话——金刚宝座文化展”“法帖迷宫——诒晋斋、敬和堂法帖赏析”“石上真草——馆藏石刻拓片期刊展”。东线展区共6个单元，分别为东部露天区域的综合碑刻区、耶稣会士碑刻区、祠墓碑刻区和东部碑廊的会馆石刻、金石书院里的“金声玉振——走进石文化”、后罩楼东厅的“铁笔传神——透过刀锋看笔锋”。西展线展区共5个单元，分别为西部露天区域的陵墓石雕展区、寺观碑刻区和西部碑廊的墓志展区、金石走廊面向儿童的“童蒙求我——娃娃看石刻”、后罩楼西厅的“石破天惊——从石头到石刻”。

馆藏精品

真觉寺金刚宝座

真觉寺是一座藏传佛教寺院，始建于明朝永乐年间。文献记载，当时有位西域高僧向永乐皇帝敬献了五尊金佛和一座金刚宝座的规式（模型），永乐皇帝赐地为其建寺，寺名“真觉”。清代为避雍正皇帝“胤禛”名讳，改称“正觉寺”。清乾隆时期，正觉寺两次被乾隆皇帝选作为其母祝寿的场所，进行了大规模修缮和改造，寺院达到极盛。民国时期寺庙被拆毁，仅金刚宝座及少数殿宇、碑刻幸存。

真觉寺内中轴线上的金刚宝座建成于明成化九年（1473年），内为砖砌，外部包镶石材。主体建筑分为宝座与5座小塔两部分。宝座最下层是须弥座，从须弥座至宝座顶共有5层，每层四周刻有佛龛，塔身上下共计1561尊佛像。宝座顶部有5座小塔，中央为一大塔，四角各建一密檐式小塔。在中央大塔南面须弥座正中间，刻有浮雕佛足。塔顶还有乾隆时期所修的一座琉璃罩亭，造型为天圆地方式。

真觉寺金刚宝座的形制仿印度释迦牟尼得道处菩提迦耶寺的大塔，但其建筑结构大量采用了仿木斗拱、筒瓦、滴水及藻井等中式建筑元素，雕刻采用中国传统的石雕技法，遍饰宗教题材雕刻。金刚宝座被梁思成

金刚宝座

称为同类型建筑中“最杰出最重要的实例”，是目前国内同类型塔中历史悠久、雕刻精美、保存最完好的石塔之一。1961年真觉寺金刚宝座被国务院公布为第一批全国重点文物保护单位。

拓展音频

汉故幽州书佐秦君之神道残阙与神道柱

1964年出土于石景山永定河故道。汉代石阙，是汉代的一种纪念性建筑，有石质“汉书”之称，是我国古代建筑的“活化石”。汉代石阙成对地建在城门或建筑群大门外，表示威仪等级的建筑物。此石柱立于105年（东汉时期），是目前所知北京地区东汉时期墓上建筑的唯一遗存。柱上部雕有2只螭虎，盘在柱子的左右两侧以承托柱额。螭虎是战国之后玉器上常见的一种异兽，汉代人崇尚螭虎，它代表了神武、力量、权势与王者风范。额面上刻有“汉故幽州书佐秦君之神道”11字，字迹清晰，苍劲有力。

汉故幽州书佐秦君之神道残阙与神道柱

秦君神道石柱及残阙的发现，将迄今为止发现的北京地区所存文字石刻的年代提早了很多，是北京地区现存时代最早的有确切纪年的文字石刻，也是目前国内发现的东汉时期神道石柱中保存最完整的一对，对研究中国古代陵墓石刻具有重要参考价值。同时，秦君神道柱上的文字书写，体现了从篆书到隶书转变过程中的书写风格，在书法艺术发展史具有重要意义和价值。

参观攻略

地　　址： 北京市海淀区五塔寺路 24 号

咨询电话： 010–62173543

交通路线： 公交白石桥东或国家图书馆站；地铁国家图书馆站 C 口出站，沿长河向东 800 米

开放时间： 9：00—17：00（16：30 停止售票、入馆），周一闭馆（国家法定节假日开放时间另行公告）

门票价格： 成人 20 元 / 人，全日制大学生（已满 18 周岁）凭学生证 10 元 / 人。每周三前 200 名到馆观众免费参观（以到检票处顺序为准）

注意事项： 北京石刻艺术博物馆实行线上预约参观制度（预约入口：微信公众号北京石刻艺术博物馆），每日限流 2000 人。北京石刻艺术博物馆针对未成年人、老年人、现役军人等不同观众群体实行门票优惠政策，详情可见北京石刻艺术博物馆微信公众号

俯瞰白塔寺

18 北京市白塔寺管理处

概　况

妙应寺坐落于北京市西城区阜成门内大街，因院内白塔又称白塔寺。作为营建元大都城的重要工程之一，白塔由忽必烈亲自勘察选址，敕令尼泊尔著名工艺家阿尼哥设计建造。白塔作为地标性建筑与大都并称为“金城玉塔”。

白塔寺历史悠久，始建于元，重建于明，复兴于清。院内白塔是北京地区现存唯一完整的元代文物遗存，既是祖国统一、民族融合的象征，又是中国与尼泊尔文化交流源远流长的历史见证。因其珍贵的历史文化价值，1961 年 3 月 4 日，妙应寺白塔被国务院公布为第一批全国重点文物保护单位。

常设展览·馆藏精品

白塔寺管理处常设展览有“白塔寺历史文化展”，并设有原状陈列，按历史原貌陈设文物，使观众既能欣赏真实的文物展品，又能真切感受到历史文化氛围。

常设展览——“白塔寺历史文化展”

该展览位于白塔寺西配殿，以白塔寺时代变迁为主线，借助史料、文物和大量图

“白塔寺历史文化展”展厅内景

片，介绍了白塔寺历史沿革及其承载的祖国统一、民族融合和中外交流的内涵，并采用多媒体技术突出展示白塔寺独特的历史文化风貌。

馆藏精品

《般若波罗蜜多心经》（复制品）

《般若波罗蜜多心经》为乾隆皇帝亲笔手书，于乾隆十八年（1753 年）白塔大修后放入塔刹。经书全长 46 厘米，宽 23 厘米，为经折装形式，首尾以锦缎装裱，外套一个锦缎裱糊的经夹。经书首页是一幅观音菩萨画像，正文采用唐代玄奘大师译本，共 260 字。经文书写工整，笔力遒劲，结尾处有乾隆皇帝题跋。经书首尾处共有 4 方印章，分别为“如水如镜”“莲花室”“天龙三昧”“乾隆宸翰”。经书纸质上佳，绵软而有韧性。

原状陈列——七佛宝殿

此殿为明代建筑，是白塔寺内最大的殿宇，面阔五间，进深四间，庑殿顶，因殿内原有 7 尊铜鎏金佛像而得名，现在陈列的是重塑的元代三世佛。殿顶中心排列着 3 个沥粉贴金立体盘龙藻井，周围是用梵文六字真言装饰的天花。大殿两侧立有明代十八诸天护法神像。

七佛宝殿内景

馆藏精品

十一面千手千眼观音像

这尊明代铜鎏金观音坐像，头戴宝冠，面形方圆，庄严静谧。上身袒露，胸前饰“U”字形联珠式璎珞，腕、臂佩有宝钏，

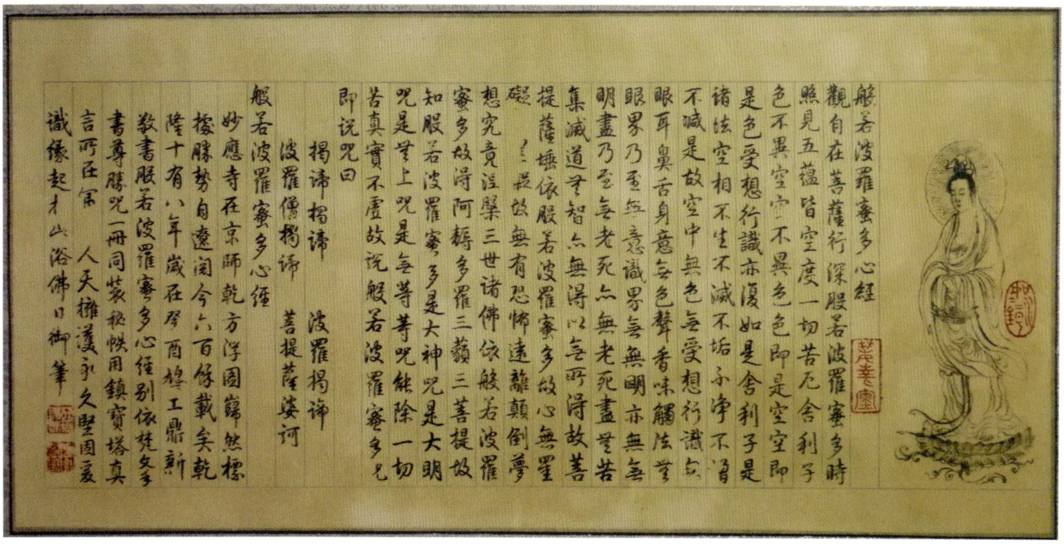

乾隆皇帝手书《般若波罗蜜多心经》（复制品）

腰系束带，下身着长裙。其突出特征是十一面、四十二臂，主臂双手位于胸前结合掌印，其余手臂置于两边，持有佛教法物。组成背光的手上各有眼睛，象征千手千眼。铜像铸工精细，造型完美，花纹繁复，体量巨大，是不可多得的明代造像精品。

十一面千手千眼观音像

原状陈列——三世佛殿（具六神通殿）

此殿面阔三间，进深三间，歇山顶，为四时供塔而建。殿内横梁悬挂一幅黑漆横匾“具六神通”，为乾隆皇帝御笔亲题，匾中央上方刻有篆书“乾隆御笔之宝”玺印。大殿内檐的烟琢墨石碾玉金线大点金旋子彩画为清乾隆时期绘制，殿内陈列清代木雕三世佛像。

三世佛殿（具六神通殿）内景

馆藏精品

清代大白伞盖佛母唐卡

主尊大白伞盖佛母身色洁白，主面之上有层层相叠的头，形成塔状，各头均具三目。身体四周皆是手臂，数不胜数，形成一个大圆圈；每只手生一眼，手中持法器；两只主臂放在胸前，左手持白伞盖，右手持法轮。上身披绿色帔帛，下身着红裙，足下聚满六道众生。画面上方为坐姿八臂白伞盖佛母和坐姿两臂白伞盖佛母，下方有三尊面容狰狞的护法神灵立于青山绿水中。整幅唐卡布局规整，设色艳丽，人物勾勒细致准确，带有清代内地勉萨唐卡绘画的艺术特征。

清代大白伞盖佛母唐卡

元代石狮

拓展阅读

元代石狮

20 世纪 80 年代自东城区麒麟碑胡同迁来。石狮面相威猛，雌雄两首对望，发式为少见的披鬃。石狮腰部有下塌特征，呈俯卧式，头部到尾部脊椎弯曲呈“S”形，身形修长，骨骼匀称，肌理精壮，极富动感。尤其雄狮在西、雌狮在东的摆放方式极为罕见，这正是元代礼仪文化中以右（也就是西边）为尊的生动体现。

妙应寺白塔

高约 51 米，占地 810 平方米，砖石结构，由塔基、塔身、相轮、华盖、塔刹组

妙应寺白塔

成。这座白塔是中国内地现存最早、体量最大的藏式佛塔，也是元大都城保留至今唯一完整的建筑遗存。

拓展视频

参观攻略

地　　址： 北京市西城区阜成门内大街 171 号

咨询电话： 010–66166099

交通路线： 公交 3、13、42、101、102、103、409、612 路白塔寺东站，7、47 路公交白塔寺南站；地铁 2 号线阜成门站出站向东 700 米，4 号线西四站出站向西 1000 米

开放时间： 周二至周日 9：00—17：00（16：30 停止售票），周一闭馆（节假日除外）

门票价格： 20 元 / 人。针对不同观众群体实行门票优惠政策，详情请见官方微信公众号“北京白塔寺”参观指南

注意事项： 北京白塔寺实行线上 + 线下预约参观，预约方式详见“北京白塔寺”微信公众号

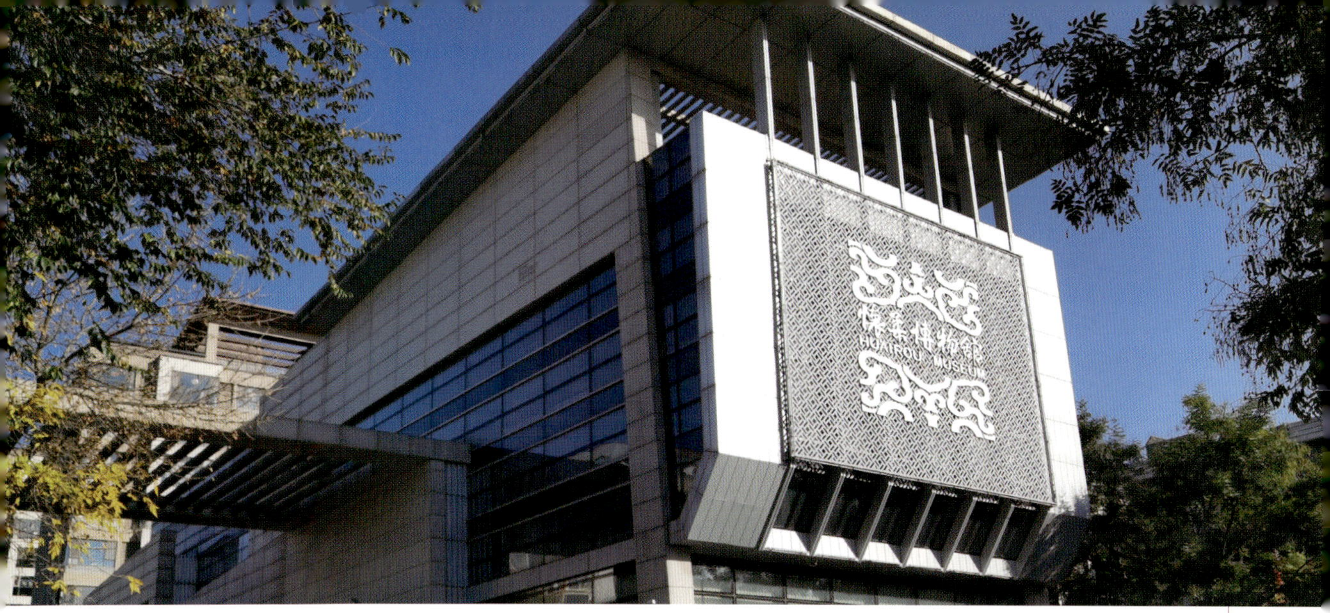

北京市怀柔区博物馆外立面

19 北京市怀柔区博物馆

概　况

怀柔区博物馆于 2009 年 3 月 18 日免费开馆接待观众，于 2015 年 6 月搬迁至怀柔区府前街 9 号院 12 号楼。博物馆建筑面积 1938.72 平方米，展陈面积 1300 平方米，由临时展览、怀柔历史展、怀柔区非物质文化遗产展 3 部分组成。现有馆藏文物 1300 余件（套）。怀柔区博物馆深挖文物资源，举办特色活动，以宣教、展览、讲座等多种方式把博物馆打造成青少年活动的第二课堂。

常设展览 · 馆藏精品

馆内设有两个常设展览，分别为怀柔历史展和怀柔区非物质文化遗产展。怀柔历史展位于博物馆二层，以时间为主线，系统介绍怀柔历史。怀柔区非物质文化遗产展位于博物馆三层，重点介绍怀柔区区级以上非物质文化遗产名录项目。目前怀柔区区级以上非物质文化遗产项目名录 48 项（国家级 3 项，市级 9 项，区级 36 项）。

常设展览——怀柔历史展

展览按照历史脉络，展出自远古时期至现代怀柔出土的近 200 件珍贵文物，采用文物展现历史的方式，突出不同时代怀柔地区中原文化与游牧文化相互交融、和谐发展的特点。

怀柔历史展展厅内景

馆藏精品

金代仙人故事纹铜镜

金代仙人故事纹铜镜是目前北京地区出土的最大的一面铜镜，于1981年在庙城镇庙城村窖藏出土。此镜圆形，直径29.4厘米，重4.3千克，黄铜质，形体厚重，平直素宽缘，半圆形镜钮。这面金代仙人故事纹铜镜，镜面纹饰以高浮雕的方式刻画了11位女性，从女性的装束不同可以看出明显的等级分别。其中，3名女性着贵族装束，6名侍女被刻画出侍奉活动，2名骑有仙鹤的仙女自天宫而降，既带有明显的后宫生活风格，又有描绘飞仙的场面，寓意着天上人间的美好愿望。

金代仙人图铜镜

战国水鸟鱼纹陶壶

壶在春秋战国时期式样繁多，最早的壶作为提携用，所谓“箪食壶浆”。以后除发展为多种用途外，也代替尊作为礼器。此陶壶1990年在天鹅饭店出土，灰陶质，敞口圆唇，微弧颈，肩饰兽头双耳，鼓腹，矮圈足。肩腹部饰六周弦纹带，组成四组图案，依上而下分别为波折纹、勾云纹、三角形水波纹、水鸟鱼纹。陶壶的整体纹饰显得清新

战国水鸟鱼纹陶壶

而有秩序。战国墓葬中常见有鼎、簋、壶等礼器组合。

青花将军罐

这件青花将军罐瓷质，胎质细腻，厚

青花将军罐

重。蓝宝顶钮，将军帽形盖，直颈，子母口，溜肩，肩下渐敛，圈足外侈，足底无釉。罐颈绘蕉叶与莲瓣纹，足部饰仰莲纹，盖与身满绘缠枝莲。通高 55 厘米，口径 20 厘米，底径 26 厘米，肩宽 36 厘米。1988 年 4 月怀柔水库东侧原小山处出土。此罐于清康熙帝舅父佟国维衣冠冢中出土，出土时罐内盛放有佟国维的衣冠和木质排位一方，牌位上书“皇清敕封一等国公原任议政管侍卫内大臣诰授光禄大夫讳国维国舅佟府灵君”。将军罐创烧于明代嘉靖、万历年间，到清康熙年间基本定型，它原本的用途类似今天的“骨灰盒”。清康熙四十三年（1704 年），佟国维卸任，后常驻于怀柔钓鱼台一带。清《怀柔县志》载：“钓鱼台庄，有国舅佟公别业，公予告后游息于此，圣驾出口经临，必存问召对，恩礼有加，庄前有草亭，公夏月纳凉于其中，与田夫野老较晴问雨，娓娓不倦，人亦忘其为勋贵大臣也。”康熙五十八年（1719 年），佟国维去世，据清《天咫偶闻》载，佟国维墓在朝阳门外石道（今朝阳路）附近。日伪统治时期，因该墓被卖给了日本人，起灵到怀柔水库钓鱼台，故此在怀柔水库边发现其骨灰罐也就合情合理了。

汉代凤首青铜鼎

鼎本来是古代的烹饪之器，相当于现在的锅，用来煮肉。许慎在《说文解字》里说：“鼎，三足两耳，和五味之宝器也。”鼎又被视为传国重器、国家和权力的象征，“鼎”字也被赋予“显赫”“尊贵”“盛大”等引申意

汉代凤首青铜鼎

义，如一言九鼎、大名鼎鼎、鼎盛时期等。这种器形广泛流行于商代到汉代，造型以圆腹、双耳、三足为主。该馆所藏的汉代鼎1983年出土于庙城镇桃山村北，长方附耳，圜底鼓腹，蹄形三足，素面，腹部装饰有一周弦纹，盖面微鼓，高卷的凤首与翘起的尾组成钮，呈三角对等排列，凤羽翼丰满，整体造型别致优雅。在汉代，随着漆器和陶瓷的兴起并广泛应用，青铜器的制作逐渐走向没落。

玉带銙

玉带銙

玉带是一种由数块乃至十数块扁平玉板（又称“玉带銙”）镶缀的腰带，是古代官员品位的标志。玉带銙有方形、长方形、桃形等，表面常雕琢各种图案。玉带始见于北周，一直沿用至明代，清代废除玉带制度。这是1983年在沙浴乡白木村辽金八角墓出土的玉带銙，呈长方形，玉色莹润，有明显使用痕迹；正面平雕龙飞凤舞纹饰，线条流畅，纹饰生动；背面有4对穿绳孔。

参观攻略

地　址： 北京市怀柔区府前街9号院12号楼

咨询电话： 010-69695699-811/805

交通路线： 公交916路怀柔中医院站、866路商业街东口站，步行至怀柔区博物馆

开放时间： 周二至周六8：30—11：30（10：30停止入馆），13：30—17：30（16：00停止入馆）；周一、周日全天闭馆

门票价格： 免费参观

注意事项： 所有观众需进行实名制预约参观

石景山区博物馆主展区入口

20 北京市石景山区博物馆

概　况

石景山区博物馆于2021年开馆，占地面积6000余平方米，展陈面积2000余平方米，共展出本区出土文物140余件。博物馆位于石景山区文化中心四层至六层。四层为服务区，用于举办活动和文物数字化体验；五层为临展区；六层为主展区，共有两个展厅。

常设展览·馆藏精品

石景山区常设展览包括序厅及“石景为开”“燕都仙境”“山水灵聚”“宫阁寺苑”“京西门户”“百年圆梦”6个展区。馆内以故事与人物串联时间线索，用文物佐证历史事件，将山水与城市完美交融，让观众仿佛置身于山水画廊间，零距离感受石景山区的深厚历史文化内涵。

主展区四单元“宫阁寺苑”展厅内景

馆藏精品

元万安寺知拣舍利石函

北京西城区的白塔寺在元代叫作大圣寿万安寺，此具石函里存放的舍利就是大圣寿万安寺的开山住持高僧知拣的。此件文物

元万安寺知拣舍利石函

于2001年5月出土于石景山区黄南苑附近。“函”是匣子，“石函”用来存放亡者骨灰、经书等物。函盖由青石雕成，象征天；函身由黄石雕成，象征地；四壁雕有铺首、摩尼宝珠及十字金刚杵。这具石函庄重精美，是历代出土石函中的精品，有着极高的文物价值和艺术价值。

明鎏金铜佛

鎏金铜佛指用铜或青铜铸造、表面鎏金的佛造像，供宫廷、寺庙使用。此尊佛像的造型为“大日如来”，通高110厘米，顶戴五方佛冠，面容祥和，结跏趺坐，半披式佛衣。抗日战争时期，当地百姓为保护文物将它埋于地下，在2007年石景山区远洋山水小区施工时出土。佛像为大慈寺原物，出土地是大慈寺遗址，现仅存大慈寺碑。

明嘉靖青花“福禄寿”字盖罐

此罐1987年出土于石景山区南宫地区一座明代太监墓中，为官窑产品。罐盖折沿圆顶，宝珠钮，形似古代将军戴的帽盔，故名“将军罐”。这种器型流行于明末清初。嘉靖皇帝专崇道教。道教讲“得道升天、长生不老”，所以他在位的45年间，烧造的青花瓷图案有大量与道教有关的纹饰，除八仙、云鹤外，还有以“福”“禄”“寿”等文字作为图案出现的。罐身上“福”字以竹叶、“禄”字以梅花、“寿”字以松枝围绕，构成一幅充满道教氤氲之气的图画。此种器物在北京地区出土的并不多见。

明鎏金铜佛

明嘉靖青花“福禄寿”字盖罐

清康熙青花牡丹狮纹罐

此罐1985年出土于石景山区玉泉路高能物理研究所一座清代鲁公墓中。鲁公墓出土时为三棺并列，居中的是鲁公，左右为其两位夫人。墓葬早年被盗，仅余少量文物。此罐通高33.5厘米，出自景德镇窑，无底款，为民窑器。器身上部刻“原命于乙丑年十一月十二日亥时生，皇清诰封中宪大夫，享寿六十有八，显考讳公正鲁公之墓，大限于壬申年八月二十二日亥时终”。此种以罐刻代替墓志的做法极其少见。

清康熙青花牡丹狮纹罐

参观攻略

- **地　　址：** 北京市石景山区苹果园南路10号院1号楼石景山区文化中心四至六层
- **咨询电话：** 010-88701191
- **交通路线：** 公交318、370、598、921、932路苹果园南路东口站；地铁6号线西黄村站C口向西步行700米
- **开放时间：** 石景山区历史文化展（六层）第一展厅、第二展厅周二至周日9：00—17：00（16：30停止入馆），周一闭馆；临展区“北京西山永定河文化带历史文化展”周二至周日9：00—19：00（18：30停止入馆），周一闭馆
- **门票价格：** 免费参观
- **注意事项：** 开放及预约信息请关注“石景山文旅”微信公众号或“石景山文E”APP

北京市通州区博物馆建筑外观

21 北京市通州区博物馆

概　况

北京市通州区博物馆于 1992 年正式向社会开放，总占地面积 2000 余平方米，是一座保存完好的清代二进四合院，具有北京建筑的风格，颇具地方特色。馆址“万字会院”是通州区文物保护单位。清朝于此建三官庙，后因北京万国道德会在此活动，院内建筑多雕刻“卍”字故而得名。2015 年对馆内的展陈及设备进行了升级改造，每个展厅配备了多媒体展示设备，尤其适合广大青少年参观学习。秉承小馆做出大文章服务理念，通州区博物馆将一座传统与现代、时空与文脉结合的综合博物馆呈现到参观者面前。博物馆现有藏品 2373 件（套），展出 87 件（套）。

常设展览 · 馆藏精品

通州区博物馆有运河文化展和通州文明展两个常设展览。运河文化展讲述了历史上优越的自然地理环境与首都发展建设的需要，造就了通州，使其成为我国 2000 余年间南北方乃至中外经济、政治、文化交流的枢纽。通州文明展主要介绍通州自西汉置县起 2200 多年的历史沿革，展品按时间顺序陈列，分为秦汉、隋唐、辽金元、明清和民国 5 个展厅。隋唐厅的巨幅油画为隋炀帝大业四年（608 年）下令开凿永济渠时的场景。辽金元展厅的 5 组浮雕讲述了辽代通州的故事，展现了当时通州的自然生态环境和地域文化。明清展厅的全息影像通过 3D 技术让人仿佛身临其境地感受到当时漕运的繁荣以及特有的自然景观。

运河源流图

常设展览——运河文化展

运河文化展展示了通州出土的和与运河有关的珍贵文物。展陈的实物、照片、文献资料仅是通州古代运河文化载体的极小部分，也足以显示出通州运河文化底蕴的丰富和深厚，反映出大运河与通州对历史上国家统一、社会进步、局势稳定、文化繁荣都发挥了重要作用。展览首次展出的运河源流图为日本回流文物。超大的弧幕声情并茂地将大运河历史变迁向观众娓娓道来，使观众能更全面地感受通州历史的沧桑和京杭大运河绵延四千里的文明传承。

馆藏精品

军粮经纪密符扇

此扇为清高宗时期，户部官员为整治漕粮经纪在验收转运间作弊，创造的一把军粮经纪密符扇。此扇上弧弦宽 52.5 厘米，下弧弦宽 22 厘米，纵长 17.5 厘米。两面各有 50 种符号形状，似书似绘。每个符形下面，多以小楷横书符号名称，符形与符号合之为一组，乃一名经纪人代号，或称之为密符。漕粮自大运河运到通州石、土二坝码头，本是散装，经过经纪验收并经验粮官准验后，装入布袋转运入仓。每名经纪负责验收，转运者均须在各自粮袋上用优炭书写自己密符。若入仓之前被抽查出某袋漕粮存在问题，则按袋上符形查出其符号名称，再按符号名称在一本登记册上查出其真实姓名，然后严厉惩处。此扇似只制作一把，由坐粮厅官员或巡仓御史掌握。

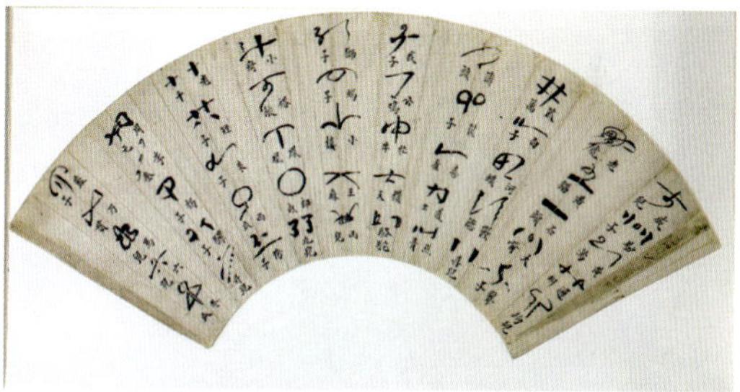

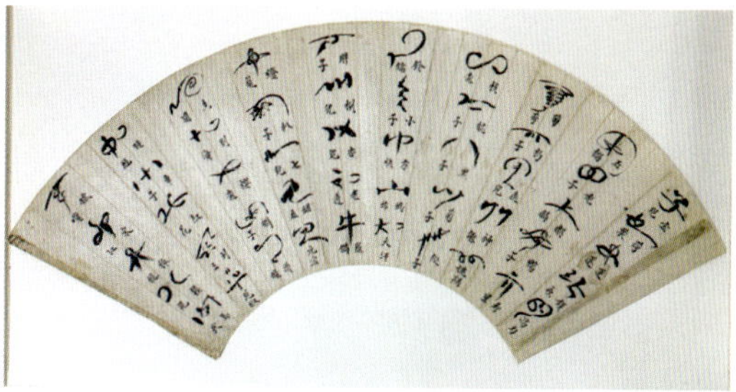

军粮经纪密符扇

宝光寺铜钟

高 1.7 米，口径 1.1 米，顶处壁厚 2.5 厘米，口处壁厚 7.1 厘米，重约 1750 千克。

宝光寺铜钟

两只龙子蒲牢相背为钮，牛头、鹿角、蛇身、鹰爪俱形神兼备；圜顶圆肩，直身侈口，造型端正庄重；外壁饰几何阳纹，布局均匀一致，纹饰间有汉文“大明景泰”“皇图永固”“帝道遐昌”“御用监太监尚义”四组楷字，还有梵字经文及藏文两种文字。另有一种文字未识，俱为阳文。近连弧口处圆月间，犹有八卦纹饰。此钟体量壮观，造型端庄，线条柔美，纹饰精致，铭文清晰，音色浑圆而深沉绵长，具有很高的历史、艺术、科学价值，是一件极为珍贵的历史文物。

拓展阅读

青花大鱼缸

高 61 厘米，腹径 76 厘米，足径 44 厘米，胎体厚重，造型规整，质地坚致，其口宽厚，平沿外侈，束领圆肩，深腹缓收，平底圈足，外底露胎呈火红色窑红，内外普施青白色釉，匀净温润有玉质之感。青花纹饰，发色鲜艳青翠如宝石蓝，深浅相映，浓淡相宜，十分悦目。宽平口沿环绘如意头花草拐子纹，线条流畅自然。束领下部勾绘一条二方连续方形回纹带，釉色与青花形成相互依托。主题纹饰布满缠枝西番莲，初开者、怒放者兼有之，侧朵者、垂者均备之，

青花大鱼缸

毫不雷同；茎则盘转勾连，叶则阴阳俯仰，繁密而有秩，缠连而不混，恰到好处，益显华丽繁荣。

官窑青花折枝莲碗

两件，清乾隆间制，均有冲。高 8.5 厘米，口径 18.5 厘米，足径 7.5 厘米，侈口圆沿，深腹柔收，圈足规整，满施浅豆青釉，视摩如玉。外壁青花不分层次，满绘缠枝莲，弯曲环转有序，花叶繁茂，色调纯洁，深艳爽目；腹部偏上匀布四圆形开光，内书正楷各一字，顺读为“万寿无疆”。外底中心青色框双栏，内篆 3 行，行 2 字，为“大清乾隆年制”6 字。胎薄坚致，端庄俊俏，釉色晶莹，纹样美观，堪称乾隆时期青花瓷器代表作。

官窑青花折枝莲碗

参观攻略

地　　址：北京市通州区西大街 9 号

咨询电话：010–69555161（团体预约）

交通路线：公交 322、342、435、666、667、804、806、808、174、通 6、通 19、通 41、通 62、通 71 路新华大街站

开放时间：周二至周日 9：00—17：00，周一闭馆

门票价格：免费参观，凭有效证件领票入馆。团体 10 人以上需提前预约

北京税务博物馆外景

22 北京税务博物馆

概 况

北京税务博物馆始建于2005年，曾落址故宫东侧普度寺内，是全国第一家省级税务部门筹建的专业性博物馆。2009年9月，因原址普度寺文物保护暂停展览。2013年，经原北京市地方税务局倡议，原北京市国家税务局、朝阳区政府和中央财经大学响应，历时两年在太阳宫地区完成复建。2015年经北京市文物局备案批准将北京税务博物馆纳入北京市博物馆序列。2015年9月，北京税务博物馆在税务系统内开放试展。2016年5月正式面向社会公众免费开放，陆续获评首批全国法治宣传教育基地、首批全国税

序厅浮雕

收普法教育示范基地、市区两级爱国主义教育基地、市区两级中小学生社会大课堂资源单位，与中国财政科学研究院、中国人民大学、中央财经大学、首都经济贸易大学和密云区少年税校共建学生实习实践基地，并与中央财经大学共建财税史研究院。2018 年 6 月起，北京税务博物馆隶属于国家税务总局北京市税务局直属事业单位。

常设展览 · 馆藏精品

北京税务博物馆建筑面积约 2700 平方米，常设展览“中国税收历史陈列”和“中国当代税收历史陈列”，展厅面积约 1400 平方米，目前共展出藏品 3000 余件。

常设展览——“中国税收历史陈列”

有国即有税，自夏、商、周的“贡、助、彻”制度出现以来，税史钩沉，沧桑 4000 余年。“中国税收历史陈列”展厅约 790 平方米，展线 210 延米，主要展出中国古代和近现代藏品，包括田赋、徭役、工商税、印花税票、历代货币、发票、革命根据地税收、港澳台税收等专题。通过藏品体现出税收是公共权力机构履行职能的物质基础，不仅影响政权的兴衰更替，也在推动社会进步和促进民族强大过程中发挥着重要作用。

馆藏精品

清朝印花税票

1889 年李鸿章和总理衙门为筹措军费上奏请求仿照西方开征印花税。1902 年光绪皇帝首次批准试办印花税，并委托日本公司印制了双龙戏珠图“大清国印花票”，但未正式开征。1907 年光绪皇帝再次批准试办印花税，并于 1908 年委托美国钞票公司印制了云龙风景图、双龙牡丹图、亭园图 3 种图案的“大清印花税”票，仅在部分区域试行。

清 ·“大清印花税”票

鱼鳞图册

为使征派赋役有所依据，避免产去税存或有产无税的弊端，官府每隔几年就会组织清丈土地，将丈量过的每一小块土地编列字号，登记成册，注明土地位置、大小、四至等内容，每册首页画有一张地貌总图，这些

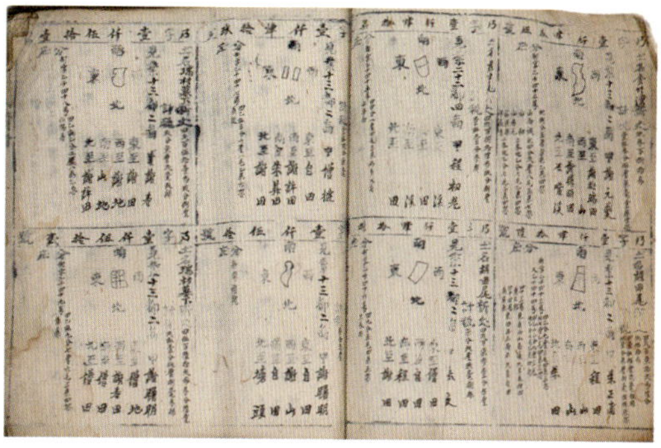

明 · 鱼鳞图册

小块土地拼在一起形成的地貌总图像鱼鳞，所以得名“鱼鳞图册”。官府通过鱼鳞图册可以较为准确地控制税源，防止税款流失。

清乾隆至民国时期转卖北京中铁匠胡同民房契约

此件展品为清乾隆十一年（1746年）至1933年北京中铁匠胡同十多间民房历次转卖的契约、执照。该契为七连契，全长337厘米，宽62厘米，印有民国时候的验契章。清初满族入关后，曾经大肆圈占汉人土地，康熙朝为了缓和民族矛盾，下令“旗人交易田宅，须将原上手老契粘连于左”，以显示土地、房产的可靠来源，杜绝旗人侵夺汉人财产。于是旗人交易时，往往要将历次交易的“上手老契”逐一粘连，乃至形成互相粘连的长契。此七连契历经乾隆、嘉庆、道光、同治、光绪数朝，至民国验讫，交易时间历时187年，保存完整，品相良好，是研究清代经济、税收的重要史料。

“江汉关同治八年有成号匠罗芝”五十两银锭

此件展品为湖北“江汉关同治八年有成号匠罗芝”五十两银锭。1862年1月1日，江汉关正式成立，其主要职责是征收进口税、缉私等。江汉关将所收税银集合起来，铸成五十两大锭再上缴国库。此枚银锭重达

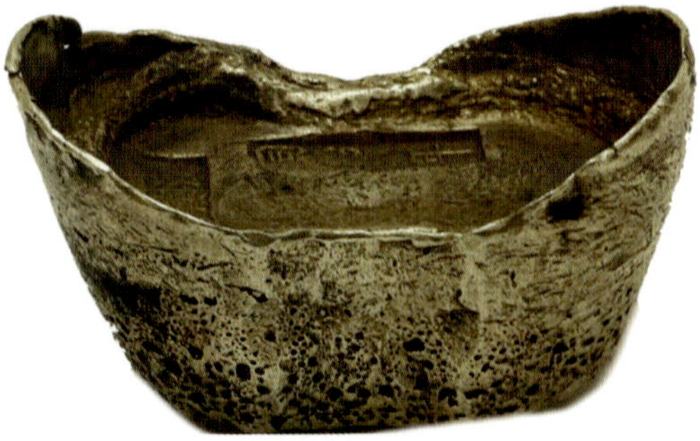

清·“江汉关同治八年有成号匠罗芝”五十两银锭

五十两，银锭上有制作工匠的戳记，刻有年号，用途清楚。

常设展览——“中国当代税收历史陈列”

“中国当代税收历史陈列”展厅约600平方米，展线210延米，主要展示1949年以来中国当代税收相关史料，按照时间发展脉络讲述70余年来国家税制不断改革完善，以及在经济社会发展中发挥的积极作用，同时传播税收取之于民用之于民的理念。

馆藏精品

《全国税政实施要则》

中央人民政府为统一全国税政，建设新税制与加强税务工作，于1949年11月在北京召开了全国首届税务会议，本着简化税制、实行合理负担的政策精神，制定《全国税政实施要则》。规定在全国范围内统一开

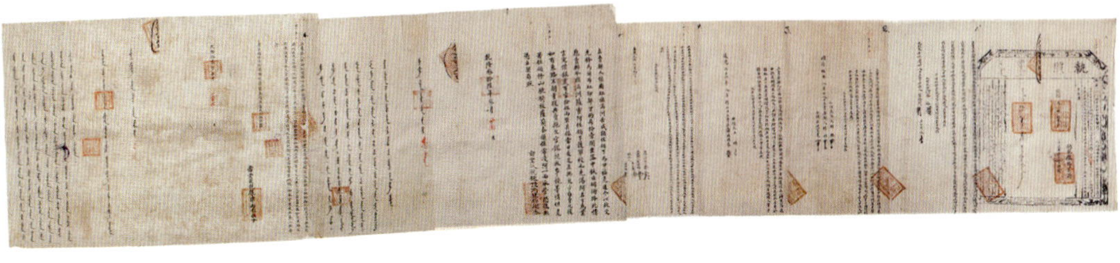

清乾隆至民国时期转卖北京中铁匠胡同民房契约

征 14 个税种。

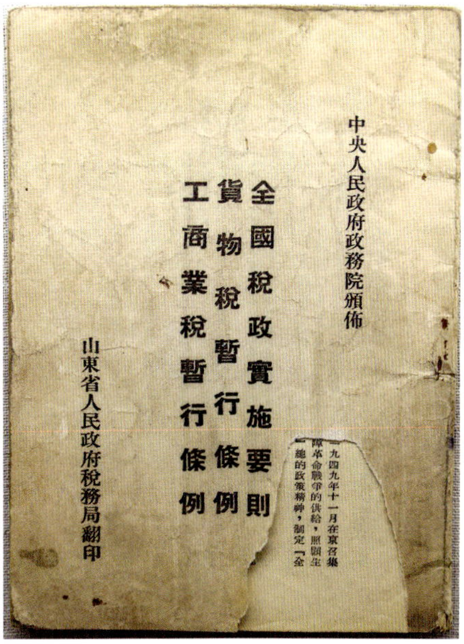

1949 年《全国税政实施要则》

2005 年 12 月 30 日《人民日报》

2005 年 12 月 30 日的《人民日报》头版刊有中华人民共和国主席令《农业税条例正式废止》。

农业税是国家对从事农业生产、有农业收入的单位或个人所征收的税。农业税收入是国家财政收入的重要组成部分，是国家经济发展的重要基石。中华人民共和国成立后，随着工商业的发展，农业税在国家财政收入中的比重逐渐下降。21 世纪初，我国开始了以减轻农民负担为中心，取消税外收费、改革农业税收为主要内容的农村税费改革。延续了 2600 余年的农业税于 2006 年 1 月 1 日正式取消。

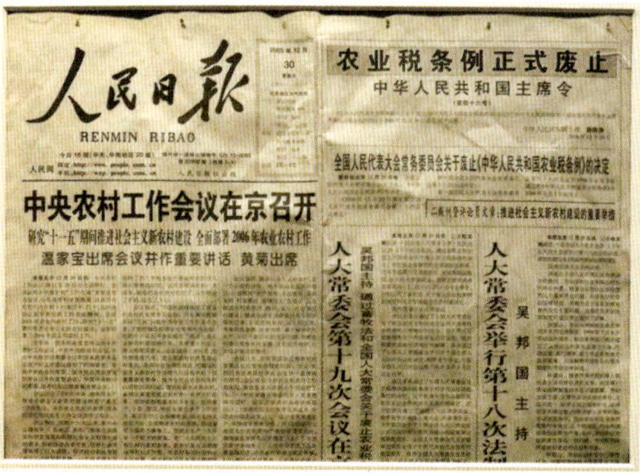

2005 年 12 月 30 日《人民日报》

参观攻略

- **地　　址：** 北京市朝阳区北四环东路临 1 号
- **咨询电话：** 010-84299713
- **交通路线：** 地铁 10 号线、13 号线芍药居站 F 口出，步行约 1.2 千米
- **开放时间：** 周二至周六 9：30—16：30（国家法定节假日闭馆）
- **门票价格：** 免费参观

智化寺山门

23 北京文博交流馆（北京市智化寺管理处）

概　况

北京文博交流馆成立于1992年，是一座以智化寺为馆址的古建遗址类博物馆，承担着保护和展示智化寺古建筑和智化寺京音乐两项文化遗产的职能。智化寺于1961年被国务院列为第一批全国重点文物保护单位。智化寺京音乐于2006年被国务院列入第一批国家级非物质文化遗产代表性项目名录。

智化寺建成于明正统九年（1444年），为明英宗时期司礼监太监王振所建，是北京市内保存规模较大的明代木结构建筑群。目前其主体建筑保存基本完整，占地5000余平方米，共四进院落，是一处汇集古建、古乐、造像、雕刻、彩绘等传统文化艺术的宝库。该馆以原状陈列、固定展览、临时展览以及音乐展演等方式，让观众欣赏智化寺古建筑的营造之美，领略智化寺京音乐的清音雅韵，体味中华文化的博大精深和华夏先民的无限智慧。

常设展览·馆藏精品

北京文博交流馆的展览包括原状陈列、固定展览和临时展览。藏殿、如来殿的陈设为历史原貌；固定展览包括智化寺钟鼓展、智化寺历史沿革展、藏殿文化艺术展、智化寺京音乐文化艺术展、如来殿原状陈列展、智化寺建筑展共6项展览；不定期策划推出以民间收藏、智化寺和智化寺京音乐相关文化为主题的临时展览。

常设展览——如来殿（万佛阁）

如来殿是智化寺内体量最大的建筑，一

如来殿（万佛阁）

底一楼，上下异称，为庑殿黑琉璃瓦顶。一层如来殿面阔五间，进深三间，檐下饰有单翘单昂五踩斗拱，梁枋绘有青绿点金旋子彩画；二层为拱券式门窗，三交六椀菱花格隔扇，门外有回廊，围以宝瓶护栏，下垂挂滴珠板。上下两层均以金砖墁地，墙壁遍饰小佛龛9000余个，井口天花绘有祥瑞花草和梵文真言。一层正中为如来佛造像，左右两侧为彩绘精美的大梵天和帝释天造像，殿内还立有明英宗天顺六年颁赐的藏经碑和一对曲尺形经橱。二层有三身佛造像，顶部原有斗八蟠龙藻井，20世纪30年代流失到美国。

馆藏精品

智化寺转轮藏

北京地区保留至今的唯一一具明代转轮藏，整个转轮藏通高约4米，呈八角形，由汉白玉石须弥底座、木质八面经橱及顶部的毗卢遮那佛3部分组成。每面经橱又置9排5列抽屉以放佛经，每个抽屉表面刻有佛龛，龛内浮雕一尊释迦像，抽屉上书写有千字

智化寺转轮藏

文，便于经书检索。其经柜表面书写有兰札体梵文，转角柱雕刻有六拏具法相装饰，具有浓郁的藏传佛教风格。转轮藏以独具匠心的布局设计、雕刻彩绘的精美华丽而著称，充分体现出奇工巧匠的高超技艺，是我国古代建筑艺术的瑰宝。

智化寺京音乐

明清时期流传在北京地区的传统音乐，相传发源于民间，来自宫廷，传承于智化寺，经智化寺艺僧按代传承，至今已500多年。其曲调庄重典雅、曲谱珍贵神秘、曲牌古老丰富、传承严谨有序，被誉为中国古代音乐的“活化石”。它采用工尺谱记谱，现存最早的谱本为清康熙三十三年（1694年）第15代艺僧所抄。主要演奏乐器包括管、笙、笛、云锣和鼓等。第27代传承人在智化寺开放日的上午10点和下午3点向观众现场展演智化寺京音乐。

参观攻略

- **地　　址：** 北京市东城区禄米仓胡同5号
- **咨询电话：** 010-65286691（总机）、010-65135206（办公室）
- **交通路线：** 公交44、58、139、200、142路雅宝路站，24、674路禄米仓站；地铁1号线、2号线建国门站出A口向北，2号线、6号线朝阳门站出H口、G口向南，5号线灯市口站出C口向东
- **开放时间：** 9：00—17：00，周一闭馆
- **门票价格：** 成人门票20元/人（对未成年人、老年人等观众群体实行免费优惠政策，详情见北京文博交流馆微信公众号预约购票系统）

博物馆内门楼

24 北京文旺阁木作博物馆

概　况

北京文旺阁木作博物馆是北京唯一一家以木作为主题的博物馆，位于通州区台湖镇东下营。博物馆展馆面积为 9500 平方米，以木作艺术品、木质文物为依托，研究、展示、弘扬中国传统木作文化与科普知识。

博物馆有展览展示部、文物储藏部、文创部、教研部等多个部门，开发有几十种木作文创及与木作有关的科技产品。博物馆经过几十年的积累、筹备而建，传统老物件被修复完善，分门别类地整理成几十个木作科普系列展示出来，并配以图片文字注释，以便观众学习和了解古代木作技艺及老物件背后的故事。

北京文旺阁木作博物馆先后被授予“全国科普教育基地”“北京市 AAAA 级社会组织”“北京市中小学社会大课堂资源单位”“北京市文化和旅游体验基地”“首都职工职业技能培训基地”“北京市民终身学习示范基地”“文化创意人才培训实践基地”“民俗文化教育基地”等荣誉称号。

常设展览 · 馆藏精品

北京文旺阁木作博物馆常设展览有中国古代木匠展、二十四节气与农具展、古代度量衡展、中国古代三百六十行展、古代建筑展、古代建筑与家具展、美丽（历）纹饰展、古代招幌展、古代婚俗展、运河文化展、中国古代明清家具展、古代攻守城器械展等。每个展览主题鲜明，展品布置合理有序。例如二十四节气与农具展，介绍了与二十四节气相关的农事、习俗、谚语等，并将农具按照春耕、夏长、秋收、冬藏的顺序分类，力图弘扬中华农耕文化，彰显共享中华农耕文化魅力，保护和传承农耕文化的人文精神和内涵实质。

二十四节气与农具展

常设展览——中国古代木匠展

展览分为木匠的起源（祖师爷鲁班）、鲁班发明创造、木工工具系列、木匠行分工（大木作、小木作、家具作）、木匠之道（拜师学艺过程及工匠精神）、木匠技艺（榫卯结构）、木作漆艺等部分。

中国古代木匠展

馆藏精品

木匠工具箱

整体呈“凹”字形，箱体中间的空间放置斧子、锛子、锯等比较大的工具。箱体外侧设置一带有圆孔的木条，用来放置木匠使用的凿子、钻等小型的工具。工具箱上侧安装宽皮带，背起来非常舒适。

木匠工具箱

由于工具箱的箱体呈“凹”字形，倒过来形象为“匚”，而“斤”的象形字是斧子，所以工匠精神的“匠”字就来源于木匠。

常设展览——中国古代三百六十行展

自古以来，人们所说的“三百六十行”是对所有职业的统称。中国人口众多，人们所从事的行业也多种多样，每个行业都有各自特点，没有高低贵贱之分。

展览展示了当铺行、磨瓷器行、吹糖人行、磨剪子、戗菜刀等45个不同行业的特点，介绍了“市井”的来历、古代各行各业的响器、行业规格及由老行当衍生的许多谚语。

三百六十行展

馆藏精品

剃头挑子

北京有句俏皮话："剃头挑子一头热。"指什么事只是单方面起劲，比喻一厢情愿。

剃头挑子

剃头挑子算是早年的流动理发馆，理发师沿着胡同到各家客人门口"剃头"。剃头挑子一头有个小炭火炉，温着热水，外面罩圆笼，上面坐着个黄铜脸盆。另一头是个木凳，下侧面3个小抽屉：第一个接钱用，钱可以由板凳中央小缝子装进去；第二个装剃头刀；最后一个装篦子、梳子、磨刀石之类杂物。

挑子的扁担是直的，使用时，将剃头凳与炉子用棉绳与扁担连接，棉绳前端套着圆笼，后端套住凳子。棉绳上还栓着一根旗杆，旗杆上挂着一条擦刀布带，以及掸头发的刷子、毛巾和给顾客剃头时围在脖上的白布。

剃头之前，先用热水洗一回头，头发泡软点儿好剃。之后刷上肥皂，先剪一遍，回过来再剃一次，叫"剃二碴儿"。最后再洗一遍才算大功告成。

常设展览——运河文化展

展览主要讲述大运河的水脉、人脉与文脉，展现7个运河段两岸人家的生活情景。

通过展览，观众能够更加清楚地了解大运河在历史上的重要性，以及京杭大运河作为南北交通大动脉，在历史上发挥过的“半天下之财富，悉由此路而进”的巨大作用。

馆藏精品

北京洋车

洋车是一种载客用的两轮人力车。圆椅状木质车厢上，搭可折叠的车篷，可乘坐 1~2 人。该车有两个胶皮车轮，座椅、扶手、靠枕全部包皮。车座椅两侧，用铜片雕有制钱的挂穗，仿佛在迎风飘扬，预示富贵吉祥。

车厢前伸出两根辕杆，顶端有横木相连，为挽车的把手。提起辕杆，乘车人身躯后仰，可减轻挽车力。车夫两手握着辕杆在其间拉着车奔跑。脚踏三轮车出现后，洋车逐渐被取代。

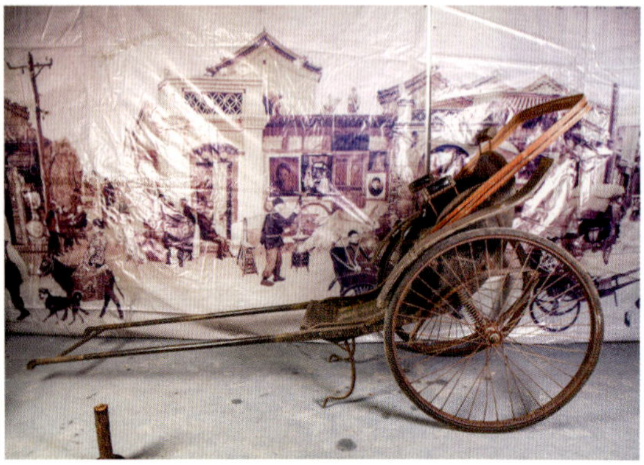

北京洋车

参观攻略

地　　址：北京市通州区台湖镇东下营村南开发区 147 号

咨询电话：010-61537326

交通路线：地铁八通线梨园站或地铁 7 号线万盛西下车，再乘公交通 7、通 10、临 8、通 65 路至玉甫上营站下车

开放时间：9：00—12：00，13：30—17：00

门票价格：180 元 / 人，需电话预约参观

万寿寺山门

25 北京艺术博物馆

概　况

北京艺术博物馆于1987年8月正式成立并对外开放，是一座综合类博物馆。博物馆以弘扬中华艺术文明和推动现当代艺术交流与发展为宗旨。

北京艺术博物馆馆址设在明清古刹——万寿寺古建筑群内，占地共3.4万平方米，于2006年被公布为全国重点文物保护单位。万寿寺始建于明万历五年（1577年），历经明清两朝帝王的兴修、扩建，形成了集寺院、园林、皇家行宫于一体，中、东、西三路建筑相毗邻的大型古代建筑群。

北京艺术博物馆收藏各类艺术品13万件，时代上起原始社会，下迄民国，尤以明清时期的藏品蔚为大观。门类涉及书画、碑帖、织绣、陶瓷器、玉石器、青铜器、竹木牙角、漆器、钱币、印章、家具等各类中国传统艺术领域。除古代艺术品外，馆内还收藏了吴昌硕、齐白石、张大千、徐悲鸿等近现代中国艺术大师的传世之作。北京艺术博物馆利用古建筑作为展厅，通过展览向公众传播中华传统艺术文化。

常设展览·馆藏精品

北京艺术博物馆展览以馆藏明清文物为主，通过展览、展品与古建筑群相互融合，给予观众沉浸式的参观体验。该馆现有“缘岸梵刹：万寿寺历史与文化展”“妙法庄严：古代佛像艺术展”“吉物咏寿：吉寿文物专题展”“万几余暇：清代皇室及其后裔书画艺术展”“光华照物：中国传统家具展”等展览。

原状陈列——大雄宝殿

大雄宝殿，明代称大延寿殿。明万历

五年始建，清代修缮。清雍正十一年（1733年）御题匾额“慧日长辉”，乾隆皇帝为大殿题写匾额“法云常住”，两匾额曾一同悬挂于大雄宝殿门首，现两匾均无留存。现在大殿外悬挂的“慧日长辉”匾为2013年依据清宫内务府造办处档案记载仿制的。

大雄宝殿内，正中供奉三世佛，中间为释迦牟尼佛，东侧为药师琉璃光佛，西侧为阿弥陀佛。在三世佛的前面还陈列了一尊毗卢遮那佛像，也称为大日如来，是佛教密宗尊奉的最高神明。这尊毗卢遮那佛头戴五佛冠，两手在胸前结智拳印，结跏趺坐。身下是千瓣莲座，每一片莲瓣上都铸有一尊小的释迦佛，共1000尊。这尊造像制作精美，工艺精湛。在大殿的两侧，供奉的是十八罗汉像，罗汉塑像个个面如满月，耳轮垂肩，神态祥和。

馆藏精品

大雄宝殿三世佛像

佛像头顶为蓝色螺髻，面庞方圆，细眼长眉，鼻梁高直，唇含笑意，两耳垂肩，在端庄、慈祥的神情中透露出神圣、超凡和自信的风貌。

大雄宝殿三世佛像

专题展览——“万几余暇：清代皇室及其后裔书画艺术展”

清代帝王亲躬翰墨者为数不少，他们或将其作为治国理政的手段，或将其作为万几余暇的消遣。满族入关后，积极学习汉文化，注重皇室贵族的教育与培养，清代皇室涌现出众多学养深厚的书画大家，留下大量佳作。

清代皇室书画在风格上体现出皇家气派，在纸、墨等书写材料上也追求奢华。帝王、宫廷御用的纸、墨代表了当时书画材料制作技艺的最高水平。

展览以时间为主线，通过展示90件（套）馆藏皇室及其后裔书画作品，向公众介绍康熙帝、乾隆帝、光绪帝等9位皇帝的佳作，还有以慈禧皇太后为代表的后宫女性作品，及成亲王永瑆、恭亲王奕䜣等宗室的书画作品。最后，还选取了溥氏兄弟、启功、叶喆民等皇室后裔的作品，让观众直观地了解清代皇室艺术传承下来的面貌。

馆藏精品

清乾隆御笔红树山庄图轴

乾隆帝擅绘松竹梅兰、山水小景等。画山水喜用董其昌笔法，常作平远之景；书法以“馆阁体”为主，笔墨圆润秀媚。此作品所绘内容简洁，细草坡上立一石，石旁一丛小树挺立，枝头红叶点点，树下几缕青竹。画中题诗两首，钤“五福五代堂古希天子

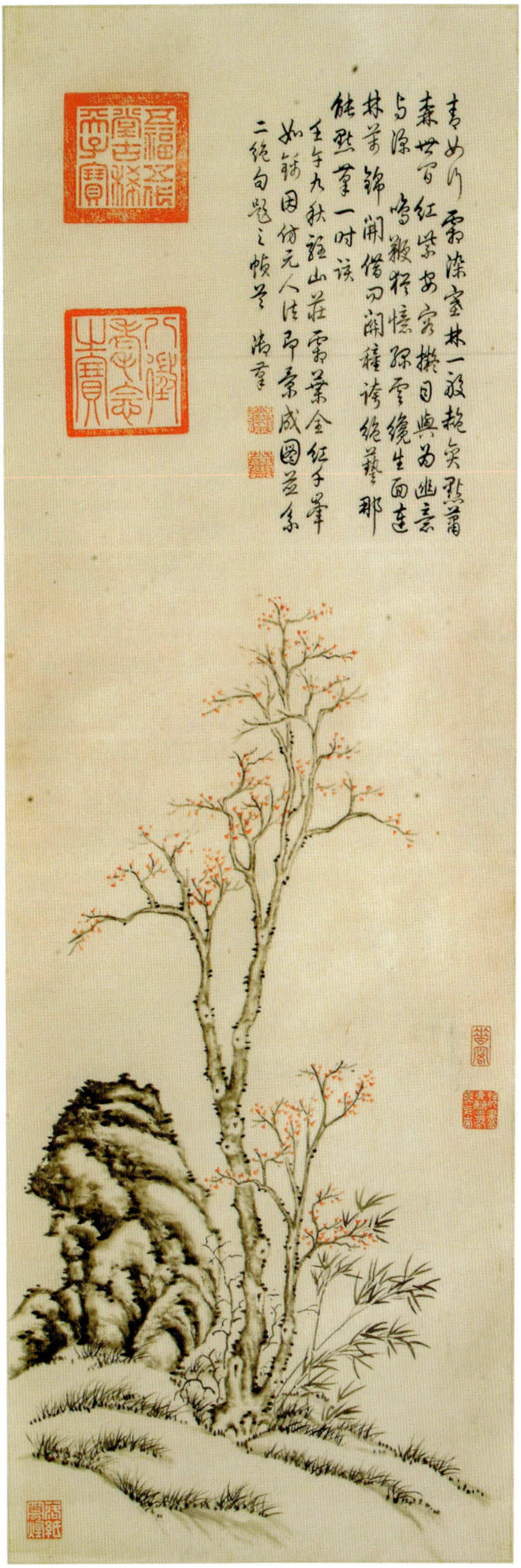

清乾隆御笔红树山庄图轴

宝”“八徵耄念之宝”等印。此图构图清爽，用笔工致，舒静气而去凡尘，描绘了乾隆皇帝秋日造访山庄，见霜叶全红、群峰尽染时的内心感受，表现了他对大自然的向往和对宁静生活的追求。

拓展阅读

乾隆御制诗文仿石釉双联笔筒

这件笔筒造型奇巧，整体为两个方形套叠而成，俯视呈“方胜”形，是乾隆时期的创新造型。它内外以黄、红、灰、褐等色勾绘出花斑石的图案色彩，效果与天然原石纹理、色质并无二致，几可达到乱真的程度。清代朱琰《陶说》中称赞乾隆瓷器：“戗金、镂银、琢石、髹漆、螺甸、竹木、匏蠡诸作，无不以陶为之，仿效而肖。”这件笔筒恰与文献记载相吻合，充分体现了乾隆瓷器无所不能、炉火纯青的工艺特点与艺术特色。

乾隆御制诗文仿石釉双联笔筒

参观攻略

地　　址：北京市海淀区西三环北路万寿寺内

咨询电话：010-68456997

交通路线：公交 74、323、362、374、450、534、603、610、634、645 路及 300 路内（外）环、368 路内（外）环万寿寺站；地铁 16 号线万寿寺站 C 口

开放时间：9：00—17：00（16：30 停止入馆）

门票价格：20 元 / 人

注意事项：除法定节假日外，北京艺术博物馆（万寿寺）实行周一闭馆措施。实行线上预约参观制度，针对未成年人、老年人等不同观众群体实行门票优惠政策。详情可查询北京艺术博物馆官网及官方微信

北京英杰硬石艺术博物馆大门

26 北京英杰硬石艺术博物馆

概况

北京英杰硬石艺术博物馆位于北京市东直门外大街26号，第二使馆区中心位置，面对澳大利亚、加拿大使馆，毗邻三里屯酒吧街、全国农业展览馆、北京工人体育场核心地段，与奥加美术馆酒店、奥加美术馆融为有机整体。

北京英杰硬石艺术博物馆内景

北京英杰硬石艺术博物馆在硬石艺术推广与传播、公共艺术教育等方面发挥着重要的社会职能，其宗旨是向公众开放、展示原生态天然石画和意大利硬石镶嵌艺术作品，并进行专业研究和普及教育。该馆通过精心设计和完善的多功能展厅设施，提供国际水准的综合服务，承担对世界硬石艺术作品的收藏、研究、创作，帮助公众全面理解硬石艺术。

北京英杰硬石艺术博物馆是由李英杰先生创办的具有专业特色的非国有民办博物馆，馆藏作品800余件，是李英杰先生集30余年发现、选择、创造、设计、收藏、研究之成果，以中国天然石画为主、意大利硬石镶嵌画为辅。李英杰先生长期致力于地质美学研究，不断为探索东方硬石艺术和意大利硬石镶嵌艺术的融合寻找经验，为填补中国文博艺术界在硬石艺术领域的空白做出了贡献。

常设展览 · 馆藏精品

北京英杰硬石艺术博物馆常设展览“天然硬石石画”展示的石画选自天然岩石的剖切面，这些剖面纹理与色彩构成的图案似国画，似油画，但又别于绘画，似画非画，天人合一，鬼斧神工。每幅作品都具有唯一性和不可复制性。画面呈现的传统性、当代性、抽象性、天然性使其具有极高的艺术收藏价值。这些作品不仅是大自然原生态创作的佳品，也是艺术家们创作的灵感源泉，更是名副其实的世间珍品。

展览中展出的94件硬石艺术精品，选取岫岩玉、木纹石、油画石、梅花石、夜景石等珍贵原生态天然石材重新加工创作，展现了艺术家审美与大自然遗存间的美妙结合，践行“创新、绿色、共享”发展理念，加强展示对和谐绿色的艺术、方式创新的艺术的探索，通过展示以天然形成的硬石为载体创作的艺术作品，表达中国传统艺术追求人与自然和谐共生的哲学思想，进而与社会公众分享当代中国艺术发展成果，深入交流互鉴。

天然硬石——《花自飘零水自流》（草花石）

馆藏精品

天然硬石——《花自飘零水自流》（草花石）

山与水，原本是自然形态，客观物质。你理不理它，它永远在那里。春夏秋冬，风霜雨雪，山与水，都张扬着自在的灵魂，承载着天地间的一切，创造了无数神秘飘逸的幻境与妙丽，渲染着自然之魅力与神奇，使人们为之倾倒。天然硬石作品《花自飘零水自流》的创作者表达了“天人合一”理念及人们对原生生活的向往和对回归抱朴守真生活的崇尚。

草花石又称国画石、太古石画，形成于4亿7000万年前的古生代，产于广西来宾市黔江下游的石山之腰及武宣县黄茆镇一带，于1996年被发现。草花石经打磨抛光后呈现出细腻古朴、层次分明的植物状画

面，属沉积岩，硬度3~6度。这种沉积岩由于矿物液体（如软锰矿等）沿岩石的节理裂隙毛细作用的渗透，凝结形成藻状植物。

硬石镶嵌——《鹦鹉》

这是意大利硬石镶嵌的代表作品，意大利硬石镶嵌艺术最初是用各种颜色的小块搪瓷、玻璃、石头与石膏混合在一起制作的。文艺复兴时期，佛罗伦萨美第奇家族完全更新了这一门古老的艺术。

硬石镶嵌——《鹦鹉》

这幅《鹦鹉》是由佛罗伦萨著名的塔科尼家族制作完成的。镶嵌大师Mauro Tacconi首先绘画出一幅鹦鹉油画，根据油画上不同颜色、不同区域，剪裁出非常小的颜色区域纸片，制作成拼图一样的小型模

块，根据模块相同的颜色和色调去找天然的石头，之后挑选纯粹天然石头，或宝石与半宝石来进行创作。他将模块张贴在适合的石头薄片上，运用古老的工具（是现代科技所不可替代的弓形工具）——木弓与铁线来进行困难的切割工作。在切割石片时，镶嵌大师要时刻保持敏锐的触感，使切割作品达到完美的平滑度。小型石片按照模块的形状切割完成后，拼接黏合到一起，最后进行抛光与打磨，这样一幅栩栩如生的镶嵌作品就出现在世人眼前。

参观攻略

地　　址： 北京市朝阳区东直门外大街26号

咨询电话： 010-64153388、010-64158918

交通路线： 公交110、120、403、117路幸福三村站，852、688、909、117、618、688路春秀路站；地铁2号线东直门站C口出向东步行10分钟，地铁10号线农展馆站出向西步行15分钟

开放时间： 周一至周五10：00—17：00（法定节假日闭馆）

门票价格： 免费参观

北京中国紫檀博物馆外景

27 北京中国紫檀博物馆

概　况

北京中国紫檀博物馆是中国规模最大的紫檀雕刻艺术博物馆、专题类民办博物馆、北京市向中华人民共和国成立50周年献礼的重点工程。该馆于1999年9月开馆，集紫檀艺术收藏、研究、展示和中国传统古典家具鉴赏于一身。

北京中国紫檀博物馆共四层，一至三层为展厅，五层为贵宾室及多功能展厅，建筑整体呈现出浓郁的传统民族风格。博物馆正门为纯木结构，使用木料400多立方米，主体建筑使用磨砖对缝工艺。馆前广场采用大青砖铺设后浸润桐油，称为海墁斗板地面。博物馆建造时，延请中华人民共和国成立之初就在故宫博物院工作的木作专家、瓦作专家、画作专家指导，制作考究。

常设展览·馆藏精品

北京中国紫檀博物馆陈列展厅，按展陈内容分为微缩古建陈列、老北京城门模型陈列、正厅陈列、书房陈列、卧室陈列、婚房陈列等，并按藏品材质专设紫檀家具展厅、黄花梨家具展厅、乌木家具展厅和金丝楠家具展厅。

馆内展出藏品近千件，其中包括明清时期的家具珍品和一系列微缩古建模型，并展示传统家具材料、造型、结构、雕刻工艺等，以便观众了解中国传统家具制作精髓。

常设展览——微缩古建陈列

该陈列展示有微缩的中国古建景观，如紫禁城角楼、千秋亭和万春亭，天坛祈年殿，老北京四合院，山西五台山龙泉寺牌坊，山西飞云楼等，均由工匠按原结构以1∶5、1∶8、1∶10等比例，以紫檀木为原料手工制作而成。

紫檀雕天坛祈年殿模型

馆藏精品

紫檀雕天坛祈年殿模型

天坛是明清皇家祭天场所，是现今世界上保存最完整的古代祭天建筑群。祈年殿是天坛主体建筑之一，木质结构，通高38米，直径37.72米。这件模型以1∶10比例用紫檀木制作而成，重10吨，采用传统榫卯工艺，还原了祈年殿的风貌。

常设展览——老北京城门模型陈列

北京中国紫檀博物馆于2008年启动“内九外七”老北京城门楼重塑项目，以阴沉木、紫檀木等材料雕刻城门楼模型。建筑模型力求真实再现建筑原貌，从建筑构件尺寸比例、造型花饰、工艺表现等都严格把关。每块砖、每片瓦、每根梁、每条檩都按照原物比例采用中国传统榫卯结构雕制而成。各个部件严丝合缝，工艺考究，精巧细致，展现了老北京城楼的特色，再现了中国传统建筑的艺术特点，展示了我国紫檀艺术的魅力。2018年，“内九外七”16座城门全部制作完工。

馆藏精品

永定门模型

以1∶10的比例用紫檀木和阴沉木（麻柳阴沉）制作而成。红色的梁枋、斗拱以

紫檀及阴沉木制永定门城楼模型

紫檀制成，砖石城墙和屋顶瓦片以阴沉木制成。老北京的城门素有“内九外七皇城四”之说。永定门是外城的正门，坐落于北京传统中轴线的最南端，寓意“江山永远安定”。永定门始建于1553年（明嘉靖时期），1957年被拆除，2004年为迎接北京奥运重建永定门城楼，但未重建箭楼和瓮城。这座模型不仅复原了城楼，还依据资料复原出了箭楼和瓮城，是一套完整的永定门模型。

拓展阅读

中国古典家具，具高级美学特征，蕴华夏传统文化。北京中国紫檀博物馆分别于一层、二层西展厅，复原展出了清式正厅与明式正厅。

中国古代客厅，称为厅堂、正厅，是会见宾朋、长幼教谕、喜庆欢聚的场所。厅堂布置，讲究严格有序，中规中矩，以正厅中轴线为基准，严格按照儒家礼仪成组成套对称式陈设，可谓“添一笔则无章，少一笔则意寡”，只有相得益彰，方能起坐之间，自成天地。

正厅家具的摆放一般为：条案、方桌各一张，椅、几各两张。此外，厅堂之中还经常摆放数套太师椅。紫檀博物馆展出的正厅正面设有一条案，上面放置瓷瓶、掸瓶、镜瓶之类装饰品，有“平平静静、平平安安”之意；前面是一张八仙桌，两侧各有一把扶手椅，主人和客人“以左为上”就座。家具的摆放，以中轴线形成两边对称布置，庄重、高贵、气派。

清式正厅

明式正厅

参观攻略

地　　址： 北京市朝阳区建国路23号

咨询电话： 010-85752818

交通路线： 公交728、666、312、475、397、506、649路高碑店站下车路北向西200米，115、112、263、95路至康家沟站下车往南步行至高速路口往东200米，382、846、859、908路至太平庄站下车往南400米。地铁1号线高碑店站A1口出站向西300米

开放时间： 9：00—17：00，周一闭馆

门票价格： 成人票50元/位；60~64周岁老人、学生、军人凭证20元/位；6周岁及以下或身高1.2米及以下儿童，65周岁及以上老人免费参观

曹雪芹《红楼梦》资料馆正门

28 曹雪芹《红楼梦》资料馆

概　况

曹雪芹《红楼梦》资料馆是国内首家曹学红学文物、文献专题收藏馆，始建于 2016 年，隶属北京曹雪芹学会。资料馆现有藏品由孙隆椿先生、胡德平先生等的捐赠和北京曹雪芹文化发展基金会购买组成，共计有各类文献资料 10 000 多套（册），曹雪芹相关文物、《红楼梦》书画艺术品、音像影像制品、工艺品及杂项 1000 多件。2018 年 11 月 9 日正式成为中国博物馆协会团体会员。藏品主要分十大类：《红楼梦》版本，曹学、红学研究著作，红学研究辑刊、专刊、报刊、通讯资料，手稿、信件，工具书，珍贵文物，《红楼梦》绘画书法，《红楼梦》音像、影像制品，《红楼梦》工艺品、杂品，《红楼梦》文创（自创）产品。

曹雪芹《红楼梦》资料馆的展览包括常设展览和专题临展，构成了别具特色的展陈体系。常设展览为曹雪芹《红楼梦》文化展，展览立足北京曹雪芹学会的学术研究成果，紧紧围绕作者、作品、时代、传播 4 个主题，多角度地阐释曹雪芹精神和《红楼梦》文化的独特魅力。专题临展则侧重展示与曹红文化相关的传统文化。

常设展览 · 馆藏精品

曹雪芹《红楼梦》文化展，分为 3 个展厅，分别为《红楼梦》版本及重要文物展、《红楼梦》研究期刊及传播展、现当代红学研究展，系统展示曹雪芹生平家世相关档案、资料及重要文物，勾勒再现曹雪芹创

一展展厅内景

二展展厅内景

曹氏风筝临展展厅内景

三展展厅内景

作《红楼梦》、编纂《废艺斋集稿》的历程及其传播的历史与现状，揭示曹雪芹《红楼梦》文化的当代价值。

馆藏精品

曹雪芹书箱

这对书箱于20世纪80年代面世，经专家鉴定，系乾隆年间制成，冯其庸、吴恩裕、胡德平等先生推断该书箱为曹雪芹续弦

曹雪芹书箱

时，其友人所赠贺礼。

书箱的两扇箱门，正面各刻着兰花、石头和几处题诗。其中一扇，刻的题字是："题芹溪处士句：并蒂花呈瑞，同心友谊真。一拳顽石下，时得露华新。"另一扇，刻字3处，分别是："乾隆二十五年岁在庚辰上巳""清香沁诗脾，花国第一芳""拙笔写兰"。

两扇箱门的背面，也各有毛笔写的字，其一为："为芳卿编织纹样所拟歌诀稿本""为芳卿所绘彩图稿本""芳卿自绘编锦纹样草图稿本之一""芳卿自绘编锦纹样草图稿本之二""芳卿自绘编锦纹样草图稿本"。其二是一首悼亡诗："不怨糟糠怨杜康，乩诼玄羊重克伤。睹物思情理陈箧，停君待殓鬻嫁裳。织锦意深睥苏女，续书才浅愧班娘。谁识戏语终成谶，窀穸何处葬刘郎。"

曹氏风筝

馆藏44只曹氏风筝是由孔祥泽、孔令民、孔炳彰祖孙三代人根据曹雪芹手稿《废艺斋集稿》第二卷《南鹞北鸢考工志》记载的风筝的起放原理、扎糊技法、绘画要领制作的风筝。

2011年曹氏风筝被国务院列入第三批国家级非物质文化遗产代表性项目名录。曹氏风筝历史悠久，制作工艺精湛，用"四艺"对风筝制作工艺进行了高度概括。曹氏风筝有着诗情画意的歌诀，展现着浓郁的京城文化特色，融传统民间文化、南北扎制技术的精华为一体，形成了独特的风格。

曹氏风筝

参观攻略

地　　址： 北京市海淀区国家植物园东环门内曹雪芹文化中心

咨询电话： 010-62590759-806

交通路线： 地铁西郊线国家植物园站下或地铁4号线北宫门站下A口出，换乘331、563或563（区间）路公交车，在卧佛寺（国家植物园）站下。购票入园后按照去“曹雪芹文化中心”的指示路线前往

开放时间： 曹红学重要文物展：周二至周五10：00—16：00（节假日除外）；曹红文化专题临展：周二至周日9：00—16：30

门票价格： 免费参观

昌平区博物馆外景

29 昌平区博物馆

概　况

昌平区博物馆成立于1988年，是北京地区唯一全面反映昌平历史、文化、艺术和建设成就的综合博物馆，是宣传昌平悠久历史、独特文物藏品和优越地理位置的平台。昌平中心公园内设有1个石刻园，年参观人群2万余人次，是区级爱国主义教育基地和社会主义文明实践基地。

常设展览·馆藏精品

馆内共有两个展厅，一楼为“古代民俗风情展”，内设微缩泥塑人物，表现清末民国时期的生活场景；二楼为“古代昌平展”，其藏品大多来源于境内地下埋藏经考古发掘后出土。

常设展览——“古代昌平展”

“古代昌平”文物展厅以4个单元展示昌平历史发展脉络，分别是：文明源雪山、汉置昌平县、融合辽金元、畿辅立重镇。展览展示了以雪山遗址为代表的昌平农耕文明，以汉代昌平为中心的行政建置，以辽金元为主体的民族融合和以明代皇陵为标志的陵寝兆域。展陈文物早至新石器时期，晚至中华人民共和国成立后，每件藏品背后，都

古代昌平展厅

陈庄辽墓男陶俑

陈庄辽墓女陶俑

有一段与其相关的历史背景，无不代表了昌平地区的文化风貌。代表藏品有绳纹陶鬲、工具石斧、辅首陶壶、唐代墓志、金元石刻、永安匾额、清代金饰等。

馆藏精品

陈庄辽墓出土陶俑

这对陶俑出土自陈庄辽墓，展现了辽代的人物形象、服饰穿戴和发饰绾髻。男俑身着左衽圆领长袍，留有典型契丹人发髻，生动再现了契丹人髡发左衽的传统习俗。展厅展示为复制品，原物外借首都博物馆展出。

陈庄辽墓于1986年8月被昌平区南口镇陈庄村一村民发现。陈庄位于昌平区南口镇东约3千米的龙虎台台地的东缘，北倚

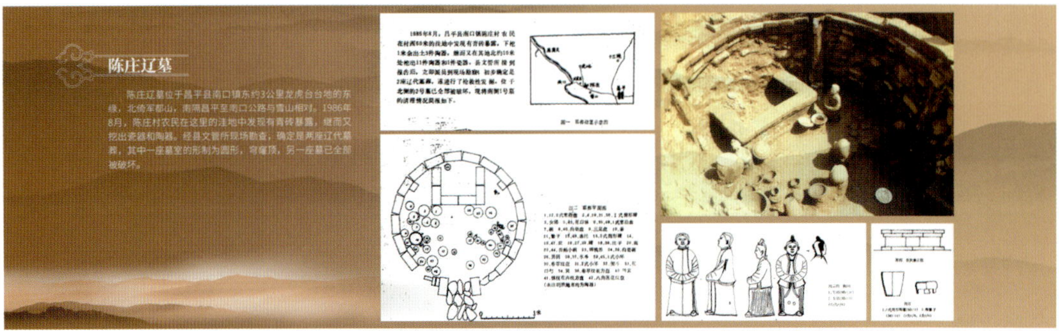

陈庄辽墓发掘以及陶俑发饰图解

军都山，南隔昌平至南口公路与雪山相对。据当地农民说，墓葬所在的洼地是 1985 年修筑南口至八达岭新公路时取土垫路形成的，当时就有青砖和陶片出土。陈庄辽墓为砖室墓，经过清理共出土陶器、瓷器共 49 件，钱币 7 枚。陶瓷器器型与纹饰有较明显的辽代风格。此墓所在位置地处关沟南口，说明了关沟在连接南北交通所处位置的重要性。

“畿辅重镇”石匾

石匾中“畿辅”的意思是京城周边的地方，“重镇”则是说具有重要军事地位的城镇。“畿辅重镇”这块石匾本是永安城南门上悬挂的一块匾额，永安城是昌平城的前身，在明朝时是一座集政治、军事于一体的重要城池，至今已经有 500 多年历史。“畿辅重镇”石匾之所以成为昌平博物馆的镇馆之宝，是因为它承载着昌平的历史。

永安城未建之前，昌平的治所在旧县村的位置，“土木之变”后，新建永安城以守皇陵，再将各陵卫迁入城内，县衙亦将办公机构从原来的旧县村搬到新建的永安城内。现如今昌平城区的位置大体就是曾经明代古城永安城所在地。而明代永安城的构筑，也奠定了后来昌平的中心区位。

“永安”作为这座城市的名字，也寄托着美好的愿望，有“长保久安”之意。初建的永安城是正方形，后逐渐扩大为长方形，设立的 3 处城门上面都有名字，因此也体现出了当时昌平的重要地位。东门匾额曰“奠安燕蓟”，西门曰“节控雄关”，南门就是大家现在看到的“畿辅重镇”。

参观攻略

地　　址： 北京市昌平区府学路 10 号

咨询电话： 010–69741095

交通路线： 乘坐公交可到亢山广场或昌平东关下车；乘坐地铁昌平线昌平东关 D 口出，沿府学路西行 620 米

开放时间： 9：00—11：00，14：00—16：00（15：30 停止入馆），周一闭馆（国家法定节假日开放时间另行通告）

门票价格： 免费参观

慈悲庵

30 慈悲庵

概　况

慈悲庵位于陶然亭公园湖心岛的西南角，始建于元代，院落面积 2500 平方米，建筑面积 860 平方米，展陈面积约 350 平方米，展线 109 延米。

常设展览 · 馆藏精品

慈悲庵内有“先驱者的奋斗——慈悲庵党的早期革命活动”专题展，通过展示毛泽东在北京领导驱张运动，李大钊、周恩来等在慈悲庵召开五团体会议和高君宇烈士革命事迹，追忆慈悲庵那段充满革命激情的红色岁月，再现以毛泽东、周恩来等为代表的革命先驱走上马克思主义道路的历史。

常设展览

展陈分专题展、场景复原和尾厅 3 部分，由 5 个展厅呈现。

专题展

第一展厅：毛泽东领导驱张运动。从青年毛泽东在湖南接受新思想、组织进步团体、传播新思想开始，重点展示毛泽东带领代表团到北京领导驱张运动期间，到慈悲庵与辅仁学社成员聚会讨论驱张问题、开展请愿等进步活动，以毛泽东回到湖南成立文化书社、湖南自修大学，建立马克思主义信仰结束。

第一展厅

第二展厅：周恩来与五团体会议。从青年周恩来求学接受新思想开始，重点讲述五四运动爆发后周恩来成立觉悟社，开展学生示威、集会、罢课等爱国运动，带领觉悟社成员到北京慈悲庵召开五团体会议等革命活动及相关情况，以周恩来赴欧勤工俭学，最终成为坚定的马克思主义者结束。

第二展厅

第三展厅：高君宇烈士革命事迹。从高君宇进入北大接受新思想、加入进步社团组织开始，重点介绍高君宇传播马克思主义新思想、积极投身党的领导工作、最终因劳成疾病逝的事迹。

第三展厅

场景复原

展览依据历史照片，在慈悲庵“五团体会议”旧址恢复天津觉悟社与北京的少年中国学会、北京工读互助团、曙光社、人道社5个进步团体召开会议时场景。

场景复原

尾厅

尾厅以照片墙的形式展示在陶然亭开展革命活动的早期共产党人群像，同时运用多媒体对一些早期党史、进步团体、相关人物及陶然亭公园历史文化进行拓展展示。

馆藏精品

毛泽东与辅仁学社在京成员在慈悲庵大槐树下合影

第一展厅展品，来自国家博物馆高清原版照片，通过技术手段修复。1920年1月18日，毛泽东和辅仁学社部分成员来到慈

毛泽东与辅仁学社在京成员在慈悲庵大槐树下合影

悲庵集会讨论驱张问题。会议结束后，他们在慈悲庵山门外的槐树前留下了这张珍贵的合影，在第一展厅进行重点展示。

在慈悲庵召开五团体会议现场留影

第二展厅展品，来自国家博物馆高清原版照片，通过技术手段修复。1920 年 8 月 16 日 9 点，天津觉悟社 11 名在京成员，与北京少年中国学会、北京工读互助团、曙光社、人道社共 5 个进步团体 20 余名代表，在慈悲庵北配殿召开茶话会，商讨今后救国运动的方向问题，史称“五团体会议”。这张照片就是在会议现场留下的一张宝贵资料，在第二展厅进行重点展示。

高君宇及其女友石评梅墓碑

第三展厅展品。墓碑历经岁月沧桑，已有残损。根据北京市人民政府保护烈士纪念建筑物的精神，1988 年重刻了高君宇和石评梅墓碑，原碑放在此处进行保护。

在慈悲庵召开五团体会议现场留影

高君宇及其女友石评梅墓碑

参观攻略

地　址：北京市西城区太平街 19 号

咨询电话：010-63511596

交通路线：公交 14、40、66、70、102、106、专 13 路太平街站下车，可抵达东门；25、50、62、90 路陶然亭公园南门站下车，可抵达南门

开放时间：

1. 旺季（4 月 1 日—10 月 31 日）8：00—18：00，17：30 停止进入。
2. 淡季（11 月 1 日—次年 3 月 31 日）8：30—17：30，17：00 停止进入。
3. 全年逢周一关闭（法定节假日除外）

门票价格：免费参观

大觉寺山门

31 大觉寺

概 况

大觉寺位于北京市海淀区阳台山东麓，始建于辽代，寺院坐西朝东，体现了契丹人“尊日东向”之俗。因寺内有清泉流入，故得名“清水院”。金代曾为金章宗西山八院之一，后又称“灵泉寺”。明宣宗于宣德三年（1428 年）重修，赐“大觉寺”之名。此后经明正统十一年（1446 年）、成化十四年（1478 年）及清康熙至乾隆朝不断重修扩建，形成今日之规模。

寺院依山而建，自东向西，依次为山门、钟鼓楼、天王殿、大雄宝殿、无量寿佛殿、大悲坛等建筑，殿宇雄伟古朴，布局严谨深广。除此之外还有清代皇帝的行宫，有雍正皇帝赐名的“四宜堂”和乾隆皇帝题名的“憩云轩”两座庭院建筑。

大觉寺地处群山环抱之中，林茂泉清，景色幽美，早在辽金时就是有名的风景区。这里古柏参天，翠竹葱郁，其中又以三百年玉兰和千年银杏名冠京华。

2006 年大觉寺被核定为第六批全国重点文物保护单位，近年经过北京市文物局的整修，如今已成为京郊著名的游览胜地。

常设展览 · 馆藏精品

原状陈列——大雄宝殿

大雄宝殿建于明代，面阔五间，进深三间，单檐歇山琉璃瓦顶，为寺中最大的佛殿。殿内顶部为井口式天花，中有盘龙藻井。大殿门额上悬有乾隆御笔“无去来处”九龙漆金大匾一块，殿内悬有慈禧皇太后御笔“妙悟三乘”“法镜常圆”“妙莲世界”匾额三块。殿内供有三世佛像，南北两侧为二十诸天立像，西南、西北两侧为十地菩萨立像，板壁后供奉三大士，佛像雕造精美，神态端庄生动，此殿佛像皆为原塑，保存基本完好。

馆藏精品

二十诸天立像

明，高 1.6 米。大觉寺大雄宝殿南北两侧的二十诸天立像，最晚于明代宣德三年即已存在，二十位诸天各具神态，表情丰富，造型生动传神，其高度与真人相仿，极具内在的生命力。二十诸天立像虽历经 500 余年的岁月侵蚀，但其高超的技法、细腻的画工、鲜丽的色彩、协调的比例，现在看来依然可以感受到佛家的庄严和皇家的气派。

二十诸天立像

原状陈列——无量寿佛殿

无量寿佛殿建于明代，面阔五间，灰筒瓦、歇山顶，殿内门窗菱花均为古钱式，做工精美。明间檐下悬有乾隆御笔“动静等观”九龙漆金大匾一块，殿内悬有慈禧皇太后御笔“真如正觉”匾额一块。殿内供奉西方三圣，塑像木质漆金。板壁后有一组大

海岛观音悬塑

型海岛观音悬塑，形象生动，至今保存完好。佛殿两侧的十八罗汉塑像，为近年来新塑。

馆藏精品

海岛观音悬塑

明，宽 6.5 米，高 5.1 米。大觉寺的海岛观音悬塑为明代遗存，是北京寺庙遗存中为数不多的悬山雕塑中的艺术精品，它集故事性、艺术性于一体，具有很高的历史价值、艺术价值及文物价值。端坐于悬塑正中的是海岛观音，又称“渡海观音”，在观音菩萨的左右两侧分别站立两尊塑像，其左侧为善财童子，右侧为小龙女，右上方还雕有一尊韦驮像。塑像悬空雕塑，给人以强烈的立体感，悬塑整体设计精妙、造型栩栩如生。

常设展览——“大觉寺历史文化展”

“大觉寺历史文化展”现陈列在大悲坛展厅内，展览以图片、文字及部分实物的形式介绍大觉寺自辽代清水院创建至今近千年的历史变化。通过对大觉寺悠久历史的回顾，丰富的文化内涵介绍以及古今变化的展示，反映大觉寺这座著名禅宗寺院兴衰升沉的历史轨迹。

馆藏精品

木刻经版

清，长 21 厘米，宽 30.5 厘米。大觉寺所藏经版共计 519 块（现在展 2 块），均雕镌于清代前期，最早的雕于康熙末年，最晚的刊于乾隆初期。书版的内容为佛教著作，共 9 种，分别为《是名正句》《宗鉴法林》《宗鉴语要》《宗鉴指要》《杂毒海》《集云百问》《佛泉禅师语录》《佛泉禅师后录》《月天宽禅师语录》。这些经版对于研究清代佛教史和清初宫廷史具有珍贵价值。

木刻经版

参观攻略

- 地　　址：北京市海淀区苏家坨镇大觉寺路 9 号
- 咨询电话：010–62456163
- 交通路线：公交 633 路、通勤苹果园大觉寺站
- 开放时间：9：00—17：00（16：30 停止售票）；全年开放，无休息日
- 门票价格：20 元 / 人
- 注意事项：大觉寺实行线上预约参观制度，每日限流 6000 人。大觉寺针对未成年人、老年人等不同观众群体实行门票优惠政策，详情可见“北京大觉寺”官方微信账号

大钟寺古钟博物馆山门殿

32 大钟寺古钟博物馆

概　况

大钟寺古钟博物馆位于北京市海淀区北三环西路甲 31 号，依托觉生寺古建筑群所建。觉生寺始建于清雍正十一年（1733 年），因寺内悬有一口明代永乐年间铸造的永乐大钟，因此被俗称为“大钟寺”。

1957 年，北京市政府公布觉生寺为市级文物保护单位。1980 年 2 月，北京市政府批准成立大钟寺文物保管所。1984 年 11 月，经北京市政府批准成立“大钟寺古钟博物馆”。1985 年 10 月 4 日，举行了建馆典礼。1996 年 12 月，觉生寺被国务院公布为第四批全国重点文物保护单位。

觉生寺坐北朝南，规模宏大，中轴院落保存完好，由南向北主体建筑依次为山门殿、天王殿、大雄宝殿、观音殿、藏经楼、大钟楼，两侧建筑为钟楼、鼓楼、配殿等，现存总占地面积约 30 000 平方米，展厅面积 3000 平方米。

大钟寺古钟博物馆馆藏不同时期的各类古钟藏品，是我国唯一一座集收藏、研究、展览、教育等于一体的古钟类专题博物馆。

常设展览 · 馆藏精品

馆内有常设展览“古韵钟声”。该展览共有“钟韵洪鸣”“敕建觉生”“阅古钟林”“礼乐回响”“质器庄严”“妙境梵音”“金火流光”“外国钟铃”“诗韵钟声”“永乐大钟”十大主题，从历史、文化、技术 3 条主线分别展示古钟起源及发展历史、古钟类型和文化内涵、古钟铸造技术以及觉生寺历史沿革等内容，总计展出文物展品 400 余件，展示了一部完整的古钟发展历史。

礼乐回响展厅（觉生寺大雄宝殿）

钟韵洪鸣展厅（觉生寺天王殿）

永乐大钟展厅（觉生寺大钟楼）

阅古钟林展厅（觉生寺东十五间）

馆藏精品

永乐大钟

明永乐（1403—1424年），通高6.75米，口径3.3米，重46.5吨。明成祖朱棣按照“唯功大者钟大”的祖宗成法下令铸造。大钟周身遍铸铭文由汉文、梵文两种文字构成，总计23万余字，为古钟文物中的“世界第一”，因此被誉为“钟王”。大钟现存于大钟寺古钟博物馆的核心建筑大钟楼内。

永乐大钟

魏忠贤造铜钟

拓展音频

大钟楼矗立在由巨大的青石砌成的台阶上，主体分为上下两层，上层为圆形，下层为方形，象征“天圆地方”，殿外檐下悬挂乾隆御笔“华严觉海”匾额。

魏忠贤造铜钟

明天启七年（1627 年），通高 170 厘米，口径 100 厘米，重 452 千克。明末宦官魏忠贤捐资铸造。钟体铸有“司礼监秉笔太监魏忠贤虔铸”铭文。这口钟为一口歪钟，是铸造时的缺陷造成的。民间有传说：为人不正，铸出来的钟也是歪的。因此这口魏忠贤钟也被人们称为“警钟”，人们以它来警示后人：为人要堂堂正正，否则，干了坏事，除了天知地知，象征崇高正直的古钟也知道。

敕建觉生寺碑（残）

清雍正十二年（1734 年），正面原刻有《敕建觉生寺碑文》，背面刻有乾隆皇帝御题的《觉生寺瞻礼诗》。觉生寺自乾隆朝至清末，一直作为皇家祈雨场所，备受清代帝王重视。乾隆皇帝也曾先后在乾隆八年、十一年、十二年、二十九年、四十一年、五十二年多次驻跸觉生寺。《觉生寺瞻礼诗》作于乾隆二十九年，全文为：“侵晨奠静安，返跸礼栴檀。结习镇如此，觉生良已难。聊因甘雨足，稍为畅怀宽。调御无忧喜，金刚四句观。”诗的内容是乾隆皇帝拂晓时分从

敕建觉生寺碑（残）

乾隆铜钟

圆明园去到静安庄祭奠英年早逝的孝贤皇后，回来途经觉生寺，答谢祈雨成功。

乾隆铜钟

清乾隆（1736—1795年），通高254.2厘米，口径157厘米，重3108千克。钟纽为双龙头蒲牢纽，两龙身相互交缠。钟体无任何铭文，中间牌位上无铸字，但有磨挫过的痕迹。因钟体上铸有神态各异的飞龙，钟裙部铸有8个“乾”卦符号，合在一起即“乾隆”之意，“乾（卦）隆（龙）”钟由此而来。

永泰寺铜钟

清康熙五十二年（1713年），通高145.5厘米，口径103厘米，重430千克。钟体上部铸有《大悲心陀罗尼》。钟体下部铸有敲钟偈：“闻钟声，烦恼轻。智慧长，菩提生。离地狱，出火坑。愿成佛，度众

永泰寺铜钟

生。”永泰寺钟的捐资人是清代康熙时期的山西巡抚苏克济。

摩诃庵钟

明嘉靖二十五年（1546 年），通高 156 厘米，口径 95 厘米，重 600 千克。顶部铸有双龙头蒲牢钟纽，钟肩饰莲瓣一周共 20 瓣。钟腰以 6 条弦纹将钟体分为上、下 2 部分，各有 4 区。钟上铸有《摩诃般若波罗蜜多心经》经文及捐助人姓名。钟裙部铸有八卦符号。此钟有 8 个耳波状口，平均分布 4 枚撞击钟月。摩诃庵由明嘉靖时期乾清宫管事司设监太监赵政等人集资所建，赵政的墓地即建于此。

摩诃庵钟

参观攻略

地　　址： 北京市海淀区北三环西路甲 31 号

咨询电话： 010–82130290、010–82139050

交通路线： 公交 87、88、94、315、361、368、425、584、606、658、695、921、专 168 路及 300 路快车外环；地铁 13 号线大钟寺站

开放时间： 每周二至周日 9：00—17：00（16：30 停止入馆）

门票价格： 成人门票价 30 元 / 人。每周三前 200 人次门票免费

注意事项：

1. 大钟寺古钟博物馆每周一闭馆。
2. 大钟寺古钟博物馆实行线上预约参观制度。
3. 大钟寺古钟博物馆针对未成年人、老年人等不同观众群体实行门票优惠政策，详情可见大钟寺古钟博物馆官方网站、微信公众号。

古陶文明博物馆展厅

33 古陶文明博物馆

概　况

古陶文明博物馆是我国第一批民办博物馆之一，由路东之创立，1997 年 6 月 15 日开馆，建筑面积 600 平方米，展厅面积 400 平方米。馆藏以新石器时代彩陶及周秦汉唐陶器、战国秦汉砖瓦、战国秦汉封泥三大系列兼及其他相关领域约 3000 件出土文物，构成以古陶文明为主脉、以艺术考古为特色的收藏体系，构成一部形象生动、近乎完整的古陶文明史。古陶文明博物馆以弘扬中华传统文化和保护中国古代文化遗产为宗旨，集陶类文物的收藏保护、鉴赏研究、宣教展览、信息传播、艺术创作、文创产业开发运营于一体，以建立古陶文明的权威收藏、鉴定、研究与传播体系为基本任务。

常设展览 · 馆藏精品

古陶文明博物馆的固定陈列由“彩陶渊薮”“瓦当大观”“封泥绝响”“古陶序列”4 个系列近千件展品构成。

“彩陶渊薮”系列

此系列展出黄河流域甘肃、青海、宁夏出土新石器时代中晚期以仰韶文化、马家窑文化、齐家文化、辛店文化为主的彩陶近百件，有许多保存至今仍惊绝完美的珍稀之品。

馆藏精品

马厂类型舞蹈纹单耳高颈壶

该壶图案奇珍，构思奇巧，中间舞蹈人有头与躯干，下身绘有孔女阴。她仰面向天，四肢尽展，昂扬自信，欢乐自是，或许就是这一母系氏族公社的首领。两侧配角则省去躯干，但见四肢，飞扬劲舞，舞姿强

马厂类型舞蹈纹单耳高颈壶

劲，狂放不羁。这与现实生活中我们感知的狂欢劲舞情形相恰，或给时下风靡全球愈演愈烈的歌星伴舞找到了出典。

“瓦当大观”系列

此系列展出从战国至东汉数百年间不同地域、不同功能、不同品类的瓦当153件，其中多有珍稀孤品。瓦当是中国古代建筑上的一种构件，用于椽头，起遮挡风雨和装饰房檐的作用。它是集文字、文学、美学、书法、雕塑、装潢、建筑等多门类于一身的艺术，反映了丰富的自然景观、人文美学和政治经济内容。

馆藏精品

汉金乌瓦当

汉武帝甘泉宫建筑重要构件。金乌是古代先民代表太阳的图腾。瓦当中的金乌雄昂展翅，一飞冲天，容威猛与精微于一身。汉

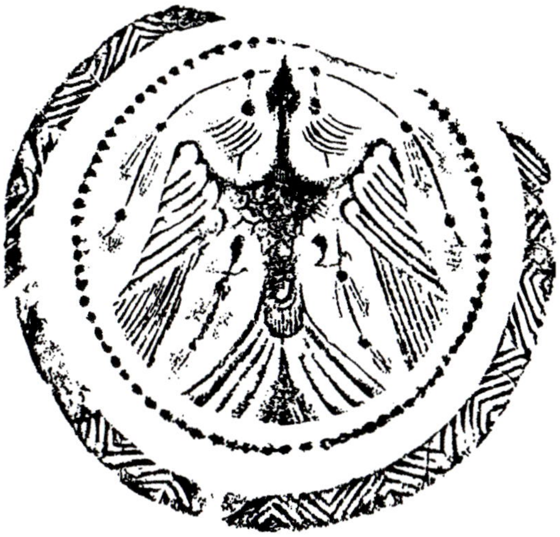

汉金乌瓦当

人匠心妙构了这块代表太阳的宝瓦，放置在甘泉宫大殿上，展现了汉代雄昂向上的精神。

“封泥绝响”系列

此系列展出秦汉封泥175件，尤其秦封泥部分被称为“秦文化史上又一次重大发现”，涵盖了秦始皇三公九卿政治体制的各类属官，揭示了数十个失载的秦朝郡县、宫苑名称，以及许多与秦始皇及其秦代文明相关的鲜为人知的政治、经济、文化、军事内容。

秦右丞相印封泥

馆藏精品

秦“右丞相印”封泥

丞相所用官印封泥。秦于武王二年始置左、右丞相，佐助君主处理国家军政要务。秦始皇统一全国后，丞相与太尉、御史大夫合称“三公”。

“古陶序列”系列

此系列展出周秦汉唐2000年间不同器型与品类的陶制文物百余件，从中可以看出古陶文明的演进与发展脉络，较为全面地反映了华夏先民有关陶的创制、使用和审美。

馆藏精品

灰陶哺乳俑

此件文物造型细致，气韵和悦，品相完美。陶俑的母亲面容柔善安然，婴儿脸庞幸福安静，一望使人牵情感怀，仿佛能深深感知到母爱的真纯、亲切和伟大。此俑雕塑手法细腻，形神写实，并施以红白彩绘，为存世不多的几件汉代哺乳俑中较精美者。

秦右丞相印封泥

参观攻略

地　　址：北京市西城区右安门内西街18号（大观园北门旁）

咨询电话：010-63538811、010-63538844

交通路线：公交10、56、423、604路南菜园站，48、59、88、741路等右安门内站，5、49、59、83、90、122、381、专30路等菜户营桥东站；地铁1号线长椿街站转乘公交10路、88路，4号线陶然亭站转乘公交59路

开放时间：周三至周日9：00—17：00（法定节假日闭馆）

门票价格：50元/人，未成年、老年证等半价

观复博物馆庭院全景

34 观复博物馆

概　况

观复博物馆由马未都先生创办，于1997年1月18日正式面向社会公众开放，是新中国第一家对公众开放的非国有博物馆。目前设有北京本馆和上海地方馆。

作为传播文化的枢纽，观复博物馆遵循“与古人对话，与文化同行”的办馆理念，秉持“做有温度的博物馆”的信念，通过有特色的展览主题、近距离的文物欣赏来强化人与历史的沟通，突出传统文化的亲和力。

在打造“有温度的博物馆”方面，观复博物馆的猫馆长们也功不可没。从早年博物馆无意中收养了一只流浪猫开始，博物馆中猫馆长的队伍不断壮大。如今的观复猫已经成为观复独具特色的文化子品牌。“用领养替代购买，让生命不再流浪”正是观复博物馆和“观复猫”所提倡的理念。

常设展览·馆藏精品

观复博物馆收藏、展出的藏品种类丰富，具有独特的文化、历史、艺术代表性和价值。目前共设有5个展馆，陈列方式按专题分布，分别为陶瓷馆、家具馆、工艺馆、门窗馆、临展馆。

陶瓷馆

瓷器的发明是中华民族对世界文明做出的重大贡献，精美绝伦的瓷器是中华文明的典型代表。观复陶瓷馆展出的瓷器，为宋、辽、金、元、明、清时期最具代表性的器物。

馆藏精品

粉彩霁蓝釉描金花卉大瓶

清乾隆，口径22厘米，底径20.1厘米，高64.7厘米。此件大瓶是乾隆早期御窑厂烧制的官窑重器。这件器物尺寸巨大，在乾隆一朝同类品种属罕见之物。尤其在造型变化

粉彩霁蓝釉描金花卉大瓶

上，器身呈六瓣，以委线分割，颈部与足部施霁蓝釉，其上描金满绘缠枝莲纹、福庆纹及如意云头，寓意吉祥，丰满盈目。霁蓝深沉，富丽堂皇，一派皇家风范。御窑厂的工匠们以超现实的写实能力，把芙蓉的妩媚、莲花的娇柔、牡丹的丰腴、菊花的清丽、梅花的冷艳、石榴花的亮丽表现得淋漓尽致。

家具馆

中国古代家具的发展源远流长，明清是我国古代家具制造的鼎盛时期。观复博物馆家具馆分5个展厅，陈列了明清珍贵家具近200件，徜徉其间，古代家具用它特有的材质、外形、功能、装饰、制作工艺为我们诠释了古人推崇和乐享的起居文化。

展厅按照家具的材质划分，设红木家具展厅、紫檀家具展厅、黄花梨家具展厅、鸡翅木家具展厅4个特色展区，并另设了古代书房的实景陈列。

馆藏精品

紫檀雕螭龙纹大画桌

清康熙或稍早时期，长182厘米，宽96厘米，高90厘米。画桌是文人最重要的家具。古代文人绘画时习惯于站立进行，故正规的画桌尺寸比书桌略高。紫檀画桌由于材料昂贵，历朝历代都被文人雅士、富商巨贾追捧，已成为财富和身份的象征。此件紫檀画桌尺寸硕大，是迄今为止发现的紫檀桌案类家具中最宽的一张，曾是已故著名导演李翰祥先生旧藏。

紫檀雕螭龙纹大画桌

工艺馆

中国传统的手工业有着悠久而灿烂的发展历史，手工业不仅满足了古人的物质需求，更重要的是还满足了他们无尽的精神需求。工艺馆展示了玉器、漆器、金银器、景泰蓝等古代艺术珍品。

款彩富贵寿考花鸟博古纹十二扇屏风

馆藏精品

款彩富贵寿考花鸟博古纹十二扇屏风

清康熙，通长 686 厘米，高 312 厘米。款彩是著名的漆器品种之一，也称“刻漆”或“刻灰”，“款”为凹陷之意。其做法是在木板上用漆灰做地，罩黑漆或其他色漆，然后在面上勾勒花纹并将轮廓内的漆灰剔去，使花纹凹陷，再填入各种色漆以及金银髹饰，成为彩色画面。款彩在欧洲被称为“科罗曼多”（Coromandel），是因为此类屏风常常作为外贸商品行销欧洲，需要在印度科罗曼多港口转运，欧洲人则误以为是从科罗曼多来的商品，故得此名。此件屏风内容为祝寿，场面宏大，制作精良。保存完整的款彩屏风非常少见。

门窗馆

中国古代门窗作为建筑中最重要的组成部分，功能性和装饰性相辅相成。观复博物馆门窗馆是国内第一个以中国古代门窗为题材的专业展览，主要陈列清代江南地区的木雕门窗。这些门窗代表了我国古代民居内檐装饰的最高水平。展览注重陈设性及装饰性，观众置身其中犹如步入古代乡绅人家。

馆藏精品

木雕三国演义博古纹隔扇门

清代，高 343 厘米。此 18 扇隔扇门上绦环板浮雕花卉纹，下绦环板浮雕拐子纹。格心采用“扯不断”纹样铺底，其间嵌饰各色精致卡子花，上下双开光透雕博古人物纹。除两侧 12 扇裙板浮雕博古纹外，整套腰板和中间 6 幅裙板均浮雕《三国演义》故

木雕三国演义博古纹隔扇门

事纹样。工匠运刀如笔，画面共雕刻了202个三国人物，精细入微，生动传神，反映出了主人的富足和风雅。隔扇门高343厘米，在民居中属尺寸巨大之作。

临展馆——“好奇·Miao——观复猫钻进古画说起居特展”

观复博物馆设临展馆，定期策划推出内容创新、主题鲜明的特别展览，致力于丰富观众体验，打造观众喜爱的博物馆。

“好奇·Miao——观复猫钻进古画说起居特展”展厅内景

“好奇·Miao——观复猫钻进古画说起居特展”是基于《观复猫——钻进古画说文化》系列画作策划的特别展览。展览选取17幅观复猫画作，着眼于画中蕴含的起居方式变化趋势，梳理画中家具样式，辅以文物家具，生动讲述古代起居方式从“席地而坐”向“垂足高坐”变化发展的故事。

参观攻略

地　　址： 北京市朝阳区大山子张万坟金南路18号

咨询电话： 010-64338887

交通路线： 地铁2号线东直门站C口出站，换乘418路公交车至京旺家园一区站下车，前行200米；地铁14号线将台站A口出站，换乘418路公交车至京旺家园一区站下车，前行200米

开放时间： 9：00—17：00（每周一16：00闭馆）；除大年三十至初三闭馆4天外，全年开馆

门票价格： 成人全价门票100元/人，学生、教师、军人、60岁以上老人凭有效证件享受半价优惠。1.3米以下儿童，80岁以上老人持有效证件免费参观

郭沫若纪念馆正门

35 郭沫若纪念馆

概　况

郭沫若纪念馆，位于北京西城区前海西街，占地面积7000平方米。清朝末年，这里是恭王府的组成部分。中华人民共和国成立之初，这里先是蒙古驻华大使馆，后由宋庆龄居住。1963年11月，郭沫若搬到这里，是郭沫若晚年写作、生活的地方，也是他与科学文化艺术界沟通往来、接待海外友人的场所。1988年6月12日郭沫若逝世10周年之际，故居对外开放。1994年7月"郭沫若故居"更名为"郭沫若纪念馆"。

常设展览·馆藏精品

纪念馆现有基本陈列"郭沫若生平与学术思想"展。展览以编年顺序讲述了郭沫若追求理想、以身报国，与时代同呼吸、共命运的86年风雨人生。

基本陈列——"郭沫若生平与学术思想"展

该展览共3个展厅。第一展厅分为郭沫若少年时代（1892—1913年）、创造十年（1914—1925年）、北伐途次（1926—1928年）3个部分，讲述郭沫若出生成长的背景、早期文学活动及投身北伐的过程。第二展厅分为流亡十年（1928—1937年）、抗日洪流（1937—1945年）、迎接新中国（1945—1949年）3个部分，记录大革命失败后郭沫若隐居日本进行中国古代社会研究，后归国参与抗战救亡事业直至民主建国运动的曲折经历。第三展厅以"文化新篇""和平使者""笔耕不辍"3个主题，展示了中华人民共和国成立后郭沫若以国家领导人身份在政治、文化、外交舞台做出的诸多贡献，以及他在这一时期学术创作领域取得的不朽成就。

馆藏精品

沧海遗粟

日式木匣，上有楷体“沧海遗粟”四字，装有郭沫若研究古文字的九种手稿，是他流亡日本期间学术研究的精华。

当时，历史唯物主义在中国的宣传和运用尚处于启蒙阶段，如何使这一科学真理中国化，从中国的传统思想中找到它的根蒂，是十分有必要的研究课题。郭沫若便从这里确定了自己的主攻方向，运用辩证唯物主义研究中国思想和中国社会的发展，亦即中国历史的发展。他认为世界文化史关于中国的记载，还是一页白纸，应该由中国人自己去填充。他博览群书，为进行研究和创作积累了资料。在研究过程中，他对文献的可靠性产生了怀疑，于是努力寻找第一手资料，即未被后人加工过的、确实足以代表古代社会的文物，并因此开始将目光投向对甲骨文、金文的研究。

通过对甲骨文和青铜器铭文深入的考证和分析，并吸收前人成果，郭沫若于1929年完成《甲骨文字研究》一书，这是他为探讨古代社会的实际而进行古文字研究的第一部著作。他从甲骨文考释入手，阐述了殷代社会结构和意识形态，得到国内外学术界推崇。随后几年，《两周金文辞大系》《金文丛考》《卜辞通纂》等高水平的学术著作一部接着一部问世，在学界引起了轰动，被古文字学权威们公认为奇迹。

沧海遗粟

1937年7月，抗日战争全面爆发，郭沫若决定秘密回国投身救亡运动。为了避开日本军国主义分子的视线，他随身仅携带了一支钢笔回到祖国。这只装有珍贵手稿的木匣被留在日本，直到1957年春才被友人送回到他身边。郭沫若感慨良多，题写了“沧海遗粟”四个大字，又用几行小字记述了木匣的辗转经历：“余以一九三七年七月只身回国后，此箱手稿遗留日本者垂二十年，自以为不可重见矣。直至今年四月，始由陈诚中同志携回，实属喜出望外。题此以志始末。”

《拟九龙渊诗意》

郭沫若客厅有一张巨幅山水画，由我国著名画家傅抱石创作。两人的友情可以追溯到20世纪30年代。那时流亡日本的郭沫若结识了留学日本的傅抱石，他们在文学艺术上有诸多共鸣，两人之间的情谊亦师亦友。

1963年郭沫若搬到前海西街18号后，抱石先生便为郭沫若乔迁新居特别创作此画。作为多年好友，简单创作一幅画作不足以表达他们之间的情谊，抱石先生便从郭沫若1958年访问朝鲜时所作的一组纪游诗中获得了构思创作的底本，诗文是郭沫若游览

《拟九龙渊诗意》

金刚山九龙渊瀑布创作的《游九龙渊瀑布》。

虽然抱石先生不曾去过朝鲜金刚山，但是郭沫若的诗句唤起了他的创作灵感。经过一年多的时间，山水画《拟九龙渊诗意》应运而生。画中远处云山相对，近处瀑布飞泻，瀑布下的山石之上站立着两个人，正是郭沫若与夫人于立群。抱石先生将其二人影像画入山水之间。这幅画结合了郭沫若的诗情与傅抱石的画意，彰显了人与自然和谐相融，更是两人30多年友谊的汇集。

《拟九龙渊诗意》是傅抱石一生创作的郭沫若诗意画中尺幅最大、气势最见磅礴的一幅。然而就是在这一年的秋天，抱石先生因病去世，这幅画也成了他一生最后的巨幅作品。

参观攻略

地　　址： 北京市西城区前海西街18号

咨询电话： 010–83222523

交通路线： 公交3、4、13、42、107、111、118、612路北海北门站；地铁6号线北海北站

开放时间： 9：00—16：30（16：00停止售票），周一闭馆。每年12月25日至来年农历初三，为冬季休整期，对外闭馆

门票价格： 20元/人

注意事项： 郭沫若纪念馆实行线上预约制度，每日限流750人。郭沫若纪念馆针对未成年人、老年人等不同观众群体实行门票优惠政策，详情可见郭沫若纪念馆公众号

国家典籍博物馆建筑外景

36 国家典籍博物馆

概况

2012 年 7 月，经原文化部、国家文物局、中央机构编制委员会办公室批复，国家图书馆加挂“国家典籍博物馆”牌子，国家典籍博物馆正式成立，并于 2014 年 9 月对公众开放。国家典籍博物馆建筑总面积 11 549 平方米，共 10 个展厅，是国内首家国家级典籍博物馆，也是世界同类博物馆中面积较大、藏品较丰富、代表性展品较多的博物馆。

国家典籍博物馆依托国家图书馆宏富馆藏，以展示中国典籍、弘扬中华文化、创新阅读服务方式、保护文化遗产、加强中外文化交流、提升国家软实力为宗旨。国家典籍博物馆集典籍的收藏、展示、研究、保护、公共教育、文化传承、文化休闲于一体，是中华典籍文物的收藏中心，典籍文化的展示中心、交流中心、研究中心和保护中心，青少年传统文化教育基地，爱国主义教育平台和公众文化休闲中心。国家典籍博物馆以继承传统、立足当下、面向未来、开放多元的创新模式，为宣传社会主义核心价值观、构建中华优秀传统文化传承体系而奋斗！

国家典籍博物馆结合了国家图书馆丰富的馆藏资源和博物馆的展览展示特长，是图书馆服务方式和阅读形式的创新。国家典籍博物馆还是博物馆和图书馆融合的示范基地，带动了国内图书馆开设典籍类博物馆的风潮。

常设展览·馆藏精品

国家典籍博物馆展览凭借深入浅出的精彩内容、多维度的专业解读、典雅别致的空间及版面设计、趣味时尚的互动，获得了观众、业界的认可和嘉奖。其中“甲骨文记忆展”获得“第十三届（2015年度）全国博物馆十大陈列展览精品推介精品奖”，“旷世宏编 文献大成——国家图书馆藏《永乐大典》文献展”荣获“第十六届（2018年度）全国博物馆十大陈列展览精品推介优胜奖”，“中华传统文化典籍陈列展”入选国家文物局2021年度“弘扬中华优秀传统文化、培育社会主义核心价值观”主题展览征集重点推介项目，在弘扬社会主义先进文化、革命文化、中华优秀传统文化，推进全民阅读，满足人民精神文化需求，推动古籍保护的宣传和普及，增进我国民众对中华文化的认同和民族自信心的提升等方面做了大量积极有益的工作。

常设展览——“中华传统文化典籍陈列展”

“中华传统文化典籍陈列展”位于国家典籍博物馆第一展厅，以经史子集四大部类为线索，分为“厚德载物 与时俱进”“鉴古知今 汲取智慧”“学说纷呈 匠心天工”“华章焕彩 翰墨流芳”4个主题单元，展现历朝历代在哲学、思想、科技、文学等各个方面的伟大成就。

展览展出文献近80种，重点选择未曾展出过、有重要代表性、有重要历史文化价值、保存状况较好的典籍，其中58种为《国家珍贵古籍名录》中的珍品，包括北宋刻本《范文正公文集》，传世孤帙宋内府抄本《仙源类谱》《宗藩庆系录》，宋咸淳廖莹中世綵堂刻本《昌黎先生集》《河东先生集》等，国宝云集，为观众献上了一场精神文化盛宴。

馆藏精品

《范文正公文集》

北宋钦宗以前刻本，也是现存最早的范集传本，卷前清人题记云出自“范氏主奉家”，乃范氏世代宝藏之本，被称为“稀世之珍”“国之瑰宝”，入选《第三批禁止出境展览文物目录》。

《昌黎先生集》和《河东先生集》

南宋咸淳年间廖莹中世綵堂所刻，字体隽秀，刀法剔透，纸莹墨润，字体在褚柳间，精雅绝伦，历来被藏书家誉为“传世的

昌黎先生集四十卷外集十卷遗文一卷
宋咸淳廖莹中世綵堂刻本

河东先生集四十五卷外集二卷
宋咸淳廖莹中世綵堂刻本
（卷三至五、十配明影宋刻本）

无上神品”。两集被称为“双璧”，传世或合或分，明代时同藏于项氏万卷堂，之后辗转被不同藏家所得，近代时再次珠联璧合，归藏书家陈清华所有，传为书林佳话。1956年，政府斥资从香港购得此两集，后入藏国家图书馆。

常设展览——“甲骨文记忆”

甲骨文是中国商周时期刻在龟甲和兽骨上的文字，是中国已知最早的成系统的文字，距今已3000余年。甲骨文上承原始刻画符号，下启青铜铭文，是汉字发展的关键形态，不仅为中国古代史书记载的殷商王朝提供了真实可考的证据，更是将那个时期的社会百态一一呈现在我们面前。

国家图书馆现藏甲骨35 651片，收藏量约占存世总量的1/4，是目前世界上收藏甲骨最多的单位，馆藏甲骨中不乏罗振玉、孟定生、刘体智、胡厚宣等名家旧藏，而且多为精品。

“甲骨文记忆”展览位于国家典籍博物馆第五展厅。展览通过“重现的文明”“神秘的文字”“神奇的王国”“探索的旅程”4部分内容，以甲骨的发现为起点，通过多层次、多种方式的诠释，深入浅出地探寻甲骨文的刻写方法、重要价值等，揭开其作为文字和占卜之物的神秘面纱，还原甲骨文中所记录的殷商王朝面貌，通过甲骨实物展示、场景还原、考古发掘图片资料、学者们研究成果的集锦以及器物的展示，让我们得以重新传承遗落的文化记忆，开创崭新的文化梦想。

常设展览——“珠还合浦 历劫重光——《永乐大典》的回归和再造”

《永乐大典》是我国古代最大的一部类书，也是国家图书馆四大专藏之一。这部旷世宏编“合古今而集大成”，系典册渊薮、遗书宝库，诸多佚文秘籍、典章制度赖其得以流传后世，造福学人。但历经数百年岁月的兵燹水火，这部成书于明永乐之初重录于嘉靖之末的大典，正本至今仍下落不明，副本更是星散飘零，百存一二。原11 095册、22 937卷（包含目录和凡例60卷）的《永乐大典》嘉靖副本，截至目前仅发现有400余册、800余卷及部分零页存世。国家图书馆共收藏有《永乐大典》224册（其中62册现暂存于台北故宫博物院），占存世《永乐大典》的一半以上。

“珠还合浦 历劫重光——《永乐大典》的回归和再造”位于国家典籍博物馆第二展厅。展览共分为“大典犹看永乐传”“合古今而集大成”“久阅沧桑惜弗全”“遂使已湮得再显”“珠还影归惠学林”5个单元，通过讲述这部巨著的前世今生，全面展示《永乐大典》蕴含的丰富而宝贵的知识体系、思想观念、人文精神和道德规范。展览细致全面地整理了《永乐大典》通过政府拨交、海外送还、藏家捐赠、员工采访等多种途径，入藏国家图书馆的历程，深度挖掘了国家图书馆在不同时期围绕大典进行的部署安排，展现了一代代图书馆人前赴后继、呕心沥血地对《永乐大典》进行的搜集、保护、修复、出版工作；同时，回顾了抗战时期《永乐大典》等古籍善本南迁、运美往事，梳理海外《永乐大典》的回归历程。

展览共展出展品 60 余种 70 余册（件），包括 9 册《永乐大典》嘉靖副本，40 余册（件）明抄本、明刻本、明拓本等古籍精品，以及国家图书馆在不同时期入藏《永乐大典》的相关档案复制件等，让观众全面了解《永乐大典》及其传承历史。

馆藏精品

《永乐大典》嘉靖副本

展览中 9 册《永乐大典》嘉靖副本为近年来首次展出，即“人”字册，“陈”字册，“农”字册，“易”字册，“颂、溶、蓉、庸”字册，“郎”字册，2 件“水”字册，“士”字册。其中有多册是海外回归的代表性《永乐大典》，如 1938 年王重民自英国为北平图书馆购入的“农”字册，1951 年苏联列宁格勒国立大学东方学系图书馆送还中国的“颂、溶、蓉、庸”字册，1955 年德国政府送还中国的“士”字册等。此外，还有 1950 年顾子刚捐赠的“易”字册，1951 年徐伯郊捐赠的“郎”字册，1951 年商务印书馆捐赠的“水”字册，1958 年北京大学捐赠的“水”字册等。

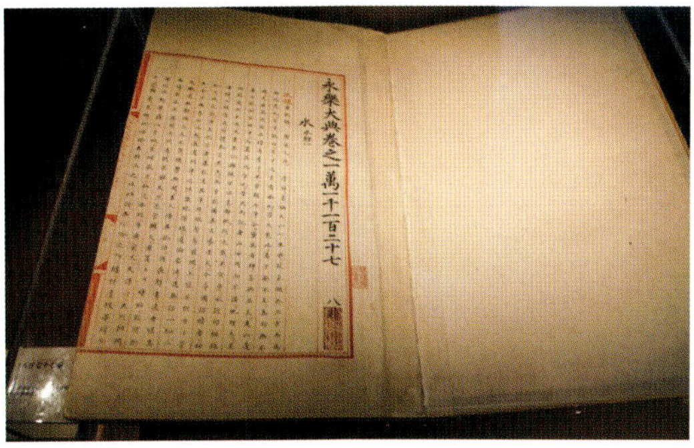

《永乐大典》两万两千八百七十七卷 明内府抄本 卷 11127~11128“水”字册

拓展阅读

四方风甲骨

“四方风甲骨”发现之初，因其刻辞与占卜无关，且背面无钻凿，曾被怀疑是伪刻，险被埋没，经著名甲骨学家胡厚宣先生借助《山海经·大荒经》考证后才为其正名。该甲骨属殷商武丁时期刻辞，反映出早在 3000 多年前，人们已能够对四方神和四方风给予准确的命名，并认识到一年之中，随着季候的推移，风向有所变化，昼夜长短也有不同。

四方风甲骨

资治通鉴残稿

司马光《资治通鉴》唯一存世的手稿。这份残稿共计 29 行 465 字，记载了东晋元

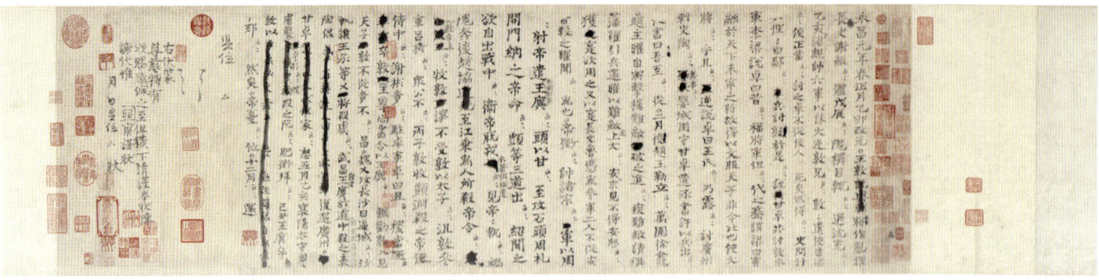

资治通鉴残稿

帝永昌元年（322年）的历史。写卷上集合了司马光手迹、范纯仁书札和司马光谢人惠物状，被誉为“幅纸三绝”。历代藏书家均将其视为珍宝，争相收藏，清代入藏内府，成为数代皇帝的秘籍珍玩。

参观攻略

地　　址：北京市海淀区中关村南大街33号国家图书馆总馆南区

咨询电话：010-88545426

交通路线：公交129、305、320、332、563、609、653、658、695、86、92、481、夜8路国家图书馆站；地铁4号线、9号线、16号线国家图书馆站

开放时间：周二至周日9：00—17：00，周一闭馆（法定节假日另行通知）

门票价格：免费参观（特展除外）

注意事项：

1. 国家典籍博物馆目前实施预约参观制度，读者需通过微信公众号“国家图书馆服务号”的“读者服务”或拨打电话（400-600-6988/010-88545426）按馆区、实名预约当天及未来3天到馆名额（参观国家典籍博物馆的观众需预约“总馆馆区”），获取微信（或电话）预约码。预约时间为微信周一至周日9：00—21：00，电话周一至周日9：00—16：00。

2. 参观预约办法可能会随着国家相关政策进行调整，具体可参考国家典籍博物馆官方网站、微信公众号和国家图书馆服务号相关规定。

孔庙大成门

37 孔庙和国子监博物馆

概　况

孔庙和国子监博物馆位于北京市东城区国子监街内，是以元明清“国子监”为馆址的历史类博物馆。北京国子监创建于元至元二十四年（1287 年），迄今已有 700 多年历史，是我国唯一保存完整的最高学府兼教育管理机构，又被称为“太学”“国学”。孔庙是国子监的组成部分，依古制“庙学合一”而建，是皇家祭孔的重要场所。“左庙右学”的建筑规制，构成了规模宏大、风格独特的古建筑群。1961 年，国子监被国务院公布为第一批全国重点文物保护单位。1988 年，孔庙成为第三批全国重点文物保护单位。2008 年 6 月，孔庙和国子监博物馆挂牌并正式对外开放。作为北京市廉政教育基地、北京市爱国主义教育基地和北京市科普基地，孔庙和国子监博物馆在深入研究博物馆文化的同时，也在努力为中华优秀传统文化的宣传普及发挥积极作用。

常设展览 · 馆藏精品

孔庙和国子监博物馆目前开设有辟雍复原陈列、大成殿复原陈列、大哉孔子、北京孔庙历史沿革、中国古代科举制度、国子监原状陈列、中国古代官德文化七项常设展览。馆藏文物包括元、明、清进士题名碑，乾隆石经，皇帝御赐匾额楹联，祭孔用礼器、乐器等珍贵文物。

复原陈列——辟雍

辟雍是国子监的中心建筑，是我国唯一一座专供皇帝讲学的宫殿，建于清乾隆四十八年（1783 年），于乾隆四十九年（1784 年）竣工。“辟雍”一词源于 3000 年前的周代，是周天子行礼仪、宣教化的场

辟雍

所，在《诗经》中曾多次出现。“辟”通“璧”，形容环水围绕形如圆璧。“雍”，水中的陆地。辟雍建筑形式独特，正中为重檐四角攒尖鎏金宝顶的方形皇家殿宇，四周水池环绕，契合“辟雍环水”的古制。辟雍大殿面积约300平方米，殿内金砖墁地，中间无柱，采用抹角架海梁的建造方法，上为井口天花，饰以金龙彩绘。殿内正中陈设有宝座、五峰屏、御书案等皇家御用器物，四周悬挂有乾隆、道光、咸丰皇帝所题匾额、楹联。殿内为皇帝“临雍讲学”时的复原陈列。

复原陈列——大成殿

大成殿为孔庙主体建筑，是供奉孔子神位和皇帝祭孔行礼的场所。大殿始建于元大德六年（1302年），后被毁，明永乐九年（1411年）重建。明万历二十八年（1600年）由灰瓦改为绿色琉璃瓦顶，清乾隆二

辟雍大殿内景

大成殿

大成殿内景

年（1737 年）改为黄色琉璃瓦顶。清光绪三十二年（1906 年）升祭孔之礼为大祀后，大成殿由七间三进扩建为九间五进，提高至最高建筑等级。大殿为重檐庑殿顶，覆盖黄色琉璃瓦。大成殿外悬挂着康熙御书“万世师表”匾额，殿内悬挂着雍正至宣统八位清朝皇帝的御匾，及民国总统黎元洪所题“道洽大同”匾额。正北供奉着至圣先师孔子神位，东西两边供奉着四配十二哲牌位。

常设展览——乾隆石经展厅

乾隆石经展厅内主要陈列着乾隆年间所刻儒家十三经刻石，以及康熙、乾隆等皇帝御书石碑。清乾隆五十六年（1791 年），为勘正经典，统一教材，乾隆皇帝谕旨以蒋衡手书的“十三经”手稿为底本刻石，立于国子监（太学）东西六堂，称为“乾隆御定石经”，简称“乾隆石经”或“清石经”。石经共 189 通，加上一通“摹刻石经告成恭进表文碑”，共 190 通，约 63 万字，包括《周易》《尚书》《诗经》《周礼》《仪礼》《礼记》《春秋左传》《春秋公羊传》《春秋穀梁传》《论语》《孝经》《尔雅》《孟子》13 部儒家经典。“乾隆石经”是我国历史上保存最完整的一套官刻儒家石经。

乾隆石经展厅

馆藏精品

进士题名碑

进士题名始于唐代雁塔题名，自元代起

进士题名碑

进士题名碑刻立于国子监成为定制。北京孔庙第一进院落矗立着 198 通进士题名碑。碑上镌刻有元、明、清三朝五万余名进士的姓名、籍贯、名次，其中不乏人们所熟悉的著名历史人物，如明朝的于谦、张居正、袁崇焕，清朝的纪晓岚、林则徐、张之洞，以及近代的蔡元培、张謇、沈钧儒等，这是中国古代科举取士制度真实的历史见证。

拓展视频

参观攻略

地　　址： 北京市东城区国子监街 13~15 号

咨询电话： 010-84043234、010-64057214

交通路线： 公交 13、84 路国子监站，116、117 路雍和宫站，104、108、113、124、141 路安定门内站；地铁 2 号线、5 号线雍和宫站

开放时间： 旺季（5—10 月）8：30—18：00（17：00 停止售票），淡季（11 月—次年 4 月）8：30—17：00（16：30 停止售票）；周一闭馆（法定节假日除外）

门票价格： 成人票价 30 元 / 人；学生票价 15 元 / 人（全国全日制大学本科、专科学生凭本人有效学生证购票）

注意事项： 孔庙和国子监博物馆实行线上实名制预约参观，请您通过孔庙和国子监博物馆微信公众号提前预约

老舍纪念馆

38 老舍纪念馆

概 况

老舍纪念馆是老舍先生1950年至1966年在北京生活写作的地方。在小院的书房里，他创作了《龙须沟》《茶馆》《方珍珠》《正红旗下》等24部小说及戏剧，《养花》《猫》《草原》《林海》等大量散文杂文及其他作品。1984年5月，北京市人民政府将老舍故居列入北京市第三批文物保护单位。1997年7月，老舍家属将老舍故居及大量文物、藏品及相关物品捐出。经修缮改造后，在故居基础上建设而成的老舍纪念馆于1999年2月1日，即老舍100周年诞辰前夕正式对社会开放。2008年3月，老舍纪念馆实现对社会全面免费开放。2021年，老舍纪念馆被列入北京市第一批革命文物名录。

老舍纪念馆以保护故居和藏品为基本工作任务，紧紧围绕老舍先生“生在北京，长在北京，死在北京，写了一辈子北京”这个主题，主要收藏老舍先生在不同时期的作品版本以及相关藏书，另外还藏有老舍生前用品、曾经收藏的字画以及老舍夫人创作的字画等。

目前固定展览为“走近老舍”，主要通过陈列的大量珍贵手稿、图书、照片及生前用品，配合多媒体互动展现老舍生平及其创作历程。老舍纪念馆每年推出多种临时展览和社教活动，以更好地宣传老舍精神，传承京味文化。

老舍纪念馆是东城区爱国主义教育基地、北京市青少年校外活动基地、北京市社会大课堂活动基地和“蓝天工程”优秀资源单位，黑芝麻胡同小学、方家胡同小学校外教育基地，北京邮电大学、中央财经大学志愿者服务基地。

小院

常设展览·馆藏精品

老舍纪念馆的常设展览分为故居原状陈列和生平展览两个部分。

老舍纪念馆是座普通的北京小四合院，整个院落占地约400平方米，布局紧凑。正门是一座坐西朝东的黑漆木门，进门绕过一座砖砌影壁，是个不大的小院，只有两间南房，是为门房；往西有个狭长小院，是老舍之子舒乙的住房；往北是一座三合院，这是故居的主体部分。进二门，迎面是一座北京现在已少见的五彩小木影壁，影壁上贴着老舍夫人胡絜青写的“福”字。转过影壁，院中正房三间，明间和西次间为客厅，东次间是老舍夫人胡絜青的卧室兼画室，西耳房是老舍先生的卧室兼书房，现均按生活原貌对观众开放。

客厅一角

拓展音频

老舍生平展位于故居西厢房和东厢房，主要通过大量珍贵的手稿、图书、照片及老舍生前使用过的物品，展示老舍生活、创作的历程与他热爱祖国、热爱北京的澎湃情怀。

馆藏精品

《剑北篇》

老舍纪念馆一级文物。1937 年七七事变爆发后，老舍告别妻儿，奔向武汉，投入抗日救国的洪流。1938 年 3 月 27 日，“中华全国文艺界抗敌协会”（以下简称“文协”）成立，老舍被推举为常务理事和总务部主任。1939 年 6 月，老舍代表文协参加全国慰劳总会北路慰问团，自重庆出发赴西北慰问抗日将士，同年 12 月回到重庆。此行历时 165 天，行程 9500 千米，途经 74 个城市，遍及四川、陕西、河南、湖北、宁夏、伊盟、甘肃、青海 8 省，先后到了 5 个战区。他将一路上的旅途风光、所见所闻以新诗的形式记载下来，经过一年时间写成并出版了共 27 段 3600 行的长诗——《剑北篇》，这也是他生前出版的唯一一本诗集。老舍在《八方风雨》里写道：“这次长征的所见所闻，都记在《剑北篇》里——一部没有写完，而且不大像样的，长诗。在陕州，我几乎被炸死。在兴集，我差一点被山洪冲了走，这些危险与兴奋，都记在《剑北篇》里。”“《剑北篇》为名胜古迹，山山水水，留下动人的形象。而一切景物，一切的人与事，又都围绕‘抗战’这一中心。”《剑北篇》里有老舍先生走过的千山万水，有对祖国的赤诚、同胞的同情、抗日军民的赞颂、苟安败类的斥责、侵略者的愤怒，同时对当时的陕甘宁边区也有所描述。

《言语声片》课本

老舍自北京师范学校毕业后，先后任小学校长、劝学员、中学教师等职务。1924 年，老舍得到了去伦敦大学东方学院做 5 年中文教师的机会。东方学院是伦敦大学下属学院之一，主要任务是教授远东、近东和非洲的一切语言文字。老舍到任后，因教学所需，和同事一起为“灵格风语言中心”编纂了一套中文教材《言语声片》。这套教材共 30 课，由 2 本教科书和 16 盘唱片组成。教材以课的形式编写，每课有单字、单词、句子、对话等几个部分，单字均配以读音和音调。课文均由老舍用毛笔工整书写，再制成教科书拓印本，还附有配套的语音唱片。现在展厅中就能听到老舍当年朗读课文的声音。《言语声片》是世界上较早的一套成体系的汉语教材，在国际上沿用到 20 世纪 50 年代中期，是对外汉语教学的珍贵历史资料。

《剑北篇》

《言语声片》课本

参观攻略

地　　址：北京市东城区灯市口西街丰富胡同 19 号

咨询电话：010-65142612

交通路线：公交 104、108、111 路灯市西口站或 2、60、82、103、141 路骑河楼站；地铁 8 号线金鱼胡同站

开放时间：周二至周日 9：00—17：00（16：30 停止进入），周一闭馆。参观请通过微信公众号“老舍纪念馆”预约，防疫期间暂不接待团队观众

门票价格：免费参观

李四光旧居外景

39 李四光纪念馆

概　况

李四光是卓越的科学家、著名的社会活动家、杰出的教育家和伟大的爱国主义者，他是中国现代地质学的奠基人之一，新中国地质事业的主要领导人和开拓者，周恩来总理称赞“李四光同志是一面旗帜”。为纪念李四光，1989 年 10 月 26 日，在他 100 周年诞辰之际，经中共中央宣传部批准，在李四光旧居建李四光纪念馆，前国家主席李先念为纪念馆题写了馆名。2015 年 10 月，李四光纪念馆完成改扩建，室内总展示面积近 2000 平方米。李四光纪念馆曾荣获“中央和国家机关党性教育场所”“中国科协等七部委联合授予的科学家精神教育基地”“中国科协全国科普基地”“教育部全国中小学生研学实践教育基地”“自然资源部科普基地”“中国地质调查局干部职工培训及现场教学基地”“中国地质学会地学科普研学基地”“海淀区少先队校外实践基地”“海淀区科学技术协会科普基地”等称号。

常设展览 · 馆藏精品

馆内展览分为东西两个展区，东展区为李四光旧居，西展区为地质力学研究所科研楼一、二层。展示内容分为“光辉足迹”“卓越贡献”“事业传承”“精神永存”4

“光辉足迹”主题展内景

个主题。

李四光旧居

李四光旧居是一座仿欧式的别墅建筑，建于1961年底，1962年李四光全家迁住于此，庭院占地约9亩（6000平方米）。屋内由工作区和生活区两部分组成，现仍保持着当年的陈设原貌。旧居是李四光生前最后10年主要生活和工作的场所，为“光辉足迹”主题展。

馆藏精品

牛皮公文箱

1948年，李四光代表中国地质学会前往英国参加第18届国际地质大会，会后留在了英国。1949年4月，中国代表团赴布拉格出席世界保卫和平大会。临行前，周恩来总理指示郭沫若给身在英国的李四光带一封信，由郭沫若领头签署请李四光早日返国。收到祖国来信，李四光立即预订回国船票，等待回国船期。1949年9月21日，中国人民政治协商会议在北平开幕，各地报纸公布了第一届政协委员名单，李四光作为自然科学工作者代表，被列入名单。驻英大使接到国民党外交部密令，要李四光公开发布声明，拒绝接受全国政协委员职务，不然就有被扣留的危险。李四光提前收到消息，将重要的文章手稿，几本地质书、护照、几件换洗衣服及5英镑的旅行支票装进了这件牛皮公文箱，提前绕道回国。1949年9月至1950年4月，正是这件牛皮公文箱伴随着李四光踏上了漫漫归国之路。

小提琴及曲谱《行路难》手稿

1913年，李四光为了寻求科学救国之路，赴英国伯明翰大学，学习采矿冶金专业和地质学专业。求学期间，他在旧货市场购买了这把小提琴，并利用课余时间学习演奏，有时还会去教授家里即兴演奏一曲，深受教授一家的欣赏。1918年，李四光获得自然科学硕士学位，准备回国开展地质调查工作。几个月后，第一次世界大战宣告结束，中国作为参战国，在巴黎和会上受到强烈的不公正待遇。李四光十分愤慨，于1919年11月欧洲考察期间，在曲谱背面写下5行19小节乐曲，并于1920年2月创作完成小提琴曲《行路难》，抒发感怀人生的心情。1990年，上海音乐学院教授陈聆群在我国著名音乐教育家萧友梅的遗物中发现了这份乐谱。经考证，《行路难》确定为中国的第一首小提琴曲。

牛皮公文箱

小提琴及曲谱《行路难》手稿

纪念馆西展区

纪念馆西展区位于地质力学研究所科研楼一、二层。“卓越贡献”主题展示了李四光毕生研究地球科学所取得的丰硕成果，以及献身地质事业，为中华人民共和国建设立下的不朽功勋。“事业传承”主题展示了地质工作者们不断丰富发展李四光创建的地质科学理论，为经济建设和社会发展做出的重要贡献。“精神永存”主题展示了李四光为我们留下的宝贵精神财富，李四光矢志不渝的爱国情怀，求真务实的科学品格，强烈执着的创新意识，诲人不倦的师表风范和鞠躬尽瘁的奉献精神，永远值得人们铭记和发扬。

“卓越贡献”主题展内景

“事业传承”主题展内景

“精神永存”主题展内景

馆藏精品

弯曲的砾石标本

这颗弯曲的砾石是 20 世纪 30 年代末，李四光的学生在广西桂林西南的一处冰碛层中发现的。砾石成分是细粒石英砂岩，一般认为比较坚硬且性脆，从砾石的变形来看，表现出明显的弹塑性。李四光认为，砾石是在冰川的荷载下，以某种方式变形的。变形是由于砾石的一半被固紧，而另一半受到冰流的前推作用形成。砾石的弯曲没有高温作用因素，时间的因素是重要的。李四光将这一发现写成文章《一个弯曲的砾石》，发表在 1946 年 5 月的英国《自然》杂志上。李

弯曲的砾石标本

四光对这颗变形小砾石爱不释手，经常携带在身，以致衣服口袋都被石子磨破。

参观攻略

地　　址： 北京市海淀区民族大学南路 11 号

咨询电话： 010–88815625

交通路线： 地铁 16 号线万寿寺站，地铁 4 号线、9 号线国家图书馆站

开放时间： 实行网上或电话预约参观。团体参观时间为周二至周五，个人参观时间为周六。参观时间为 9：00—11：00，14：00—16：00

门票价格： 免费参观

没有共产党就没有新中国纪念馆外景

40 没有共产党就没有新中国纪念馆

概　况

没有共产党就没有新中国纪念馆坐落在北京市房山区霞云岭乡堂上村，位于2161米的百花山主峰白草畔山腰，距北京城区130千米。1990年，霞云岭乡人民为了永远铭记《没有共产党就没有新中国》词曲创作历程，在堂上村中堂庙树立了没有共产党就没有新中国纪念碑。1994年，为了准确记载歌曲的创作经过，激励后人继承革命传统，天津市文联、房山县委等18家单位对纪念碑新勒石铭文。为庆祝中国共产党建党80周年，2001年3月5日，堂上村66名党员联名写信给江泽民总书记，表达了让“我们心中的歌代代相传”的美好愿望。在建党80周年前夕，江泽民总书记为没有共产党就没有新中国纪念馆题词。2002年12月基地被评为“北京市爱国主义教育基地”，2010年4月被市纪委、市委宣传部命名为“北京市廉政教育基地”，2019年9月纪念馆被中宣部命名为“全国爱国主义教育示范基地”，2021年12月被市委组织部授予“市级党员教育培训现场教学点”。

为迎接中国共产党85周年诞辰，充分发挥《没有共产党就没有新中国》词曲创作地的重要作用，2006年3月，房山区委、区政府决定建设没有共产党就没有新中国纪念馆，工程历时100天，于2006年6月正式落成。纪念馆采取依山就势、建筑单层连体，共分3个展区。2011年，时值中国共产党建党90周年，在纪念馆中心区建设了巨幅党旗，面积960平方米，寓意在共产党领导下国力强盛。党旗呈现飘扬动感，寓意红色政权永葆活力。同时，在纪念馆核心区建设近万平方米党旗广场，以巨幅党旗为背景，扩建原有场地，将演出广场分为两个层次，一为党旗前的平地广场，使参加活动的观众形成对党旗的仰视角度，同时，党旗前的汉白玉台阶可作为观礼台，可以照相留念；二为广场到纪念馆之间的台阶，既可以作为观众席，也可以作为舞台，可容万余人参观活动。还在纪念馆景区正门建成“没有共产党就没有新中国”红色标志擎天柱。基座由56块花岗岩组成的向心圆托起碑体，71厘米的高度斜下向外延申成9米 ×9米的正方形，寓意九九归一。雕塑主体19.21米，直径2.8米，寓意中国共产党自1921年成立以来到1949年中华人民共和国成立，历经了28年的奋斗历程。雕塑基座71厘米高，寓意党的生日；56块基石组成同心的大圆，寓意中华民族大团结。

曹火星当年创作词曲旧址（内）

没有共产党就没有新中国纪念馆依托曹火星当年创作词曲的旧址建成，配套有8000平方米的文化广场、演出舞台、观众座席。纪念馆占地约6000平方米，其中展馆建筑面积1800平方米。在抗日战争时期北京市房山区霞云岭乡堂上村为平西根据地的前沿地带，至今还完整地保存着曹火星当年创作词曲旧址。

常设展览·馆藏精品

“人民的心声　历史的旋律”主题展，展陈面积约1611平方米，展线总长度约330延米，利用艺术品创作、大型投影、场景复原、音像展示等多种方式呈现主题歌曲15首、一般展示歌曲71首，以及84个党史故事、123首多媒体链接歌曲和资料，大力营

曹火星当年创作词曲旧址（外）

造“沉浸式”观展体验。

主题展分为序厅，“党的创建和大革命洪流中的歌声”“土地革命风暴中的歌声”“为全民族抗战呐喊的歌声”“循着解放战争进程的歌声”4个主题部分，“不忘初心”部分和结束语。

4个主题部分着重呈现了革命时期涌现的歌曲，串起革命历史和精神谱系。“不忘初心”部分集中展示了中华人民共和国成立以来涌现的经典歌曲，力求让观众伴着歌声重温百年党史，生动阐释“没有共产党就没有新中国”的人民心声和历史旋律。

重新提升后的主题展，突出歌从史出、以歌颂史，以中国共产党历史为主线，以革命歌曲为载体，通过展览、实物和互动，依托歌曲和革命故事所承载的历史及思想内涵，再现中国共产党百年历史，展示中国共产党领导中华民族从站起来、富起来到强起来的光辉历程和历史贡献。除凸显“歌”的特色外，主题展还注重讲好歌曲颂扬的伟大精神和背后的故事，结合呈现《南湖的船，党的摇篮》《西江月·井冈山》等歌曲，阐释“红船精神”、井冈山精神等伟大精神，通过展示“瞿秋白高唱《国际歌》英勇就义”“周文雍、陈铁军刑场上的婚礼”等84个党史、音乐史故事，讲述革命先烈坚定的理想信念。

馆藏精品

钢琴

曹火星同志生前使用过的这架钢琴。在他去世以后，他的大女儿曹红雯将这架钢琴无偿捐赠给纪念馆。

曹火星生前使用过的钢琴

国旗

这面编号为2020-0088号的国旗，于2020年10月1日国庆节当天在天安门广场升起，以庆祝共和国71周年华诞。作为红色教育的标志性纪念，这面国旗于2021年6月16日由天安门管委会捐赠给纪念馆。

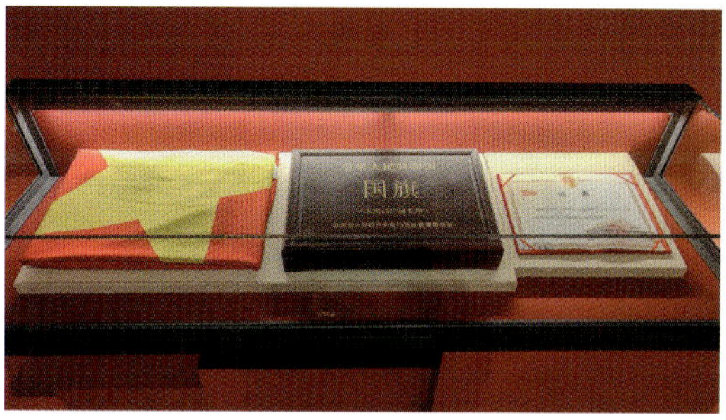

2020-0088号国旗

参观攻略

地　　址： 北京市房山区霞云岭乡堂上村

咨询电话： 010-60368286

交通路线： 从六里桥乘836或917支路到房山汽车站，转乘F25路F77路公交车至堂上村南站

开放时间： 9：00—16：30（16：00停止入馆），每周一例行闭馆（国家法定节假日除外）

门票价格： 免费参观

梅兰芳纪念馆正门

41 梅兰芳纪念馆

概 况

梅兰芳纪念馆成立于 1986 年 10 月，隶属文化和旅游部，为全国重点文物保护单位。纪念馆坐落在北京市西城区护国寺街 9 号，是一座典型的二进四合院，原为清末庆亲王奕劻王府的一部分。1951 年梅兰芳入住这座幽静、安适的小庭院，度过了他生命的最后十年。

纪念馆正门为朱漆大门，上悬邓小平同志亲笔题写的匾额“梅兰芳纪念馆”。进门后迎面青石砖瓦的大影壁前，安放着一座梅兰芳的半身塑像。在屏门内小影壁前，摆有四个石质刻花小圆墩和一个汉白玉的鱼洗。东、西、北房筑有穿廊，红漆圆柱。廊沿上有鲜艳的彩绘。院内有两棵柿子树、两棵海棠树，寓有“事事平安”之意。

纪念馆分为正院和外院两部分。正院保存故居原貌，会客厅、书房、卧室和起居室内的各项陈设均按梅兰芳生前生活起居原状陈列。东、西展室为专题展览，不定期更新展览内容，如“东瀛品梅——纪念梅兰芳首次访日 100 周年日本美术巡展回顾展”“手舞艺术——梅派兰花指摄影展”“走向世界的梅兰芳展览”“另一个梅兰芳——梅兰芳绘画展”“梅兰芳纪念馆藏戏曲文物文献展”“剑舞流芳——梅兰芳经典名剧《霸王别姬》创排 100 周年专题展”等，覆盖戏曲、书画、器物、历史、文化、生活等多个方面。外院展览室，以大量珍贵图片扼要地介绍梅兰芳一生的艺术和社会活动。

梅兰芳逝世后，夫人福芝芳及子女将家藏大量珍贵戏曲资料及各种文物文献捐赠给国家，现为梅兰芳纪念馆收藏。梅兰芳纪念馆设有综合办公室、文物保护处、展览宣传处、信息研究处等部门。

梅兰芳纪念馆内院

常设展览 · 馆藏精品

故居陈列展是梅兰芳纪念馆历史悠久、极具特色，且深受广大观众喜爱的展览。室内陈设都是严格遵循历史档案记载去选择与布置，力求恢复故居原貌，让观众能够真切地感受到厚重的历史文化氛围。

故居陈列——北展厅

北屋是正房，基本按照梅先生生前原样陈列，保持了故居的原貌。正房分为客厅和起居室，梅先生的日常生活起居和接待来宾都在这里。东西耳房分别作为梅先生的卧室和书房。

舞台上，梅兰芳塑造了无数美的形象；生活中，他也十分讲究生活情趣。这在院落居室的设计布置上也有体现。屋内家具用材讲究，多为温润素雅的花梨木和深沉稳重的紫檀木，造型古朴自然，装饰简洁含蓄，传递出主人端庄典雅的审美趣味。

客厅中央放置明代紫檀几，古色古香。条案、戏箱、宫灯、挂落等均为遗存。客厅一角侧放一座民国时期的酸枝木大穿衣镜，镜框四周镶嵌螺钿，图案雅致。梅兰芳晚年曾对着这面镜子练功，力求形体神态完美。

梅兰芳纪念馆北屋内景

皮沙发是从上海搬回北京的。沙发旁的木几上放着一尊半身铜像，是1919年首次访日演出时，由在日本被誉为“日本罗丹”的雕塑家朝仓文夫为他塑造的。皮沙发前摆放一个明代炕桌，桌面是一幅竹刻山水画。

步入起居室，一种悠闲的生活情调、浓厚的生活气息扑面而来。这里摆设着沙发、镜台、橱柜等民国时期出现的较现代的家具。在这里梅兰芳可以收听广播，翻阅报纸，了解时事。

紧邻起居室的是东耳房，是梅兰芳和夫人福芝芳的卧室，家具简洁大方，一张全家福合影让人感受到这个大家庭中温馨的亲情。

西耳房是书房，屋内布置清净高雅，彰显艺术大师的才情逸致。墙上悬挂齐白石赠送的四幅条屏，映射出文化名家的深厚友谊。红木书架上整齐摆放着剧本。梅兰芳年轻时就喜好收藏古剧本、线装书、字画和碑帖，其中包括一些珍贵的剧本孤本和祖父梅巧玲在宫中受赏的安殿本等。梅兰芳细心将它们编排号码，登记入册，以便查阅。靠窗摆放着一张从上海搬回来的红木大书桌，桌上放着古雅考究的笔筒、笔洗、砚台和镇纸。这些文具再现了梅兰芳在战乱年代伏案绘画以渡难关的感人场景。

馆藏精品

齐白石为梅兰芳画《荷花》四条屏

此图作于1923年，为齐白石60岁作品。①题识：畹华仕弟法家正；款识：癸亥冬仲齐璜白石山翁制；钤印：木居士（白）、白石翁（白）、五十八岁以字行（白）。②题识：齐白石画时年才过六十；钤印：木

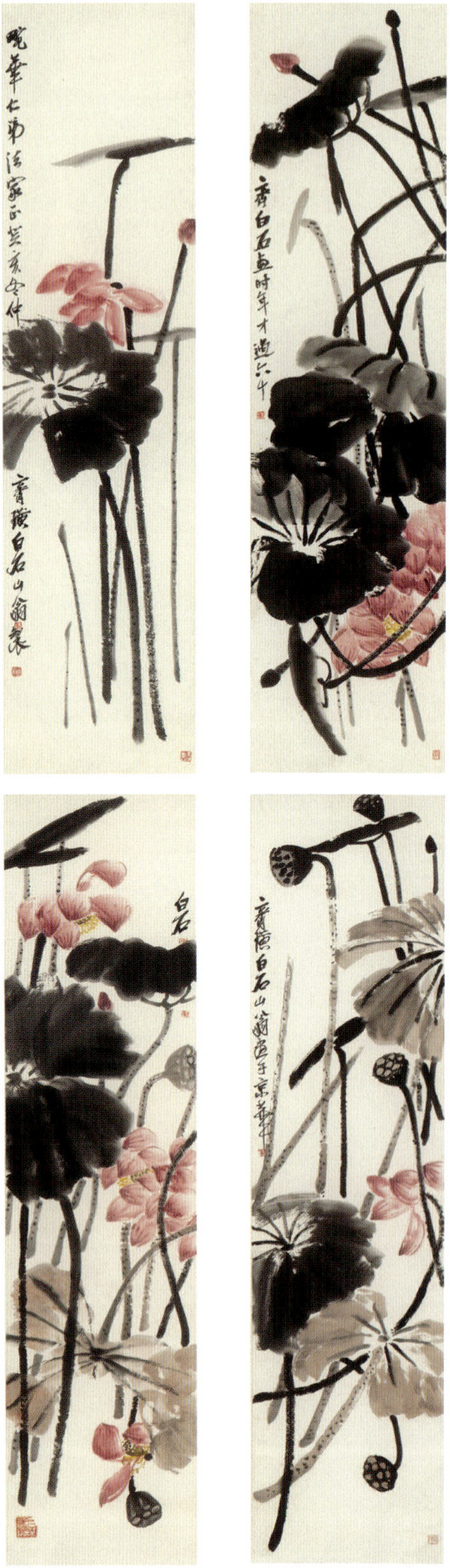

齐白石《荷花》四条屏

《同光十三绝》

居士（白）、老齐（朱）。③题识：白石；钤印：齐大（朱）、木居士（白）、三百石印富翁（朱）。④题识：齐璜白石山翁画于京华；钤印：木居士（白）、老齐郎（朱）。

拓展阅读

《同光十三绝》

清，外：85 厘米 ×346.5 厘米；芯：73 厘米 ×296.5 厘米。

清代光绪年间，画师沈容圃（一作沈蓉圃）以彩色绘制同治、光绪时期的 13 名昆曲、京剧著名演员的剧装画像，传世以后，称为“同光十三绝”。画中绘老生 4 人、武生 1 人、小生 1 人、旦角 4 人、老旦 1 人、丑角 2 人。所绘 13 位演员之面目毕肖，神情逼真，服装、化妆写实传真，为研究京剧史的珍贵资料。

参观攻略

- 地　　址：北京市西城区护国寺街 9 号
- 咨询电话：010-83223598
- 交通路线：公交 22、38、83、88、105、409、609 路护国寺站，13、42、107、111、118、701、612 路厂桥站；地铁 4 号线、6 号线平安里站
- 开放时间：9：00—16：00，周一闭馆
- 门票价格：10 元 / 人

民族文化宫博物馆外景

42 民族文化宫博物馆

概况

民族文化宫是由毛泽东主席提议、周恩来总理亲自审定设计方案，于1959年10月6日落成并对外开放的，是中华人民共和国成立十周年首都十大建筑之一，是中国各民族团结、统一、发展、繁荣的象征，是中国共产党民族政策辉煌胜利的重要标志。民族文化宫素有“共和国第一宫”“民族文化宫殿”“民族之家”之美誉，2019年被命名为“全国民族团结进步教育基地”，2020年被表彰为“全国文明单位”。

民族文化宫博物馆于1959年10月随着民族文化宫的落成正式对外开放。博物馆现藏我国各民族文物近5万件（套），藏品包括生产工具、生活用品、服装服饰、民间乐器、钱币印玺、文书封诰、工艺美术、宗教用品等，文物藏品门类、数量、质量均居全国同类博物馆首位。建馆60多年来，民族文化宫博物馆以征集、收藏、保护我国各民族文物，弘扬各民族优秀传统文化，宣传党和国家的民族政策，展示民族工作成就为己任，为促进各民族交往交流交融、构筑中华民族共有精神家园做出了积极贡献。

常设展览 · 馆藏精品

“铸牢中华民族共同体意识系列展”之“民族瑰宝——民族文化宫馆藏文物精品展”“各族人民心向党——新中国成立以来全国少数民族敬献党和国家领导人礼品展”“鉴往知来——中国共产党成立100周年民族工作文献档案特展”现向社会公众开放。“铸牢中华民族共同体意识系列展”充分发挥民族文化宫的藏品优势，从近5万件珍贵文物、20余万册古籍、40余万册其他图书及3000余幅书画艺术作品中，精选了充分体现民族团结进步内涵的400余件珍贵文物、古籍、书画和档案资料，通过让文物说话、让历史说话、让文化说话，回顾了党的百年民族工作奋进历程，展现了我国各民族交往交流交融的美丽画卷，体现了各族人民听党话、感党恩、跟党走，共同铸牢中华民族共同体意识，共同维护民族团结进步的深刻主题。

民族瑰宝——民族文化宫馆藏文物精品展

“民族瑰宝——民族文化宫馆藏文物精品展”精选70多件珍贵文物，围绕国家统一、多元一体的主题，通过“政令安邦”“冠服立制”“美美与共”3个单元，讲述各民族共同缔造、发展、巩固统一的伟大祖国的历史，展现各民族交往交流交融的美丽画卷。该展自开展以来，受到社会各界的广泛关注和好评，展览入选国家文物局2021年度“弘扬中华优秀传统文化、培育社会主义核心价值观”主题展览推介项目。

馆藏精品

翁牛特左翼札萨克印

清康熙皇帝颁赐的翁牛特左翼札萨克印。银质，印纽为老虎。翁牛特旗位于今内蒙古自治区赤峰市境内，曾经的翁牛特是蒙古部落名称。明朝末年时部落首领栋岱青两兄弟率众归顺后金，后来就被清政府授予郡王的爵位和札萨克的官衔。札萨克，蒙古语意为“执政官”，是清代统治者对蒙古地区所设旗长的称谓。清王朝建立了一套八旗制度，开始是满洲八旗，后来在蒙

“民族瑰宝——民族文化宫馆藏文物精品展”展厅内景

翁牛特左翼札萨克印

十二芒冷水冲型铜鼓

古地区也开始推行，委任原来的王公为每旗的札萨克（也就是旗长）。札萨克印是清王朝对各旗札萨克封授中最重要的权力象征物。

十二芒冷水冲型铜鼓

出土于广西藤县，直径77厘米，高53.5厘米，重量32.5公斤，铜质，汉代，为壮族先民所铸。鼓面中心为太阳纹，四周边沿塑有四只青蛙及两组乘骑带驹像。用青蛙形象装饰铜鼓，有祈祷风调雨顺、多子多福的寓意。“乘骑带驹”，人骑一匹大马，旁有一匹小马相随。铜鼓文化延续至今，如今生活在我国西南地区的壮族、布依族、水族、侗族、瑶族、苗族、彝族等还在使用铜鼓，是一种多民族共生共存形成的悠久文化。

《景宁畲族蓝氏祖图》

被浙江景宁蓝姓畲族尊为“族宝”，修于清朝同治年间。祖图长13米左右，以连环画的形式讲述了畲族传说中的始祖盘瓠，出生、揭皇榜、立战功、娶公主、生子、授封为王、狩猎遇难的故事。这幅祖图虽是畲族的宝物，却是由当地的一位叫叶秉兴的汉族人所画，就图中的人物造型而言，与明清时期的年画极为相似。还有畲族视盘瓠为始祖，盘瓠是中国古代的一个神话形象，在很

《景宁畲族蓝氏祖图》

“各族人民心向党——新中国成立以来全国少数民族敬献党和国家领导人礼品展”展厅内景

多古籍中都有记载。如今生活在南方的瑶族民间也一直将其作为始祖进行崇拜，而这些正是我国各民族文化交流的体现。

各族人民心向党——新中国成立以来全国少数民族敬献党和国家领导人礼品展

该展从馆藏4000余件礼品文物中，挑选出100余件精品进行集中展示。展览通过文字、图片、实物、视频等丰富的展陈方式，集中展现了各族人民对党和国家的热爱之情，展现了各族儿女听党话、感党恩、跟党走，心手相牵，共筑伟大复兴中国梦的辉煌历程。

馆藏精品

烫金百褶油布伞

1950年10月3日，毛泽东、朱德、刘少奇、周恩来等党和国家领导人在北京中南海怀仁堂接见云南省民族代表团。傣族代表召存信、刀世勋把这把过去象征领主权力的金伞献给毛主席。烫金百褶油布伞工艺考究，高贵典雅，它是傣族传统手工艺经典之作，也是中华人民共和国成立以来滇西南各族人民团结一心、拥护新生人民政权、共建伟大祖国的见证。

拓展音频

烫金百褶油布伞

库尔班·吐鲁木给毛主席的信

拓展音频

这封给毛主席的感谢信写于1954年12月9日，用维吾尔文书写。大意是写库尔班·吐鲁木老人自幼父母双亡，饱受地主、富农的剥削压迫和凌辱。新疆和平解放后，他分到了14亩土地和房子，过上了自由幸福的生活。于是他写信给毛主席表达自己的感激之情和想要亲眼见到毛主席的愿望。最终在1958年，库尔班大叔在中南海受到了毛主席的亲切接见。普通的信件，动人的故事，表达了库尔班大叔所代表的各族人民对党和人民政府、对毛泽东主席的感恩之情。

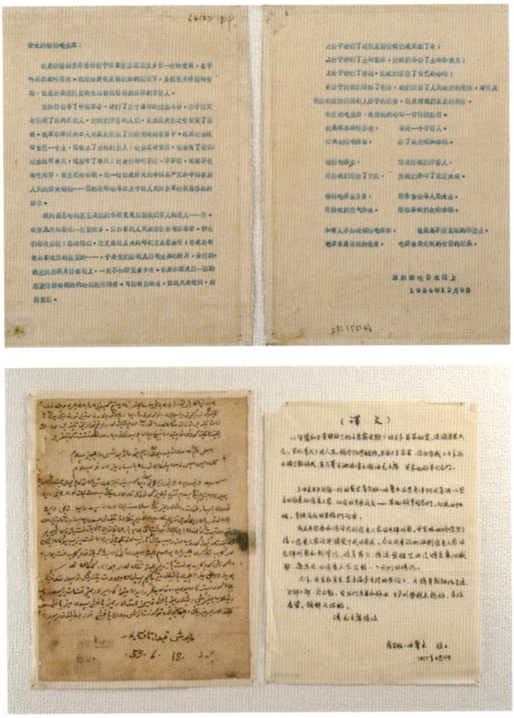

库尔班·吐鲁木给毛主席的信

鉴往知来——中国共产党成立100周年民族工作文献档案特展

该展通过科技手段还原展出中国共产党成立以来具有重大历史意义的珍贵文献、档案、图片共计200余件，全面展示中国共产党成立100年来解决民族问题和开展民族工作的奋进历程，特别是党的十八大以来，以习近平同志为核心的党中央在建设新时代中国特色社会主义进程中在民族工作领域的大事、要事，进一步增强了各族群众对伟大祖国、中华民族、中华文化、中国共产党、中国特色社会主义的认同。

“鉴往知来——中国共产党成立100周年民族工作文献档案特展”展厅大门

参观攻略

地　　址：北京市西城区复兴门内大街49号

咨询电话：010-83195280

交通路线：公交52路民族文化宫站，1路西单路口东站；地铁1号线、4号线西单站

开放时间：周二至周日9：00—16：30（16：00停止入场），周一闭馆

门票价格：免费参观

明十三陵博物馆——定陵博物馆

43 明十三陵博物馆

概况

明十三陵是明朝迁都北京后13位皇帝陵墓的总称。从1409年开始营建长陵到清初建造思陵，十三陵经历了200余年的建设。其陵寝建筑规模宏大，体系完备，保存较为完整。陵区内共葬有皇帝13人、皇后23人、皇贵妃1人及数十名殉葬皇妃。十三陵具有陵区建筑整体性突出、保存较完好等特点，其历史遗存是研究明朝陵寝制度、丧葬典制、祭祀礼仪、职官体制和建筑技术、工艺乃至政治、经济、文化等方面的绝好实物资料。十三陵不仅是中国帝陵建筑的典型范例，也是中国悠久历史文明的见证。

1961年，明十三陵被国务院批准为全国重点文物保护单位。1995年，经北京文物局批准，成立明十三陵博物馆。2003年，明十三陵被列入《世界遗产名录》。

常设展览·馆藏精品

明十三陵博物馆常设展览有定陵玄宫原状陈列、定陵出土文物精品展、定陵地下宫殿出土文物陈列、长陵祾恩殿华裳威仪服饰展、神道原状陈列、昭陵秋祭复原陈列展等。

定陵玄宫原状陈列

玄宫，习称地下宫殿，是一座规模宏大的地下建筑，也是放置明神宗朱翊钧和孝端皇后、孝靖皇后棺椁的处所。地宫由宫前甬道、前殿、中殿、后殿、左右配殿组成，全部为石材结构。定陵地宫于1956年开始发掘，1957年发掘成功。1959年在地下宫殿原址设“定陵玄宫原状陈列展”。

地下宫殿建筑制度可用“五室三隧”来概括。“五室”，即地宫的殿室共由 5 座组合而成。其中后室，又称后殿，系地宫主室，平面作横向长方形，顶部为横向的条石拱券，断面呈尖顶、两弧相交的“锅底券”形制。里侧居中部位设有宝座（棺床）一座，作须弥座形。宝座中央部位留有方孔，内实黄土，是风水术中所讲的“金井”。宝座上陈设着帝后的棺椁及随葬器物箱。神宗皇帝的棺椁居中，覆“金井”之上，孝端、孝靖两后棺椁分置左右。随葬器物箱多置宝座两端。

中室，又称中殿，位于后室之前。它与前、后、左、右四室相通，在五室中处于枢纽地位。室内平面作纵向长方形，室内靠近后室的一端陈设着一帝二后的神座、五供和长明灯。

前室，又称前殿，平面亦作纵向长方形，顶高、面宽尺度及起券形式、地面铺砖均同中室，室内无任何陈设。

左右室，又称左右配殿或侧穴，对称地设于中室两侧。平面均作横向长方形，室内地面各铺青白石板，里侧设宝座（棺床）一座。宝座形制亦为白石须弥座镶边。中部亦各设一金井。室内无陈设。

“三隧”，是指该玄宫共设有 3 条隧道，即与前室相通的主隧道和与左右配殿相通的 2 条隧道。

馆藏精品

青花云龙纹缸

大明嘉靖年制，共 3 件。通高 69 厘米，口径 70 厘米，底径 58 厘米，直口、深腹、平底。口部饰卷草纹一周，颈部及近底部各饰莲瓣纹两周，腹部饰云龙纹，为二龙赶

定陵玄宫中室

青花云龙纹缸

金冠

珠。龙体上下绕以四合云、大勾云。颈部有款“大明嘉靖年制”。神宗下葬时，受当时大件瓷器工艺限制，未制成满意的青花云龙纹缸，遂用嘉靖朝制品。

定陵出土文物精品展

定陵出土文物精品展共展出 66 件（套）定陵出土文物，大部分为原物，绚丽多彩、技艺高超，再现了明后期的高度文明。展览除介绍墓主人明神宗朱翊钧及孝端、孝靖两皇后生平外，还展示有帝后生前大典使用的金冠、凤冠、玉圭、玉佩、红缂丝十二章衮服，帝后日常生活使用的金酒执壶、金盆，帝后死后陪葬用的谥宝、谥册、压胜钱，定陵发掘实物模型等。

馆藏精品

金冠

十三陵定陵出土，全称金丝翼善冠，国家一级文物，通高 24 厘米，重 826 克。金冠全部以金丝编制而成。冠分前屋、后山、折角 3 个部分，每部分均用 0.2 毫米的金丝按木制模型，采用编织工艺中的“灯笼空儿”法编织而成，再用粗金丝将 3 部分连缀在一起。连缀处用辫形条带压缝。金冠制作技艺纯熟，编制的花纹不仅空当均匀，疏密一致，而且中间没有小结，看上去薄如轻纱。金冠的精妙之处在于后山处镶嵌的二龙戏珠。二龙昂首相对，中间嵌一火珠。龙须及龙鳞清晰生动。古代工匠采用掐丝、累丝、码丝、錾刻等多种工艺将金龙打制得雄浑有力、栩栩如生。龙身上的折盘绕在后山上，尾部上翘贴于折角，使金冠浑若天成。目前金冠在我国仅此一顶，堪称国宝。

参观攻略

地　　址： 北京市昌平区明十三陵管理中心

咨询电话： 010–60761422

交通路线： 德胜门乘 872 或 879 路公交车直达，德胜门乘 345 路到昌平东关站换乘 314 路、昌 67 路，生命科学园东站乘坐 878 路；地铁昌平线到西山口站再换乘摆渡车

开放时间： 8：30—17：00

门票价格：

景点名称	旺季成人票价	旺季半价	淡季成人票价	淡季半价
明长陵	45 元 / 张	22 元 / 张	30 元 / 张	15 元 / 张
明定陵	60 元 / 张	30 元 / 张	40 元 / 张	20 元 / 张
明昭陵	30 元 / 张	15 元 / 张	20 元 / 张	10 元 / 张
总神道	30 元 / 张	15 元 / 张	20 元 / 张	10 元 / 张

注意事项： 明十三陵博物馆对儿童、老年人、军人等不同参观群体实行门票优惠政策，详情可见明十三陵官方网站

平谷区博物馆

44 平谷区博物馆

概　况

平谷历史悠久，源远流长。早在旧石器时代便有人类在这里繁衍生息，几千年民族交流融合，积淀下深厚的文化遗存，是北京历史文化的重要组成部分。

平谷区博物馆坐落于平谷迎宾环岛西部，顺平路与泃河大桥相交的西北侧，占地面积 25 753 平方米，建筑面积 20 780 平方米，2011 年 5 月正式奠基兴建，2015 年 12 月开始试运行。馆内设有“平谷通史”“平谷民俗”“世纪阅报”“平谷规划”4 个常设陈列及 2 个临时展厅，是集收藏、保管、修复、展示，举办学术报告、科普宣传、文化交流于一体的综合性博物馆，全面展示平谷悠久的历史文化、光荣的革命传统、独具特色的民俗文化、自然地理以及各类艺术作品。

平谷区博物馆由清华设计院设计，主体建筑设计与西侧体育馆相呼应，形成拱形合抱的“门”式立面形象，宏伟的门式构图与柱廊相结合，象征着文体中心对市民的欢迎姿态，突出博物馆所在的平谷区门户地段的重要作用。

常设展览 · 馆藏精品

平谷区博物馆展览陈列以平谷地区出土文物及馆藏珍贵报刊为基本素材，共展出馆藏文物 1273 件（套）。全面展示了平谷悠久的历史文化、独具特色的民俗文化、自然地理和当代建设发展成果，为观众展开了一幅隽永绵长的平谷历史文化长卷。

基本陈列——平谷通史陈列

“泃河文明 辉煌平谷——平谷通史陈列展”以平谷地区地上、地下文物遗存，史书记载和目前历史研究成果为依据，采用复原场景、图表、雕塑、重点文物展示、影音播放等展示手法，全面展现平谷历史文化产生、发展、繁荣的历史进程。主要包括史前时期、商周时期、汉元时期、明清时期、近现代历史时期5个部分，共陈列平谷各个历史时期文物516件。

馆藏精品

双鱼纹铜镜

金代，1991年平谷师范院内墓葬出土，直径22厘米。青铜质，圆形，圆钮。主纹为双鱼戏水，两条鲤鱼头尾相衔，双鱼长背鳍，鳞鳍清晰，展鳍折尾，形象生动逼真。衬底布满水曲纹，浪花起伏，宛如两条活鱼随波逐流。此镜图案采用高浮雕手法，鱼的造型生动活泼，构图丰满，纹饰线条均匀精密，生动地再现了双鱼在水中畅游的场景。10世纪以后，相继崛起于北方草原上的契丹、女真、蒙古族分别建立辽、金、元王朝，建都幽燕之地。北京地处草原文化与

双鱼纹铜镜

中原文化交融汇聚的接合地带，平谷正是处于这交接地带的东端，自古以来就是南北经济文化交流的重要通道。平谷出土的金代双鱼纹铜镜，为研究金代平谷地区的政治、文化、经济提供了重要的实物资料。

基本陈列——世纪阅报馆

报刊是社会发展的缩影，在中国近现代史上，对社会的影响至为重要，然而报刊属时效性很强的读物，时过境迁后再难寻觅，

世纪阅报馆

尤其是百年前的报刊，如今都成了珍贵的文化遗产。世纪阅报馆展览采用重点文物展示、雕塑、多媒体演示等展示手法，全面展示康熙三年至中华人民共和国建设时期300年间的主流报刊及珍闻拾萃，内容包括政治、军事、经济、交通、宗教、艺术等多个领域。再现中国近现代社会发展史，展示中国新闻报业发展历程，主要包括清代报刊、民国报刊、抗战报刊、新中国报业4个部分，共展出各历史时期报刊原件348件。

馆藏精品

《新青年》

《新青年》杂志于1915年9月15日由陈独秀创刊于上海，初名为《青年杂志》，1916年9月1日出版的第2卷第1号易名为《新青年》。俄国十月革命后，《新青年》成为五四运动的号角，成为宣传马列主义、宣传反帝反封建思想的阵地。从1920年9月第8卷第1号起，《新青年》成为中国上海共产

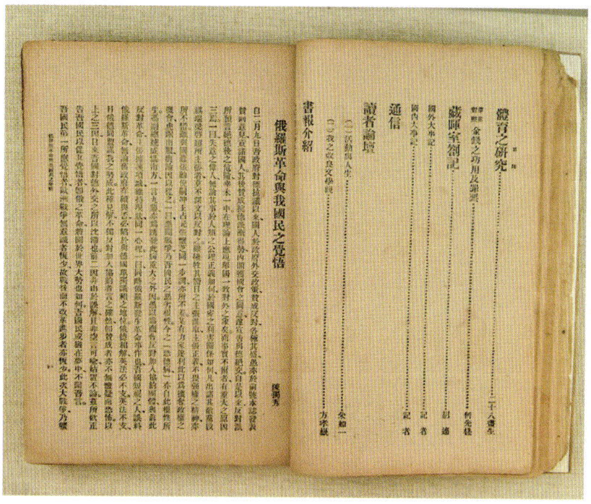

《新青年》

主义小组的机关刊物。1917年，经恩师杨昌济先生推荐青年毛泽东以“二十八画生”为笔名，在《新青年》杂志第3卷第2号上发表了他的著名体育论文——《体育之研究》。文章以近代科学的眼光，就体育的概念、目的、作用，以及体育与德育、智育的关系，体育锻炼的原则和方法等问题，均做了详尽的讨论。

参观攻略

地　　址： 北京市平谷区顺平路岳各庄桥西200米路北

咨询电话： 010-60953102、010-60953115

交通路线： 公交852、918、郊82、郊99、郊95、郊98、郊100、平12、平14、平15、平16、平17、平18、平19、平20、平34、平37、平6、平46、平53、平60、平61等平谷博物馆站

开放时间： 9：00—11：30（11：00停止入馆），14：00—17：00（16：30停止入馆），周一闭馆

门票价格： 免费参观。观众需提前通过微信公众号“北京文博”—“博物馆”—“参观预约”—搜索“平谷区博物馆”预约，按预约入馆时段进入场馆

清华大学艺术博物馆场馆

45 清华大学艺术博物馆

概　况

清华大学艺术博物馆依托清华大学美术、设计和人文学科，致力于促进艺术学科发展，加强艺术学科与理、工、人文等学科之间的交叉与融合，荟萃各类优质人文艺术资源，为培养创新人才和全民美育服务。

博物馆建筑由马里奥·博塔设计，总面积约3万平方米。现有藏品23 155件，得益于原中央工艺美术学院的珍藏以及艺术家、收藏家和社会贤达的慷慨捐赠，包括书画、织绣、陶瓷、家具、青铜器及综合艺术品六大类，其中不乏历代名家精品力作。

艺术博物馆承载着几代清华人的梦想，以传承和弘扬中华优秀文化与艺术为己任，历经数年筹备、建设，于2016年9月正式对公众开放。博物馆以“彰显人文、荟萃艺术，精品展藏、学术研究，内外交流、资讯传播，涵养新风、化育菁华”为方针，秉持“为清华艺术教育、通识教育及全民美育服务”的使命和“中国最好、世界一流的大学博物馆”定位，成为广大师生和社会公众近距离接触中国乃至世界灿烂文明和经典艺术的重要场所，也成为北京市又一座风格独特的文化艺术殿堂。

2020年，清华大学艺术博物馆成为中国博物馆协会副理事长单位，并获评国家一级博物馆。

常设展览·馆藏精品

清华大学艺术博物馆藏品分为书画、织绣、瓷器、家具、青铜及综合艺术品六大类，目前有馆藏常设展3个，分别是“清华藏珍·随方制象”“清华藏珍·丝绣华章”“水木湛清华：中国绘画中的自然”，分别呈现了家具之精致、织绣之华美及绘画之神韵。

常设展览——“清华藏珍·随方制象”

清华大学艺术博物馆家具收藏时代自明至近现代，数量虽不庞大，但精品颇多。览从馆藏家具中精选41组件，以黄花梨、紫檀、溷鹈木等优质硬木为主，就种类来说，大部分是承具和坐具，也有少量的庋具类家具。展览中的家具精彩纷呈，各具神韵，生动地体现了古典家具“随方制象，各有所宜”的设计原则。

馆藏精品

榉木矮南官帽椅

明，长77.8厘米，宽75厘米，高46厘米，座高31厘米。此椅形制独特，较为罕见。王世襄先生在《明式家具研究》中考订“很可能是寺院禅椅，专供趺坐而制”，而禅椅到了明代已逐渐进入文人生活。

榉木矮南官帽椅

黄花梨四面平条桌

明，长143.6厘米，宽42厘米，高79.2厘米。这件四面平条桌是四面齐形制中最雅致的一种形式，造型简练，无复杂装饰，质朴平淡，最能体现明式家具的结构特点。半个多世纪以来，明式家具的传世精品已分散于世界各地的公私收藏，这件四面平条桌已成个中精品。

黄花梨四面平条桌

常设展览——“清华藏珍·丝绣华章”

该展从馆藏数千件织绣品中，精心甄选明清时期代表性织绣品百余件（套），涉及织物、成衣配饰和鉴赏品三大类，分别由“丝彩织成”“华服美饰”“绣绛画意”3个单元进行展示。

馆藏精品

丝织无量寿尊佛图

清乾隆，外尺寸：纵692厘米，横344厘米；内尺寸：纵434厘米，横280厘米。画面题材为“三世佛”，构图由上至下分为5个部分。第一层为日月高照，第二层为天宫伎乐，第三层为主体的三世佛，第四层为十八罗汉和四大天王，最下层为祥云普照。上有“乾隆御览之宝”朱文方印。中

丝织无量寿尊佛图

有“乾”“隆”连珠朱文印。“三希堂精鉴玺”“宜子孙”“乾隆鉴赏”“秘殿珠林”诸印。此作幅面阔大恢宏，为清乾隆朝的巅峰巨制。

蓝缎地平金银绣花卉纹云肩

清，长 33 厘米，宽 27.5 厘米。此云肩采用平金银绣法绣花卉纹，造型颇为有趣，先以盘金绣法绣八朵如意云头，指向八方；又在蓝色缎地上绣折枝花卉，如山茶、海

蓝缎地平金银绣花卉纹云肩

棠、菊花、莲花等，绣作整体造型丰富，针脚细密，所用金银线熠熠生辉。

常设展览——“水木湛清华：中国绘画中的自然”

“水木湛清华：中国绘画中的自然”是以古代精品绘画为基础举办的展览。“水木湛清华”，典出东晋谢混《游西池》诗，“景昃鸣禽集，水木湛清华”，它既道出“清华”之所得名，也是对本次展览主题的诗意揭示。分别由澄怀观道、心师造化、林泉高致、闲情偶寄、托物寄兴、唱和有应、与古为徒 7 个单元进行展示。

馆藏精品

松荫论道图

明，陈洪绶，纵 197 厘米，横 95 厘米，立轴，纸本设色。画中表现两位高士坐于石桌前观看张果老倒骑驴的场景。《明皇杂录》载：“果乘一白驴，日行数万里，休则折叠之，其厚如纸，置于巾箱中，乘则以水噀之。”画面中白驴与文献记载相符。结合画面中的灵芝、珊瑚、蟠桃、菊花等，可知此图当与重阳节或祝寿有关。画面由一株苍柏撑起，树下两位文士和侍者都目不转睛地看着

倒骑驴的张果老，与陈洪绶所代表的晚明狂士精神一致。画面背景中年老的侍者面部皱纹造型夸张，彰显出陈洪绶独特的艺术风格。

陈洪绶《松荫论道图》

洞庭风浪图

明，袁尚统，纵 195.1 厘米，横 82.7 厘米，立轴，纸本设色。

袁尚统自述“仿李晞古笔”，山石皴法运用了斧劈皴，带有明显的李唐风格。整幅画面撼人心魄，表现了洞庭湖的波涛汹涌，船工与风浪搏击。

袁尚统《洞庭风浪图》

参观攻略

地　　址：北京市海淀区清华大学校内东侧，建议导航“清华大学艺术博物馆专用通道”

咨询电话：010–62781012

交通路线：公交 549 路大石桥南站，450、355、438、392、466 路西王庄站口，508、307、331、375、562、630、86 路五道口站；地铁 15 号线清华东路西口站，13 号线五道口站

开放时间：预约参观，每周二至周日 9：00—17：00（16：30 停止入馆，16：00 停止办理会员手续），每周一闭馆（法定节假日除外）

门票价格：清华师生持校园卡免费参观；社会观众需购买普通门票或特展门票（含普展），优惠政策详见官网

注意事项：校内师生可从清华艺博“校内师生参观通道”入馆，校外观众请从清华艺博东侧“艺博专用通道”步行进校入馆

46 上宅文化陈列馆

概　况

上宅文化陈列馆是我国第一所以考古学文化命名的专题陈列馆，也是北京地区第一座新石器文化陈列馆。1987 年 10 月动工兴建，1989 年 9 月 27 日作为向国庆 40 周年献礼项目对外开放。1999 年 4 月，上宅文化陈列馆被平谷县委、县政府命名为“平谷县爱国主义教育基地”。2001 年 12 月，上宅文化陈列馆被北京市人民政府命名为“北京市爱国主义教育基地”。

上宅文化陈列馆，由原北京市文物局古建园林设计室设计，全馆占地面积 8500 平方米，建筑面积 1284 平方米，展厅面积 907 平方米。陈列馆的大门为牌坊式，门楣上悬挂着由上宅文化典型器物鸟首形陶柱、石磨盘、石磨棒和一株禾苗等组成的馆徽，镶嵌着黑色花岗岩横题，上面镌刻着著名考古学家苏秉琦先生所题馆名——“上宅文化陈列馆”。其主体建筑依据先民居住的半地穴式马架子窝棚设计建造，以天然河卵石砌筑虎皮墙体，线条简练，造型别致，古朴典雅。

上宅文化陈列馆每年都接待大批海内外专家、学者和游人考察参观。随着研究的不断深入，上宅文化将越来越显示出其独具的特征和内涵。正如侯仁之教授所指出的：“西有周口店龙骨山，东有上宅，东西文化遥相辉映，珠联璧合，填补了北京史的空白。”

常设展览 · 馆藏精品

上宅文化陈列馆的展览主要为上宅文化专题陈列。展览从遗址概貌、生产生活、审美情趣、文化溯源几个方面全面展示上宅文

上宅文化专题陈列

陶塑猪头

化及周围环境考古的科研成果，再现平谷地区的远古文化。展览分为文明曙光、先民智慧、美的追求、探索上宅4个部分。共展出新石器时期生产工具、生活用品、装饰艺术品、“图腾崇拜”的祭祀用品等石器、陶器236件。生产工具，主要是打制、琢制、磨制、压削的大型石器和一些细石器，有石斧、石凿、石锛、盘状磨石、石磨盘、石磨棒以及单面起脊斧状器、砧石和石球。生活用具，主要有深腹罐、钵、碗、杯、勺、器盖等。装饰艺术品有陶塑猪头、陶羊头、陶熊头形饰、空心陶球、小石猴、小石龟、耳铛形器等。除此之外，还有表明先民“图腾崇拜”的祭祀用具：鸟首支架形陶器、鸟首形陶柱和鸟首镂空器。

馆藏精品

陶塑猪头

新石器时代（距今7500—6000年），残长8.6厘米，宽4.3厘米。上宅遗址出土。造型瘦长，双耳后背，拱嘴前伸，两侧刻画獠牙一对，栩栩如生。在新石器时代，中国原始雕塑艺术的初创、发展、融合3个阶段中，处于初创期的上宅文化遗址出土了数量较多、造型多样的石质、陶质雕塑品、带纹饰陶器。丰富的雕塑作品和带有纹饰的陶器，是上宅文化独特的艺术符号。其中陶塑猪头是我国出土年代较早且造型最精真的一件艺术品。

石磨盘、石磨棒

新石器时代（距今7500—6000年），石磨盘长22厘米、宽11.8厘米、厚4.7厘米，石磨棒长19.8厘米、宽7厘米、厚6厘米，1985年上宅遗址出土。石磨盘和石磨棒，是人类使用最早、延续时间很长、流传范围较广的加工工具。经过对磨盘上残存物质进行科学分析，证实7000多年前平谷地区就已种植粟、黍等农作物，平谷先民们

石磨盘、石磨棒

已开始原始农业生产，过着农耕、采集与渔猎并存的生活。与旧石器时期的石器相比，新石器时期的石器在经过更为复杂的磨制工序之后，器形更加规整和多样，功能也更加丰富。

小石猴

新石器时代（距今7500—6000年），长3.1厘米、宽1.4厘米、厚1.3厘米，黑色滑石质，是上宅文化遗址出土的装饰艺术品。它造型准确，神态生动，手法古朴。头部刻画得十分具体，眼睛、眉毛、耳朵、鼻子都特别形象，肩部有一横向穿孔，而整个身体却一反头部的具体形象，通过奇特的想象进行了大胆的概括，做成了蝉形，使这件作品更加奇特、生动。小石猴是我国迄今发现的最古老、最逼真的石雕之一。

小石猴

参观攻略

地　　址：北京市平谷区金海湖镇上宅村南

咨询电话：010–69991268

交通路线：公交852、918路平谷总站下车，换乘29路至金海湖

开放时间：9：00—16：00，周一闭馆

门票价格：免费参观

47 双清别墅

概 况

双清别墅位于香山公园内南麓，为一处环境清幽的院落。1949 年 3 月 25 日，毛泽东率中共中央机关和中国人民解放军总部进驻北京香山。北京香山是我们党领导解放战争走向全国胜利、新民主主义革命取得伟大胜利的总指挥部，是中国革命重心从农村转向城市的重要标志，在中国共产党历史、中华人民共和国历史上具有非常重要的地位。

在这里，毛泽东、朱德同志发布向全国进军的命令，吹响了“打过长江去，解放全中国”的伟大号角，中国人民解放军以摧枯拉朽之势向全国各地胜利大进军，彻底结束了国民党在大陆的统治。在这里，毛泽东同志发表了《论人民民主专政》，为新中国的建立奠定理论基础和政策基础。在这里，中共中央同各民主党派、各界人士共同筹备中国人民政治协商会议，制定通过了起到临时宪法作用的《中国人民政治协商会议共同纲领》，确定了中华人民共和国的国体和政体，制定了一系列基本政策，描绘了建立建设新中国的宏伟蓝图。

中共中央在香山办公居住期间，毛泽东同志在双清别墅办公居住，朱德、刘少奇、周恩来、任弼时同志在来青轩办公居住。此外还有中央警卫处、中共中央宣传部、中共中央图书馆、香山专用电话局、中共中央办公厅机要处等。双清别墅是全国爱国主义教育示范基地，是全国重点文物保护单位。

拓展音频

常设展览 · 馆藏精品

双清别墅有“毛泽东同志办公居住原状陈列展”、六角红亭、防空洞和主题图文展。

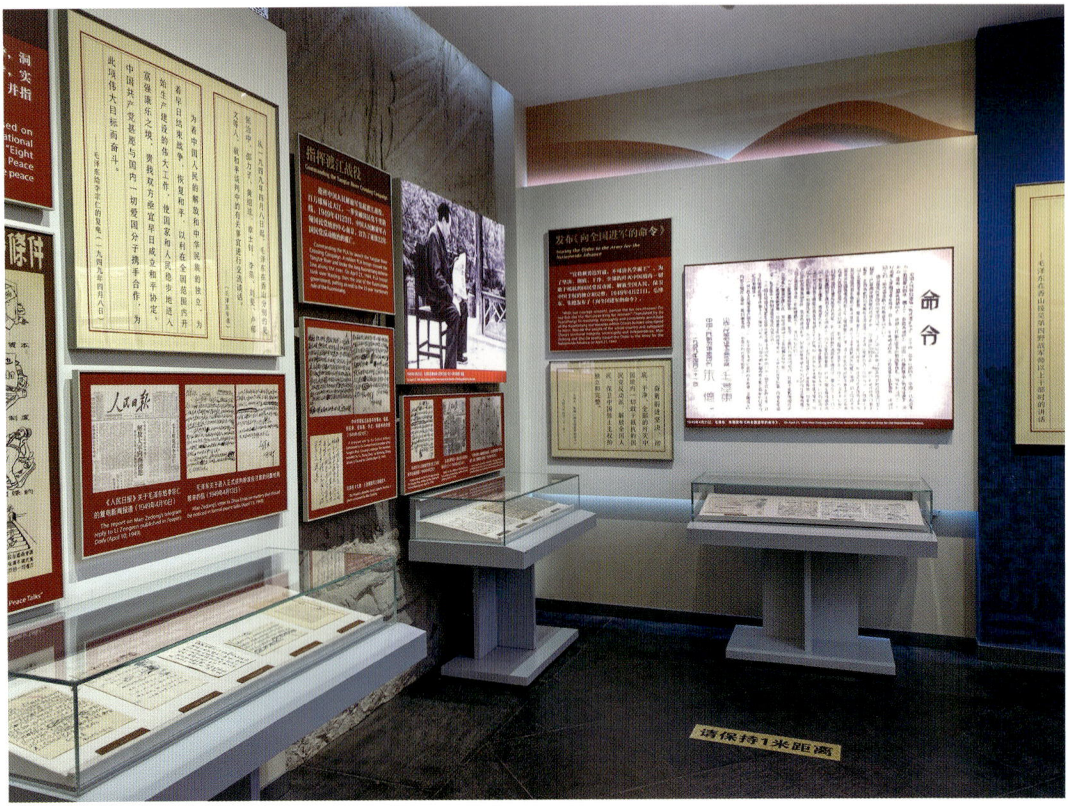

主题图文展

“毛泽东同志办公居住原状陈列展”是根据当年毛泽东同志身边工作人员叶子龙、李银桥等同志的回忆按照原状布置的。六角红亭位于院子中央，是双清别墅的标志性建筑。防空洞由中国人民解放军第四野战军第二团三营筑造，建于1949年3月15日，呈“U”字形，总长46.25米。主题图文展由“入住香山”“共商国是”“开国大典”“家国情怀”等部分构成，通过图文、影音的形式展现了毛泽东同志在香山办公居住期间的工作生活情况。

常设展览

“毛泽东同志办公居住原状陈列展”分为办公室、会议室/会客室、卧室和餐厅，内陈设办公桌、转椅、沙发、藤制书架等。

毛泽东同志会议室/会客室

馆藏精品

毛泽东同志办公桌

办公桌是毛泽东同志办公室中最重要的展品。桌子上的老式电话、台灯、笔墨等均根据当时原貌进行陈列。据回忆，当时秘书每天从各地送来的文件、电报等材料中选

毛泽东同志办公桌

重要的请毛主席阅示，厚厚的文件就摞在这张办公桌上。也是在这张办公桌上，毛主席先后撰写了《南京政府向何处去》《论人民民主专政》《丢掉幻想，准备斗争》《别了，司徒雷登》《为什么要讨论白皮书？》《“友谊”，还是侵略？》《唯心历史观的破产》等文章，挥毫写下《七律·人民解放军占领南京》《七律·和柳亚子先生》两篇脍炙人口的诗作。

参观攻略

地　　址： 北京市海淀区香山买卖街40号香山公园内

咨询电话： 010-62591222

交通路线： 公交318、360、698、932路，360路快车，563、563路区间香山站；地铁西郊线香山站

开放时间： 每天9：00—16：30（16：00停止进入），周一闭馆（法定节假日除外）

门票价格： 进入香山公园后免费参观

注意事项： 双清别墅、来青轩采取实名制预约参观，可提前1~7日在“香山公园”“香山公园服务号”微信公众号平台进行预约

铁道兵纪念馆序厅

48 铁道兵纪念馆

概 况

铁道兵纪念馆暨中国铁建展览馆，隶属中国铁道建筑集团有限公司（以下简称“中国铁建”），以大量历史图片和实物及现代化电子技术手段，全面展现了铁道兵35年的辉煌历程和中国铁建30多年的不凡业绩。铁道兵纪念馆暨中国铁建展览馆分为两层，建筑面积4800平方米，共有27个展厅，文物藏品9000多件（套）。铁道兵纪念馆是

中国铁建展览馆序厅

全国爱国主义教育示范基地、全国中小学生研学实践教育基地。

常设展览·馆藏精品

铁道兵纪念馆

铁道兵纪念馆包括解放战争时期展厅、抗美援朝时期展厅、社会主义建设时期展厅、军队全面建设时期展厅和告别军旗展厅。

解放战争时期，铁道兵部队喊着“野战军打到哪里，就把铁路修到哪里”，冒着解放战争的炮火，共抢修线路 1629 千米、桥梁 976 座，保证了辽沈战役、平津战役、渡江战役等解放大陆重大战役的铁路运输，为取得解放战争的伟大胜利和战后国民经济恢复发展做出了重大贡献。

抗美援朝时期，铁道部队入朝进行战地铁路保障时做出的重大贡献。志愿军铁道部队创建了“打不烂，炸不断的钢铁运输线”，使朝鲜铁路通车里程由铁道兵部队入朝时的 107 千米延长到 1382 千米。

社会主义建设时期，铁道兵从 1954 年到 1983 年底先后修建了黎湛、鹰厦、成昆、青藏等 52 条铁路干支线和北京地铁 1、2 号线，共建成铁路 12 590 多千米，被祖国人民誉为“铁道建设突击队”。同时，在建设林业、国防、抗震救灾等承担急、难、险、重任务中堪当大任。

军队全面建设时期，铁道兵始终牢固树立“劳动为荣、艰苦为荣、当铁道兵光荣”的“三荣”思想，出色地完成了中央军委赋予的各项任务。

告别军旗展厅：1984 年 1 月 1 日，铁道兵集体转业并入铁道部，近 15 万官兵脱下军装，走向市场。

馆藏精品

中国人民解放军铁道兵团纪念章

纪念章正面中央图案为中国地理版图，地图中央为步枪和锤头交叉，交叉点立着钢轨的截断面，左右图案为麦穗和红旗，顶部为八一五角星，底端有“中国人民解放军铁道兵团纪念章”字样，寓意铁道兵既是战斗部队，又是工程部队，战斗在祖国大地，是中国人民解放军中的一支特种部队。

1950 年 6 月 25 日，中国人民解放军铁道兵团发布了颁发“中国人民解放军铁道兵团纪念章”的命令。

中国人民解放军铁道兵团纪念章

成昆铁路通车纪念屏风

成昆铁路通车纪念屏风是 1970 年 7 月 1 日成昆铁路通车时，云南省革命委员会、昆明军区和四川省革命委员会、成都军区送

成昆铁路通车纪念屏风

给中国人民解放军铁道兵西南指挥部的通车贺礼，现陈列于社会主义建设时期展厅。

1964 年 8 月，党中央决定加快三线建设，毛泽东主席发出“成昆线要快修”的号召。成昆铁路全长 1083 公里，桥隧总长 433.7 公里，在当时生产力极度落后的条件下，铁道兵凭借钢钎和大锤贯通全线。1982 年，联合国宣布象征人类在 20 世纪征服大自然的三项伟大杰作，排在第一位的就是成昆铁路。

五五式铁道兵红领章

红领章上有铜质的铁道兵兵徽。1955 年 10 月 1 日至 1958 年 1 月 18 日，各级军官使用的领章上钉缀各自的军兵种专业勤务符号，以配合军衔肩章使用。

五五式铁道兵红领章

中国铁建展览馆

中国铁建展览馆分为发展篇、力量篇、业绩篇、责任篇和未来篇，共 22 个展厅。包括青藏铁路沉浸式体验厅、川藏铁路地下

CR400BF（复兴号）动车组模拟驾驶系统（1∶1）

全景沙盘、桥梁全息投影、京华号盾构机模型等，体验感、互动感、科技感十足，再现了中国铁建在党的领导下，从1984年铁道兵集体转业，走向市场，至今在市场中搏击、在改革中奋进的峥嵘历程，特别是进入新时代后取得的辉煌成就，诠释了中国铁建积极履行社会责任、展现央企担当的使命风范。

馆藏精品

CR400BF（复兴号）动车组模拟驾驶系统（1:1）

模拟驾系统按照实际驾驶操作系统和操控程序设置，采用120度环幕的前向视景与客室侧窗景象一体化同步显示，模拟复兴号动车组运行时速最高可达350千米，给体验者以真实感受。

国产最大盾构机“京华号”模型

2020年9月27日，公司自主研制的国产最大直径16.07米盾构机“京华号”下线，应用于北京东六环改造工程。2021年5月28日，习近平总书记在两院院士大会上指出“最大直径盾构机顺利始发”。2021年10月，“京华号”模型亮相“十三五”科技成就展，接受党和国家领导人检阅，现陈列于业绩篇展厅。

高速铁路千吨级梁运架成套装备

高速铁路千吨级梁运架成套装备，包含搬提运架四套装备及信息化系统。该套装备

高速铁路千吨级梁运架成套装备

国产最大盾构机“京华号”模型

解决了运梁过隧、隧道口架梁等重大技术难题，攻克了中国400千米时速轮轨交通建设核心技术中的“卡脖子”环节，具有复杂工况适应性强、智能化程度高等特点。其中，“昆仑号”为世界首台千吨级架桥一体机，于2020年6月正式投用，完成了我国首条跨海高铁福厦高铁湄洲湾跨海大桥的架设任务。

参观攻略

地　　址： 北京市海淀区复兴路40号中国铁建大厦B座5~6层

咨询电话： 010-52688237、010-52688420

交通路线： 公交370、436、76路，941路快车玉泉路口东站；338、452、507、644、941、78、389、979、专11、481、610、354、472路玉泉路口南站。地铁1号线玉泉路站C口

开放时间： 周二至周五9：00—11：30，14：00—16：30

门票价格： 免费参观

恭王府博物馆狮子院

49 文化和旅游部恭王府博物馆

概　况

恭王府博物馆隶属于中华人民共和国文化和旅游部，是建立在恭王府遗址基础上，以王府历史文化为研究、展示、传播核心的社区博物馆。1982 年被列入全国重点文物保护单位，2012 年晋级国家 AAAAA 级旅游景区，2017 年被评为国家一级博物馆。

恭王府博物馆作为北京保存最完整且唯一对社会开放的清代王府建筑群，具有珍贵的历史文化价值。此府始建于乾隆四十五年（1780 年），大学士和珅奉旨建十公主府。嘉庆四年（1799 年）被赐给庆王永璘，为庆王府。道光三十年（1850 年），咸丰皇帝将此府赐给恭亲王奕䜣，始称恭王府。

恭王府由府邸和花园两部分组成，总占地面积约 6.2 万平方米，其中府邸占地约 3.3 万平方米，花园占地约 2.9 万平方米。

府邸为三路五进院落，建筑形制多样，恢宏与小巧并举，室内空间丰富灵活，独具匠心，融汇了清代官式与民间、北方与南方建筑的精华，是中国清代古建筑中的珍贵遗存。花园原名朗润园，民国时期更名为萃锦园，内有园林景观 44 处，糅合了皇家园林与文人园林的营造手法，富丽与雅致并存，是清代王公府园的典范。后罩楼、西洋门、大戏楼和福字碑堪称“三绝一宝”。

恭王府博物馆藏品总数 4 万余件，馆藏文物品类丰富、特色鲜明，体量均衡，展陈效果与恭王府本身文脉极相契合。

恭王府博物馆方塘水榭

常设展览

恭王府博物馆的常设展览包括基本陈列、原状陈列、复原陈列和准复原陈列、专题陈列四大类型，构成了定位清晰、特色鲜明的展陈体系。其中，基本陈列为清代王府文化展；原状陈列锡晋斋正殿展现和珅时期楠木内檐装修；依照历史文献及老照片完成的复原陈列多福轩正殿王府客厅及后罩楼佛楼再现恭王府时期面貌。专题陈列内容丰富且与恭王府自身历史、文化和建筑艺术价值密切相关，包括清代王府文化展、恭王府历史沿革展、恭王府博物馆馆史展、《红楼梦》与恭王府展、恭王府宗教生活展等10项。

清代王府文化展

“清代王府文化展”位于恭王府中路银安殿。展览共分三大部分：第一部分为“清代的封爵制度”，第二部分为“王府的建筑和规制”，第三部分为“身系国家的大清王公”，让观众从封爵制度、王府和王公的政治、军事、外交作用来初步了解清代王府的历史文化。

恭王府历史沿革展

展览分为“和珅”“恭亲王奕䜣”“私属皇室宅园”“公共文化空间”四部分，全面介绍恭王府曾经作为和珅宅、和孝公主府、庆王府、恭王府、辅仁大学和现代文化空间的历史沿革情况。

恭王府始建于清乾隆年间，是现存清代王府中唯一保留原有建制，未经大规模拆改破坏的一座。其历代主人和使用者中，有乾隆朝大学士和珅、晚清政坛风云人物恭亲王奕䜣，民国年间教会创办的辅仁大学等。这座建筑见证了中国最后一个封建王朝的鼎盛，及其一步步走向衰败直至灭亡的全过程。中华人民共和国成立后，曾先后作为北京艺术学院、中国艺术研究院、中国音乐学院等单位的教学和办公场所。

恭王府博物馆馆史展

恭王府博物馆馆史展在葆光室东西两个配殿分别讲述恭王府博物馆的历史进程与业

葆光室东西配殿展厅（摄影：关欣）

务建设，是公众了解恭王府240年历史脉络的窗口，也是展示恭王府博物馆从修缮队到国家一级博物馆近40年筚路蓝缕奋斗历程的平台。

全面开放以来，恭王府的工作从之前单一的旅游经营、古建修缮转向以业务建设和公共服务为核心的全面事业发展，实现了从公园到博物馆、旅游景区到文化空间、经营开放到公共服务的三大转变，走出了一条具有恭王府特色的博物馆之路。

《红楼梦》与恭王府

《红楼梦》是中国传统文化的优秀代表，在世界文学史上占有重要地位。曹雪芹在《红楼梦》中所描绘的荣宁二府及大观园，引起了诸多读者的探索兴趣。恭王府是我国现今保存最完好的王府，与《红楼梦》渊源甚深，红学新时期以来，更成为《红楼梦》研究的“重镇”。

一个是“名著”，一个是“名府”，二者竟有着深远而微妙的关系。展览分为“曹家与北京王府”“《红楼梦》与恭王府”“大观园‘原型’之谜”三大板块，通过大量翔实、有趣的文献和文物资料，向大家述说一段不寻常的历史与文学的渊源。

拓展阅读

清康熙郎窑红荸荠瓶

高39.3厘米，口径10厘米，足径13厘米。此瓶造型尊贵典雅、稳定古朴。瓶撇口，粗长颈、扁圆腹、圈足，因状如荸荠而得名。瓶内壁和圈足均施白釉，外壁通体

清康熙郎窑红荸荠瓶

施红釉，且属于施釉较薄的单层釉。釉面光亮，开有细纹片，釉色浅淡。由于施釉较薄，器口边沿处的釉面在高温熔融下有垂流现象，使器口显露胎骨，并使上半部为浅红色，下半部积釉色浓，釉色稍厚匀净，器身垂流多不会过底足旋削线，底足为二层台圈足，足端平切，棱角略圆。圈足内白釉泛黄且开有细碎纹片，俗称“米汤底”。底部无款。

这种类型的瓷器最早出现于清康熙年间，由当时江西巡抚兼景德镇督窑官郎廷极仿照明代永乐、宣德时期的祭红瓷器所创烧。

苍龙教子翡翠盖瓶

高19厘米，宽7.6厘米。此瓶为翡翠质地，扁瓶形，瓶上有盖，盖顶盘龙，盖面饰灵芝纹。瓶颈浅雕蕉叶纹。颈肩处有灵芝形双耳，内有活环。瓶身主题纹饰为一条凶猛的龙在滚动的云层中穿梭，转过身来面对下面的小龙。瓶身运用深浅不一的雕刻方

苍龙教子翡翠盖瓶

式，令纹饰巧妙地重叠、穿插，生动有力地呈现出泱泱大国皇家苍龙教子一同成就天下霸业的景象。

苍龙教子为中国传统装饰图案之一。宋元以降，此题材便常出现于各式器物中，采用大龙在上、小龙在下的构图，有望子成龙、教育后代早日成材之意。

白玉鸟形对盒（一对）

玉盒每只约长 15.2 厘米，高 8.2 厘米，为和阗玉质地，白如凝脂。双鸟昂首直立，口衔多头灵芝，灵芝上分别镶嵌玫瑰石英和翡翠。盒盖由鸟的上半身构成，包括头和尾；盒底呈卵形圆碗状，羽毛和藏在身下的鸟爪雕刻极为精细。玉鸟形象应来源于北京地区常见的斑鸠，整体造型栩栩如生。玉雕下有形似鸟巢的木座承载。

拓展音频

鸠鸟象征长寿，《后汉书·礼仪志》记载：“年七十者，授之以玉杖，端以鸠鸟为饰，鸠者不噎之鸟，欲老人不噎也。”玉鸟口衔灵芝更显灵异，寓意长寿吉祥。

以上三件文物均曾收录于《纽育（纽约）一九一三年 AAA 恭亲王竞卖》图录中，为恭王府旧藏。

参观攻略

地　　址：北京市西城区前海西街 17 号

咨询电话：010-83288149

交通路线：公交 3、4、13、42、107、111、118、612 路或观光 3 线北海北门站；地铁 6 号线北海北站 B 口出

开放时间：8：30—17：00（16：10 停止检票）

门票价格：40 元 / 人

注意事项：

1. 除法定节假日外，恭王府博物馆周一全天闭馆。

2. 恭王府博物馆周边地区停车位极为有限，建议选择公共交通出行。

3. 恭王府博物馆观众服务中心设在 1 号门内东侧，为前来参观游客提供信息咨询、行李寄存和轮椅拐杖等便民服务。

4. 恭王府博物馆针对未成年人、老年人等不同观众群体实行门票优惠政策，详情可见恭王府博物馆官方网站。

西藏文化博物馆外景

50 西藏文化博物馆

概　况

西藏文化博物馆全称为中国藏学研究中心西藏文化博物馆，为部委及行业综合性博物馆。2007年由中央政府投资兴建，2010年3月28日正式对外免费开放，2019年1月1日起全年（周一除外）对外免费开放，2020年被国家文物局评为国家二级国有博物馆。西藏文化博物馆以研究、收藏、保护、展示青藏高原人类活动见证物和中央治理西藏见证物为职责，是承载西藏历史文化的重要殿堂，是国际学术交流、合作办展的重要场所，也是北京市爱国主义教育基地、北京市民族团结进步教育基地和国家AAA级旅游景区。

西藏文化博物馆拥有藏品3万余件，分为历史典藏、文化典藏、民俗器物典藏等系列。其中，国家一级文物304件（套）、二级文物534件（套）、三级文物376件（套）。这些藏品既是保护西藏文化的见证物，也是自13世纪以来中央政权行使对西藏行政管辖的物证，具有高度的历史价值、科学价值和艺术价值。

常设展览 · 馆藏精品

西藏文化博物馆的展览包括专题展览和临时展览两大系列。专题展览原则是以层次高、看得懂、喜欢看为准则，利用小展厅办大展，与西藏文化保护与发展协会建立战略合作伙伴关系，依托中国藏学研究中心实力雄厚的学术研究队伍，主办、承办、合办了一系列主题鲜明的展览。

专题馆——“丰功伟业——庆祝西藏和平解放70周年特展”馆

“丰功伟业——庆祝西藏和平解放70周

年特展”馆从馆内遴选约 70 件（套）展品，用文物和史实说明西藏自古以来就是中国不可分割的一部分，全面展示西藏从黑暗走向光明的光辉历程，多方位展现 70 年来西藏在政治、经济、社会、文化和生态文明建设等方面取得的辉煌历史成就。

馆藏精品

梵文贝叶经《八千颂般若波罗蜜多经》

梵文贝叶经是书写在贝多罗树叶（属棕榈科，产地主要在南方，以印度、斯里兰卡、缅甸、中国西南地区为多）上的梵文经典，来源于古印度。经文涉及佛教、古印度文化等相关领域内容，具有极高的历史文化价值和学术研究价值。由于战乱、气候、保存方式的原因，世界现存贝叶经数量稀少，我国是保存贝叶经较多的国家之一。由于西藏具有得天独厚的地理环境和干燥的气候条件，非常适宜贝叶经的存放，再加上佛教僧人把梵文贝叶经作为佛教法宝加以保护，因此贝叶经在西藏地区较多。贝叶经不仅是宝贵的历史文物，也是研究佛教教义、印度哲学和历史文化等的重要参考资料。2006 年，我国全面启动对西藏贝叶经的普查、保护、收集、整理和研究工程。

《中央人民政府和西藏地方政府关于和平解放西藏办法的协议》汉、藏文本（1951 年）

1951 年 5 月 23 日，中华人民共和国中央人民政府代表和西藏地方政府代表在北京签订《中央人民政府和西藏地方政府关于和平解放西藏办法的协议》(以下简称《十七条协议》)。在协议上签字的有：中央人民政府全权代表、首席代表李维汉，代表张经武、张国华、孙志远；西藏地方政府全权代表、首席代表阿沛·阿旺晋美，代表凯墨·索安旺堆、土丹旦达、土登列门、桑颇·登增顿珠。《十七条协议》的主要内容是“西藏人民团结起来，驱逐帝国主义侵略势力出西藏，西藏人民回到中华人民共和国祖国大家庭中来。西藏地方政府积极协助人民解放军进入西藏，巩固国防……”《十七条协议》的正式签订，宣告西藏和平解放。

《十七条协议》维护了中国的国家主权、领土的完整，促进了民族团结和西藏地方内

梵文贝叶经《八千颂般若波罗蜜多经》

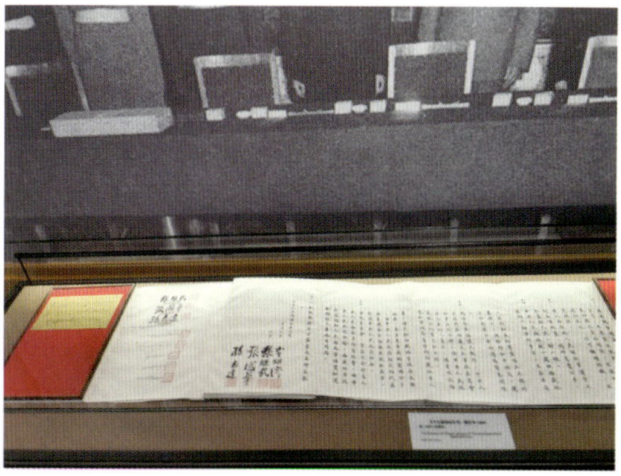

《中央人民政府和西藏地方政府关于和平解放西藏办法的协议》汉、藏文本（1951 年）

部的团结，为西藏今后的发展奠定了坚实的法律基础。也正如《十七条协议》中所指出的，“西藏民族是中国境内具有悠久历史的民族之一，与其他许多民族一样，在伟大祖国的创造与发展过程中，尽了自己的光荣的责任”。

专题馆——“藏传佛教活佛转世专题展”馆

“藏传佛教活佛转世专题展”馆从馆内遴选百余件（套），展示介绍了活佛转世的历史演变，达赖喇嘛和班禅额尔德尼两大活佛系统的转世情况，活佛转世的产生、发展、规范以及当代活佛的转世情况。

馆藏精品

金奔巴瓶

金奔巴瓶

金奔巴瓶即金瓶，奔巴是藏语“瓶”的意思，于乾隆五十七年（1792 年）由乾隆皇帝亲自督制并颁赐。所造金瓶共有两个，分别设于拉萨大昭寺与北京雍和宫。金瓶用于藏传佛教各大活佛转世灵童的掣签认定，大昭寺的金瓶主要用于西藏地区各大活佛转世灵童的掣签，雍和宫的金瓶则用于四川、青海、甘肃、蒙古各部和驻京各大活佛转世灵童的掣签。1793 年，清朝中央政府依据《钦定藏内善后章程二十九条》确定金瓶掣签制度。

金瓶主要由盖、身及象牙签三部分构成。瓶身镌刻如意云纹、十相自在、莲瓣纹作为主纹图案，瓶盖顶部镶嵌有白玉、松石、蜜蜡、珊瑚等珍贵装饰物。金瓶整体巧妙地将汉地和藏地艺术结合在一起，并赋予更多吉祥和睦的寓意。

参观攻略

地　　址：北京市朝阳区北四环东路 131 号

咨询电话：010-64935128

交通路线：公交 379、386、400、406、407、408、419、490、613、658 路安慧桥东站；地铁 5 号线惠新西街北口站 A 口

开放时间：9：00—17：00（16：30 停止入馆），周一闭馆

门票价格：免费参观

香山革命纪念馆正门

51 香山革命纪念馆

概　况

香山革命纪念馆位于香山脚下，是集中展示香山革命历史的重要场馆，传承弘扬首都红色文化的重要抓手，加强爱国主义教育和革命传统教育的重要载体。2019 年 9 月 12 日，习近平总书记视察香山革命纪念地，在参观“为新中国奠基——中共中央在香山”基本陈列后发表重要讲话，强调要以“赶考”的清醒和坚定答好新时代的答卷。9 月 13 日，香山革命纪念馆正式对外开放，主体建筑获得中国建设工程鲁班奖（国家优质工程），被媒体评为“北京新地标”，是全国爱国主义教育示范基地、全国关心下一代党史国史教育基地、北京市廉政教育基地等。2020 年，“为新中国奠基——中共中央在香山”基本陈列荣获“第十七届（2019 年度）全国博物馆十大陈列展览精品推介”特别奖。2021 年，“红色电波中的领袖风范——毛泽东同志香山时期发布电报手稿”专题展览入选中宣部、国家文物局公布的“庆祝中国共产党成立 100 周年精品展览推介名单”。2022 年 1 月，“百川归海 人民至上——香山时期中国共产党领导的协商建国实践专题展览”正式开幕。

常设展览 · 馆藏精品

香山革命纪念馆的展览包括基本陈列和专题展览两部分，形成了主题鲜明、史料充分、独具特色的展陈体系。

其中，基本陈列是香山革命纪念馆的常设展览，是全面展示香山革命历史的大型展览，展出了大量反映中国共产党领导全国各族人民解放全中国、建设新中国的政治、经济、文化、军事、外交等领域的相关文献和实物；专题展览是以专门题材和珍贵史料，讲述香山时期以毛泽东同志为主要代表的中国共产党人所具有的革命精神、优良作风、为民情怀、军事韬略、政治智慧等内容的独具特色的展览类型。

基本陈列——“为新中国奠基——中共中央在香山”

“为新中国奠基——中共中央在香山”基本陈列，是目前国内唯一全面展示中共中央进驻香山时期辉煌历史的大型展览。1949年3月25日，中共中央和毛泽东同志进驻香山。中共中央在香山期间指挥了举世闻名的渡江战役，吹响了“打过长江去，解放全中国”的伟大进军号角，毛泽东同志发表了《论人民民主专政》，中共中央同各民主党派、各界人士共同筹备中国人民政治协商会议，起草通过《中国人民政治协商会议共同纲领》，制定了新中国的一系列基本政策，描绘了建设新中国的宏伟蓝图。展览共分为5个部分、15个单元，展出图片800余张、文物1200余件（套），全景式展现了中共中央在香山继续指挥解放全中国、奠基新中国的辉煌历史，是学习香山革命历史、缅怀革命先辈、弘扬香山革命精神的生动教材。

馆藏精品

开国大典使用过的大红灯笼

开国大典前夕，为了布置天安门城楼，周恩来同志亲自选定了用8盏大红灯笼装扮天安门城楼的设计方案，认为既符合中国的民族文化风格，又能衬托开国大典庄重气派的氛围。8盏大红灯笼均采用生长3年左右、高3米多的毛竹及红士林布和松木制作而成，上下贴有金黄色的祥云图案，直径262

基本陈列序厅

开国大典使用过的大红灯笼

厘米，高 240 厘米，重约 80 公斤，堪称有史以来最大的灯笼。从 1949 年到 1994 年 40 余年的时间里，大红灯笼作为天安门城楼的重要装饰长期悬挂于城楼上方，是中华人民共和国诞生的重要见证，也是展示中华人民共和国历史的珍贵文物。香山革命纪念馆基本陈列展示的两盏开国大典使用过的大红灯笼，既是“镇馆之宝”，也是观众参观的重要驻足点。

专题展览——“百川归海 人民至上——香山时期中国共产党领导的协商建国实践专题展览”

展览全景式地展现了香山时期中国共产党以“海纳百川”的广阔胸怀，通过协商民主方式，形成了基础广泛的人民民主统一战线；各党派、各团体、各民族、各阶层、各界人民如“百川归海”一般，从四面八方汇聚到中国共产党的旗帜下，参政议政、建言献策。展览共分为 4 个部分，10 个单元，展出历史图片近 260 张，珍贵文物文献 310 余件（套），生动展现了以毛泽东同志为主要代表的中国共产党人在香山期间立党为公、执政为民，筹建人民当家作主的新中国

专题展览一隅

的光辉奋斗历程，是重温中国共产党人的初心使命、身临其境感受新中国筹备历史的生动教材。

馆藏精品

《论人民民主专政》

《论人民民主专政》发表于 1949 年 6 月 30 日，为纪念中国共产党成立 28 周年而作，是 1949 年毛泽东发表的唯一一篇署名文章。文章以人类进步的远景和共产党人的价值追求开篇，总结了中国共产党成立以来领导新民主主义革命的基本经验，回答了全国人民普遍关心的新中国的国体政体等问题，阐述了人民民主专政的基本思想，创造性地发展了马克思主义国家学说，与毛泽东在党的七

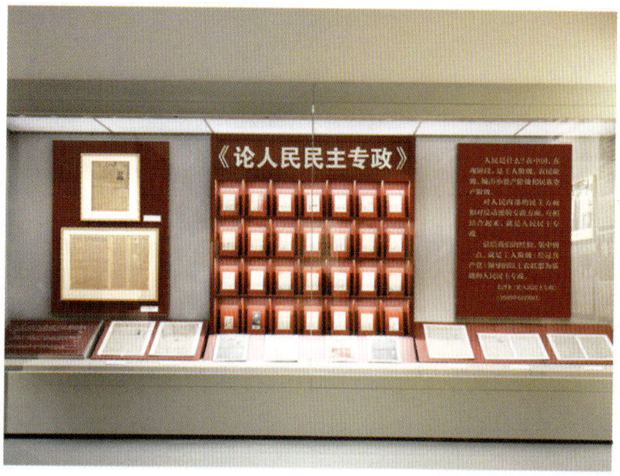

《论人民民主专政》专题展区

届二中全会上的报告一起，共同构成建立新中国的基石，成为中国人民政治协商会议第一届全体会议通过《中国人民政治协商会议共同纲领》的理论和政策基础。目前，香山革命纪念馆共藏有150多个版本的《论人民民主专政》单行本。

参观攻略

地　　址： 北京市海淀区红枫路1号院

咨询电话： 010-62720073、010-62720075

交通路线： 公交318路、360路、360路快车、563路、563路区间、698路、932路香山站；地铁西郊线香山站

开放时间： 9：00—16：30（16：00停止检票），周一例行闭馆（国家法定节假日照常开放）

门票价格： 免费参观

注意事项：

1. 香山革命纪念馆实行实名制分时段全预约参观，观众需通过官网或微信公众号“香山革命纪念馆”实名预约，预约成功后方可凭身份证入馆参观。

2. 中小学生、60岁以上老人、残疾人、现役军人无须预约，可携带本人相关有效证件（中小学生学生证、老年证、残疾证、军官证、士兵证），现场核验领票参观。

徐悲鸿纪念馆外景

52 徐悲鸿纪念馆

概　况

徐悲鸿纪念馆于 1954 年成立，是中华人民共和国第一座美术家个人纪念馆；2019 年 9 月完成改扩建，现位于北京市西城区新街口北大街 5 号。纪念馆总建筑面积 10 885 平方米，拥有现代化的文物保管、展览及公众服务的设备设施；展区共四层，设有基本陈列、临时展厅、报告厅及儿童活动区等。

1953 年，徐悲鸿逝世后，其夫人廖静文女士将徐悲鸿 1200 余幅遗作、1000 余幅收藏品和万余件珍贵的美术资料全部捐献给国家。1954 年，徐悲鸿纪念馆在其故居基础上建立。“悲鸿故居”匾额由周恩来总理亲笔题写，“徐悲鸿纪念馆”馆名由郭沫若先生亲笔题写。

徐悲鸿纪念馆是北京市爱国主义教育基地，每年接待大批国内外的观众。纪念馆每年也赴各地进行展览，宣传徐悲鸿的爱国精神、艺术思想及贡献。

常设展览・馆藏精品

徐悲鸿纪念馆展厅共设四层，一至三层为常设展览，第四层为临时展厅。展品种类覆盖了绘画、书法、印章、书信、照片、雕塑以及场景复原等多个方面。

徐悲鸿纪念馆展厅内景

常设展览——第一展厅

第一展厅位于纪念馆一层，主要展出了徐悲鸿生平资料、纪念馆历史沿革、徐悲鸿重要收藏品，以及故居复原场景、书信、画具用品等内容。

馆藏精品

《八十七神仙卷》

这是一幅水墨白描绢本，高30厘米，长292厘米。画作场面宏大，人物众多。线条变化自如，毫无生硬之感。画面人物结构比例精确，神态自然，构图巧妙宏大，线条圆润劲健。这与历史记载中的画圣吴道子画法极为相近。因此，徐悲鸿、张大千、谢稚柳等人都认为此画卷为晚唐遗珍。

画卷的来历要追溯至1937年。徐悲鸿偶然在一个德国人家里见到此画，深知画卷价值，便花高价买下，但这幅画卷在此之前的流传经历不得而知。

徐悲鸿对画卷爱不释手，亲自题写跋文，加盖“悲鸿生命”印章，认为它的艺术价值“足可颉颃欧洲最高贵名作”，能让这样一件国宝重新回到中国人手里是自己平生最快意之事。

画卷曾于抗日战争期间被盗，后再次被徐悲鸿重金买回，从此不离徐悲鸿身边，直至他病逝。其夫人廖静文女士将画卷捐赠后，画卷一直收藏在徐悲鸿纪念馆至今。

常设展览——第二展厅

第二展厅位于纪念馆二层，展览的主题为“民族与时代”，主要展出了徐悲鸿的主题性绘画作品，以及徐悲鸿在欧洲留学期间的作品。

馆藏精品

《田横五百士》

这是一幅油画作品，创作于1928—1930年。作品内容取材于《史记·田儋列

《八十七神仙卷》（局部）

《田横五百士》

传》。司马迁曾评价田横："田横之高节，宾客慕义而从横死，岂非至贤！"并在书中感叹："不无善画者，莫能图，何哉？"徐悲鸿被这个故事以及司马迁对此事的评论深深触动，于是耗时3年，完成了这幅作品。创作重点在于描绘田横和五百壮士的不屈精神，歌颂了"富贵不能淫，威武不能屈"的高风亮节。徐悲鸿借这一题材表达了自己对国家、民族现实的看法和呼吁。

在绘画手法上，作品既有西方绘画古典主义的坚实造型，又兼具浪漫主义的强烈动感，也有印象画派的光色关系，显示出徐悲鸿用西方写实美术技法表现中国历史人物的深厚功力。

拓展阅读

《奔马》

画于1941年，是徐悲鸿代表作之一。

《奔马》

在此幅画中，徐悲鸿突破传统画法，将中国传统绘画技法与西方画法相结合，马的身体比例准确，透视感强，前伸的双腿、高昂的马头和飞扬的鬃毛使画面看起来动态十足，似乎要冲破画面。

1941 年，中日第二次长沙会战开始，徐悲鸿十分关心国内战况，希望此次会战能取得胜利，所以创作这幅作品表达自己的心情。

参观攻略

地　　址：北京市西城区新街口北大街 5 号

咨询电话：010-62219899、010-62276936

交通路线：公交 22、47、88、409、508、143 路积水潭桥南站下，南行 100 米；105、111 路新街口西站下，北行约 600 米。地铁 2 号线积水潭站 F 口出，南行 150 米；地铁 4 号线新街口站 B 口出，东行 300 米左转，向北行约 500 米

开放时间：周二至周日 9：00—17：00（16：30 停止入馆），周一闭馆

门票价格：免费参观

注意事项：关注微信公众号“徐悲鸿纪念馆”预约参观

延庆博物馆外景

53 延庆博物馆

概　况

延庆博物馆自2004年开始规划建设，2008年正式对外开放，2016年实施升级改造工程，2018年恢复开放，现有3层空间、6个展区。全馆建筑面积逾6100平方米，展陈面积2700平方米，设有文物库藏区、社会教育区、业务科研区、行政办公区、综合服务区等，文物收藏、展览、修复、研究、教育、交流融为一体。

博物馆整个展陈以“长城内外是故乡”为主题，展出藏品近千件，珍贵图片600余幅，并全程佐以数字化互动展示系统。每年除常设展陈外还举办不少于4次的临时性展览，曾先后举办过延庆世园主题非遗展、延庆区红色文化展、延庆（海淀）冬奥主题非遗展等，全面展示了延庆的历史文化、地质文化、生态文化、民俗文化和当代建设发展成果。

延庆博物馆不仅是一座重要的文化设施，同时也是北京市爱国主义教育基地、德韵清风廉政教育基地、新时代文明实践基地和北京市科普基地。

常设展览・馆藏精品

延庆博物馆常设展览分为“延庆山川地貌展”“延庆通史陈列”“延庆民间风俗陈列”。“延庆山川地貌展”通过大型延庆山川地貌沙盘和两组相对的主题雕塑，展示了延庆山川地貌的基本特征和在古今历史中的特殊地位。“延庆通史陈列”以时间为线，展示了延庆悠久的历史和丰厚的文化底蕴。“延庆民间风俗陈列”借助珍贵民俗实物，展示了延庆人民的衣、食、住、行，并运用多种艺术表现形式，帮助我们探索古老而文明的延庆人民的生活轨迹。

常设展览——“延庆通史陈列”

“延庆通史陈列”一方面就延庆历史发展的主线进行了深入浅出的剖析，另一方面对学术界极为关注的考古发现成果进行了积极的创新展示。例如博物馆对春秋战国时期延庆山戎文化和素有“千古之谜”的人文遗址——古崖居进行了大量翔实阐释，将最具代表性的文物精心布展，并配以专题纪录片放映或景观展示。此外还展出大量革命文物和照片，再现了发生在妫川大地上的历史事件，讴歌了延庆人民英勇投身革命洪流的感人事迹和不屈不挠的战斗精神，展示了延庆社会主义革命建设和改革开放的辉煌成就。

馆藏精品

铜毗卢遮那佛造像

明，全高185厘米。该佛像为坐佛，是结跏趺坐中的吉祥坐，戴五佛冠。头部和身体比例合理，体态丰满。脸形浑圆饱满，方圆简洁适度，神态坚实，嘴角略为上挑呈“蒙娜丽莎”式微笑。佛像两眉间鼻梁上方有一代表智慧的凸起，眼帘稍微下垂，表现出安宁静谧的神态。衣纹线条流畅，吉祥坐出现了较明显的多圈半圆纹饰。莲座为多层盛开状仰莲瓣形的高莲座。

青铜铺首衔环耳钫

西汉，口径10.8厘米，高36厘米。出土于延庆镇西屯砖厂。方唇，长颈，肩部饰铺首衔环一对，腹部略鼓，方形足。器身刻有篆书文字。铭文：“□大官容□重十六斤八两少□家”。

钫是一种古代储酒器具，呈方口四曲棱形，青铜质。最大特征是钫上任何地方的横切面都呈方形。钫作为储酒器具主要流行于战国至秦汉时期。

铜毗卢遮那佛造像

青铜铺首衔环耳钫

青铜鹿形牌饰

东周，宽 4 厘米，高 3.2 厘米，龙庆峡玉皇庙文化墓地出土，三级文物。鹿头上扬，鹿角后仰，四蹄交错，呈现飞奔之态。制作精细，构思巧妙，显示出成熟的艺术才能和铸造水平。绿青铜鹿形牌饰锈斑驳，古意盎然。山戎人以狩猎放牧为生，装饰品主要是以大自然中现实存在的物体作为母题，通过艺术化的手法进行创作。该牌饰选用了鹿的形象进行加工创作，蕴含着山戎人的装饰理念和审美思想，具有一定的艺术价值，为我们复原山戎人生活习俗提供了实物资料；其精美的制作也在一定程度上反映了当时的青铜铸造水平，具有深远的历史价值。

山戎是中国春秋时期北方地区较强大的一支游牧部族，又称北戎。据史书记载，山戎部族以“射猎禽兽为生”，“随畜牧而转移”，经常联合侵犯中原，成为燕、齐诸国边患。公元前 664 年齐桓公兴兵救燕伐山戎，灭掉令支、孤竹山戎部族。约战国晚期，山戎逐渐销声匿迹。

青铜鹿形牌饰

参观攻略

- **地　　址：** 北京市延庆区妫水北街 24 号
- **咨询电话：** 010-69143788
- **交通路线：** 德胜门 919 路直达延庆区，换乘 Y6 路至妫水北街北站
- **开放时间：** 9：00—17：00
- **门票价格：** 免费参观
- **注意事项：** 除法定节假日外，延庆博物馆实行周一全天闭馆措施。参观需携带有效证件

阳早、寒春铜像

54 阳早寒春纪念馆

概　况

阳早寒春纪念馆位于北京市昌平区中国农机院北京农机试验站内，纪念馆以原机械工业部顾问，美国专家阳早、寒春故居为基础筹建，由故居、生平事迹展厅、信仰广场、缅怀广场、现代化养牛场等部分组成。馆内详尽记录了阳早、寒春为信仰而奋斗一生的艰苦革命历程，展示了两位老人为中国良种奶牛繁育和农牧业机械化所做出的卓越贡献，承载着为共产主义事业殚精竭虑、无私奉献的英伟精神，是共产国际的不朽丰碑。

阳早寒春纪念馆是北京市昌平区爱国主义教育基地、中国工合国际委员会国际主义教育基地、国机集团干部教育基地、中央财经大学思政课实训基地以及中国劳动关系学院干部实训基地。

常设展览·馆藏精品

阳早寒春纪念馆展览由阳早、寒春生平事迹展厅和故居两部分组成。生平事迹厅通过 136 张珍贵历史图片和 60 余件实物，展现了阳早寒春平凡而又伟大的一生。故居原状展示了阳早、寒春的生活和工作场所，表现了他们艰苦朴素的生活作风和严谨扎实的工作态度。

常设展览——阳早、寒春生平事迹展厅

阳早、寒春生平事迹展厅面积约 320 平方米，以“为信仰奋斗的一生”为主题，分为“来自中国的信仰召唤”“投身新中国建设的燃情岁月”“改革大潮中现代化牛场的先行者”“他们是这样的人”4 个主题篇章。

馆藏精品

阳早和寒春的结婚证书

1946年，阳早以联合国救济总署畜牧专家的身份来华，在度过了两年的艰苦岁月后，他早已爱上了这片朴素而又充满活力的革命热土。特别是当他亲自感受过“小米加步枪”的力量后，愈发坚定了自己的信仰。与此同时，同样受到感召的寒春于1948年动身前往中国。

1949年4月，在延安的窑洞里，阔别3年之久的阳早和寒春，终于再次重逢。淳朴的同志们热切地帮他们操办起了婚事，没听过《婚礼进行曲》，就唱《团结就是力量》，就这样为他们举办了一场简单而又热闹的婚礼。

这张手绘的结婚证书，是他们爱情与真理结合的最好证明，时任陕甘宁边区政府主席林伯渠还赠送了“爱情与真理的结合”的喜幛和一副“万里良缘，圣地花烛”的喜联。

祝福中，还有一幅来自他们好友的藏头诗，不仅是对他们新婚的祝贺，更是阳早、寒春这两个名字正式确立的由来：“阳台好梦两情长，早有宁馨喜弄璋。寒食清明刚到了，春风先送合欢香。”

常设展览——阳早、寒春故居

阳早、寒春故居是一排典型的老式联排平房，由7个房间组成，分别是客厅、书房、卧室、办公室、助手办公室、操作间和杂物间。其中，办公室和客厅是阳早和寒春二人除牛场以外经常工作的地方。到中国农机院北京农机试验站工作后，阳早和寒春还是始终保持着延安的生活作风，始终坚持“能穿就行，能用就行”的生活原则。屋顶漏雨了，他们也不舍得花钱修缮，家具陈设十分简朴陈旧，衣服也只有几件，破了就补补再穿，他们的床，是两张拼在一块的单人硬木板床。在这里，两位老人简朴地生活了30余年。故居整体于2007年重新修缮。

馆藏精品

寒春绘制的奶牛谱系图

阳早、寒春故居的工作台上摆放着一摞图册——奶牛谱系图。这是寒春亲自为每头刚出生的小乳牛绘制的“身份证照片”。

奶牛谱系图记录着奶牛的出生年月、性别、体重、父系、母系，极为详细。奶牛

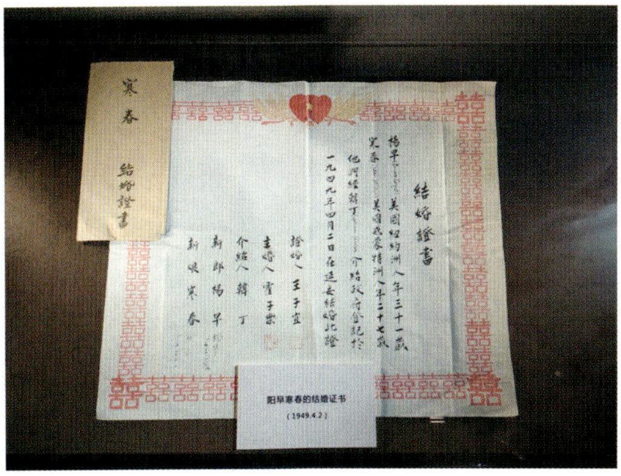

阳早和寒春的结婚证书

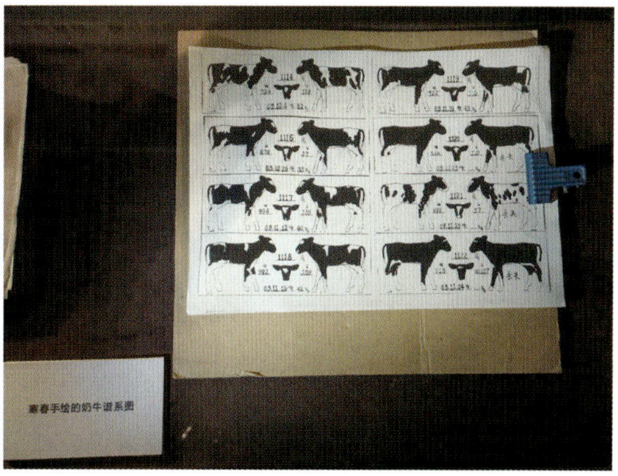

寒春绘制的奶牛谱系图

的花纹如同人的指纹，各不相同，给奶牛做“身份证照片”，目的是防止奶牛近亲繁殖，诞下有缺陷的奶牛。如果现在需要绘制此类图谱，可以由计算机来处理，但在当时，寒春全部都是自己手绘完成。像这样厚实的笔记本，寒春记录了有近百本。

可以说，如果没有阳早、寒春一丝不苟、兢兢业业、讲求实效的精神，在中国普及牛奶至少还要往后推10年。

“砖立”工作台

“砖立”工作台

阳早、寒春称自己的办公桌为“专利”，即用砖“立”起来的。他们对生活“低要求”，对工作却是“高标准”。改革开放初期，他们出国考察学习，40多天只借住朋友家，吃、穿、住、行非常节省。考察结束后，一行人只花了原经费的1/3，省下来的钱全被用来购买国外先进零部件带回中国。他们毫不犹豫用自己的外汇购买国内暂时没有研制成功的自动化监测、计量设备。

参观攻略

地　　址： 北京市昌平区沙河高教园区中国农机院北京农机试验站

咨询电话： 010–80761158

交通路线： 地铁昌平线沙河高教园站B口下车往南100米见金牛雕塑进院即到

开放时间： 9：00—17：00

注意事项： 纪念馆实行预约参观制度，预约参观请致电咨询、或关注公众号“阳春白雪”获取相关资讯

颐和园博物馆正门

55 颐和园博物馆

概 况

颐和园博物馆位于颐和园内文昌阁东侧，占地面积5661平方米，其中地上文物展厅1200平方米，采用现代化文物藏品库房与展馆相结合的博物馆模式，满足了博物馆陈列与文物管理的现代化要求，是目前国内园林系统中具有鲜明特色的皇家园林博物馆。该文物展馆自2000年9月1日对观众开放，日渐成为北京重要的文化场所之一。经过20余年运行，2021年9月28日，颐和园博物馆正式挂牌成立。颐和园博物馆成立后将进一步整合资源，推动颐和园文物工作向高质量发展迈进，更加融入行业发展，加强合作交流，提升可移动文物保护与利用水平。

颐和园博物馆文物藏品种类多、级别高、系统性强，时代上至商周，下迄民国，涵盖铜器、玉器、瓷器、木器、漆器、书画、古籍、珐琅、钟表、杂项等几乎中国传世文物的所有门类，现有近4万件可移动文物藏品，不乏国宝重器，是颐和园遗产价值的重要体现。这些馆藏文物大多为清代宫廷旧藏，来源于清漪园遗存、各宫苑调拨、慈禧万寿庆典特制及其寿礼，代表了清代皇家园林文物收藏及晚清工艺制作的最高水平。颐和园博物馆通过外国文物厅、瓷器厅、玉器厅、盆景厅的文物藏品常设陈列，以及专题临时展览等方式，深入挖掘园林文物背后的故事，让文物说话，让历史说话，让文化说话。同时，该馆展览也是推动首都文化高质量发展、提升市民文化获得感、幸福感的重要途径。

常设展览·馆藏精品

颐和园博物馆常设展览主要是结合颐和

颐和园博物馆主展厅外景

园文物特色设置的专题展览，与颐和园历史背景紧密联系，目前设置外国文物、瓷器、玉器、工艺盆景 4 个常设展厅。

常设展览——外国文物展厅

该展厅通过展出外国文物，展现出了颐和园作为紫禁城之外重要的政治、文化和外交中心所发挥的重要作用。颐和园藏外国文物皆为清宫旧藏，主要源于外国使臣进献、官方采办和万寿贺礼等，种类涉及钟表、化妆用具、乐器等，涵盖宫廷生活的各个方面，产地包括英国、法国、美国、德国、日本等国家，时代为 18 世纪至 20 世纪初。这些外国文物体现了当时东西洋科技及艺术的先进成果，反映了清朝中、晚期典型的宫廷风尚。

外国文物展厅内景

馆藏精品

英国铜镀金水法转花大象钟

18 世纪，长 76 厘米，宽 50 厘米，高 140 厘米。

此钟共分 3 层，顶部装饰花插，嵌各式彩色水钻的带状铜饰塑造成瓶子的造型，中

英国铜镀金水法转花大象钟

间嵌二针表盘，以罗马数字及阿拉伯数字进行标注；中部为铜镀金大象，装饰华丽，一印度人形象单膝跪于大象头顶，四周用水钻装饰有菠萝及旋转风车；底座以一圈红白水钻形成开光，内自开门绘有人物生活场景，从画中的内框中可看出门后藏有另一幅画；底座四角各饰有一少年，以4只铜镀金雄狮为底足，装饰华丽充满异域风情。此钟可奏乐，同时象眼、耳、鼻、尾均可活动，象身周围装饰亦可旋转。此钟表是颐和园该类文物的经典代表，具有18世纪英国钟表典型风格，装饰华丽，机械结构复杂，功能繁多，将科技与装饰艺术完美结合。

常设展览——瓷器展厅

该展厅通过展出慈禧相关瓷器，多角度反映出慈禧太后订烧瓷器的历史背景、制作工艺和艺术价值，以及同时期官窑瓷器的制作水平。颐和园作为慈禧“颐养冲和”而建的皇家御苑，藏有这一时期烧造的各种特色鲜明、色彩丰富、具有较高工艺水准的瓷器，代表着当时的宫廷风尚与时代风貌，反映了晚清时期以慈禧为代表的统治阶层的家国生活，折射出慈禧作为一位母亲、孀妇、太后和女统治者丰富的情感生活。

馆藏精品

“大雅斋”款绿地粉彩藤萝花鸟纹捧盒

清光绪，口径29.5厘米，底径20.5厘米，高22厘米。

该器圆形，盖面凸起，为上下子母口套合，圈足，胎体厚重，胎质洁白坚细，内施白釉，釉面光亮。釉色方面，以松石绿釉为底色，其上搭配各色纹饰，以体现柔美的女性特征；就纹饰而言，这件瓷盒绘紫藤、月季、画眉鸟等通景过墙纹样；从款识看，器身用矾红彩单行横书“大雅斋”楷书款识，其右并书“天地一家春”盘龙朱文篆书印文，篆体“天地一家春”5字的布局方式为“天”“地”“一”3字居右，“家”“春”2字居左。盒底红彩楷书

“大雅斋”款绿地粉彩藤萝花鸟纹捧盒

"永庆长春"吉语款。

大雅斋，原本是圆明园九州清晏内"天地一家春"中的一处斋室名称。"天地一家春"为圆明园四十景之一，慈禧太后进宫初期即居于此。此处是她与咸丰皇帝邂逅、承欢侍宴和留下许多美好的人生回忆的地方。此后慈禧太后以"大雅斋"为堂号，定制大雅斋瓷器，为其御用之瓷，以物托思。这批瓷器于同治十三年（1874年）开始订烧，光绪元年、二年（1875年、1876年）陆续烧成，时经同治、光绪二帝皇位交替，大雅斋瓷器生产得以继续，其特点直接反映出慈禧太后个人的女性审美情趣和华丽装饰的宫廷风格，足以说明这批瓷器在清朝统治者心目中的重要位置。

蓝釉白龙纹梅瓶

拓展阅读

蓝釉白龙纹梅瓶

元，高34厘米，口径4.6厘米，底径10.5厘米。

梅瓶小口，圆肩，收腹，圈足轻微外撇，曲线收放有致。胎体较厚，胎质坚细。虽器身接痕明显，但仍为元代蓝釉器中的珍品。整体造型既突出了元代制瓷的粗犷风格，又融入了中国传统的古朴雅致。该件瓷器在发色浓艳而沉稳的蓝釉中留白装饰戏珠龙纹，十分巧妙自然。在留白的龙纹之内，元代制瓷工匠以其娴熟的技法，刀锋犀利勾勒龙形，刻画龙鳞及龙纹细部，再施以钴蓝点睛，表现出整件瓷器鲜明的龙纹特点。该件蓝釉白龙纹梅从陶瓷艺术的角度上看，造型优美，釉色鲜艳，纹饰生动，并其贮酒之功能，可称是"美""用"一体的上乘佳作。

目前，陶瓷界公认传承有序的元代蓝釉白龙纹梅瓶仅存世3件，法国吉美艺术馆收藏一件高35厘米的元代蓝釉白龙纹梅，与颐和园之收藏堪称"姊妹之作"。此外，扬州博物馆还收藏一件高为43.3厘米的元代蓝釉白龙纹梅。颐和园收藏的元代蓝釉白龙纹梅瓶，系元代景德镇窑烧制，也是颐和园现藏时代最早的瓷器之一。

华士胡博绘慈禧油画像

清光绪，高234.5厘米，宽144厘米。画像由美籍荷兰裔画家华士胡博于1905年绘制而成。画面中慈禧端坐在宝座上，表

华士胡博绘慈禧油画像

情略带庄严，而又显得尊贵。身着黄色“寿”字纹袍服，颈间围着“寿”字嵌珠花巾，头戴玉蝴蝶，耳饰珠坠，手持牡丹富贵团扇，戴金护指套。身后为竹林画垂帘，侧后左右对称设有鸾翎宫扇、方几和果盘，盘内盛放着鲜果。画像上端横额题写“大清国慈禧皇太后”，正中钤盖“慈禧皇太后”方形印章，左右盖“宁寿宫”“大雅斋”印章。画像左上竖写“光绪乙巳年”，左下署“华士胡博恭绘”中文及英文签名。

华士胡博是当时欧洲著名的肖像画家，曾经为荷兰女皇等欧洲权要画像。1905 年应邀分四次为慈禧绘制了这幅画像。根据颐和园档案记载，此画像曾随故宫国宝大迁移，历经战火纷飞，颠沛流离，终于在 1951 年重新回到颐和园。

参观攻略

地　　址： 北京市海淀区青龙桥街道颐和园内

咨询电话： 010-62881144

交通路线： 观众可从颐和园东宫门、北宫门、新建宫门、南如意门、北如意门、西门入园后步行至颐和园博物馆，颐和园博物馆东门只做参观出口。公交 303、332、346、584、夜 8 路颐和园站，129、331、384、394、437、438、508、579 路西苑站；地铁 4 号线、16 号线

开放时间： 旺季（4 月 1 日—10 月 31 日）8：00—18：00（17：30 停止进入），淡季（11 月 1 日—次年 3 月 31 日）8：30—17：00（16：30 停止进入）

门票价格： 20 元 / 人

注意事项：

1. 除法定节假日外，颐和园博物馆全年实行周一闭馆措施。

2. 颐和园博物馆位于颐和园内，入馆参观须先购买入园票；颐和园联票包括博物馆门票；其他入园门票不包括博物馆门票，进入博物馆须另行购票。

3. 颐和园博物馆针对学生、老年人等不同观众群体实行门票优惠政策，详情可见颐和园官方网站。

雍和门殿

56 雍和宫藏传佛教艺术博物馆

概　况

雍和宫位于北京市东城区雍和宫大街12号，是北京地区现存最大的藏传佛教寺院。雍和宫始建于清康熙三十三年（1694年），原为雍正皇帝即位前的府邸“雍亲王府”，雍正三年（1725年）升格为行宫，始称“雍和宫”，乾隆九年（1744年）改建为藏传佛教格鲁派寺院，香火延续至今。

雍和宫开放区域面积约3.3万平方米，由七进院落组成，建筑布局完整，规制合乎梵宇伽蓝。寺院前端矗立牌坊，昭泰门前铺设辇道，尽显皇家敕建气势。整体建筑采用了平地增高的建筑法式，中轴线上的5座主殿都有不同程度递进增高。前部昭泰门、钟楼、鼓楼、雍和门殿、雍和宫殿、讲经殿、密宗殿7座建筑，呈现中国佛教寺院“七堂伽蓝”式标准布局。后部各殿永佑殿、法轮殿、万福阁逐级升高，象征佛陀世界的庄严吉祥。大经堂法轮殿顶的“一大四小”五座藏式天窗，深含佛教“须弥山”被四大部洲簇拥环绕的寓意。讲经殿、密宗殿、时轮殿和药师殿“四大扎仓”的设立，标志着雍和宫是一座藏传佛教的完整学府。最高建筑万福阁及楼内耸立的巨大“迈达拉佛”，寓意兜率天宫的圣境梵意。整体建筑风格独特，巍峨壮观，雍容大方，融合汉、满、蒙、藏建筑艺术于一体。寺院中路有御制《喇嘛说》碑，碑文重点表达了乾隆对藏传佛教的了解、认知和态度，阐明了他革除弊端、安定蒙藏的改革举措——实施活佛转世金瓶掣签制度，彰显了他既尊重和护持藏传佛教，又依法依规对其加强管理的治国方略。该碑的设置也奠定了雍和宫作为皇家御用寺院以及清政府“管理藏传佛教事务中心”的地位。

1961年，雍和宫被国务院列为第一批全国重点文物保护单位；1981年，雍和宫作为宗教活动场所正式对社会开放；1995年，雍和宫被北京市文物局登记注册为“雍和宫藏传佛教艺术博物馆”，是集世界著名宗教活动场所、全国重点文保单位、北京知名旅游景点于一身的博物馆。

常设展览·馆藏精品

雍和宫藏传佛教艺术博物馆馆藏文物众多，不仅包括古建筑、碑刻等不可移动文物，还包括佛教造像、经书古籍、法物法器、唐卡匾额、家具服饰等可移动文物，具有深刻的文化内涵和历史价值。

雍和宫展览包括原状陈列和专题展览，开放殿堂基本保持原状陈列，在班禅楼、戒台楼陈设有专题展览。目前常设专题展览有“法慧耀星汉 功业驻长河——雍和宫历史回顾展”“慧海瑞相——雍和宫法物法器展”。

专题展览——雍和宫历史回顾展

雍和宫是清代北京最大的藏传佛教皇家寺院，曾以建筑规模宏大、学经组织完备、驻锡高僧众多并实施金瓶掣签制度而闻名。目前仍是建筑保存完整、佛事活动完备的藏传佛教宗教活动场所，在佛教界具有重要地位和影响。

雍和宫历史回顾展位于雍和宫戒台楼展厅，以奠基期、建树期、兴盛期、动荡期、复兴期、振兴期为序，展出了部分珍藏的佛教造像、唐卡、法物法器和宫廷御制品以及珍贵历史档案，回顾了雍和宫近300年来从皇家行宫到佛教寺院的历史发展脉络，多角度展示了雍和宫丰富的历史文化内涵。

馆藏精品

三世章嘉坐像

清中期，高18.5厘米。此尊造像为铜镀金质地，三世章嘉头戴僧帽，结跏趺坐，右手施说法印，左手托宝瓶，左右置肩花。三世章嘉神态慈祥，右面颊有一小肉瘤，具有写实性。铜像镀金明亮，纹饰自然流畅，做工精湛。

三世章嘉·若必多吉（1717—1786），佛学造诣深厚，精通满、汉、蒙、藏四种语言，是蒙藏地区颇有影响的大活佛。他在雍和宫最初的建设、管理等方面发挥了重要作用，也为藏传佛教的传播与发展做出了巨大贡献。

三世章嘉坐像

专题展览——雍和宫法物法器展

雍和宫法物法器展位于雍和宫班禅楼展厅。雍和宫作为清代皇家寺院，供奉和珍藏有大量法物法器，蕴含着汉、满、蒙、藏等多民族文化交融的无穷魅力，彰显了藏传佛教思想和宫廷文化艺术交相辉映的完美统一。雍和宫的法物法器，既有宫廷御赐之物，也有达赖喇嘛、班禅额尔德尼等蒙藏地区高僧大德贡呈礼品，品类丰富，用料考究，质地精良，极具艺术性与研究价值。展览分礼敬类、供养类、称颂类、持验类、护身类和劝导类6个板块，共展出法物法器精品119件。

馆藏精品

金五佛冠

金五佛冠

清乾隆，高19厘米，重0.66千克。五佛冠为藏密上师修法时所戴，象征五智如来的宝冠，又作“五智冠”。此冠每片以青色绒为底，上饰錾花金版，每一叶冠中央均为莲瓣形佛龛，龛内各有一梵文字符，叶冠上饰有珍珠、珊瑚、松石、蓝宝石等物。五佛冠两端缀鬘幡，鬘幡由真金丝及真银丝织成，上绣正面龙图案，另有绦丝。该冠为清乾隆帝于乾隆四十五年（1780年）“坐禅持戒”时的御用之物。

参观攻略

- **地　址：** 北京市东城区雍和宫大街28号
- **咨询电话：** 010-84191906、010-84191907
- **交通路线：** 公交13、116、117、84路雍和宫站；44路内环、44路外环、200路内环、200路外环、18、75、142路雍和宫桥东站。地铁2号线、5号线雍和宫站
- **开放时间：** 冬季（11月1日—次年3月31日）9：00—16：00；夏季（4月1日—10月31日）9：00—16：30
- **门票价格：** 25元/人（具体门票优惠政策详情见北京雍和宫官方网站）

永定河文化博物馆正面楼体

57 永定河文化博物馆

概　况

永定河文化博物馆的前身是门头沟区博物馆，是北京市第一家区县级地志性综合博物馆，1984 年 9 月建成，原馆址在永定镇西峰寺遗址。现在的新馆位于门头沟路 8 号，1998 年开工建设，2003 年 9 月竣工交付使用，占地 5553 平方米，建筑面积 10 120 平方米，展厅面积 4000 平方米，地下 1 层地上 8 层，并有多功能厅、会议室、资料阅览室等辅助设施。2011 年 8 月，经区委、区政府批准并报请北京市文物局博物馆处备案，门头沟区博物馆正式更名为永定河文化博物馆，是北京市第一家流域文化综合博物馆。

永定河文化博物馆是以收藏、研究、展示历史、革命史和民俗文物、自然标本等，传播科学知识，介绍推广新技术和学术发现等科学成果为主要内容的文化教育机构，承担着研究传播永定河历史文化的重要责任和使命。

馆藏历史、革命史、民俗等文物标本 10 000 余件。全国可移动文物普查登记有文物 3800 余件（套）。所有文物未定级。二层为临时展厅，是博物馆每年展览展示工作的重点，与多家单位合办、联办推出了各种专题性临时展览。

常设展览・馆藏精品

常设展览

永定河文化博物馆现有“从历史走来的门头沟”“平西抗日斗争史”两个基本陈列。其中“从历史走来的门头沟”基本陈列通过中华人民共和国成立以来在门头沟区发现和保存的历史、革命史、民俗等 700 余件文物及资料，充分展示了门头沟区自 11 万年前

“从历史走来的门头沟”陈列

“平西抗日斗争史”陈列

至1948年12月的历史发展进程。2015年9月2日，“平西抗日斗争史”陈列作为门头沟区纪念中国人民抗日战争暨世界反法西斯战争胜利70周年重要大型活动之一推出，展示了以门头沟区为核心区的平西抗日根据地的创建、巩固、发展的历史。

馆藏精品

辽三彩琉璃菩萨像

龙泉务窑出土，复制品。菩萨头发著花

辽三彩琉璃菩萨像

蔓冠，面型丰润，眉间有毫，胸间有璎珞，腰间系蝴蝶结，通体施黄绿色琉璃釉，尽管双手已残，但姿态依然生动，是非常珍贵的文物。它是辽代琉璃制品的上乘佳作，原件在首博展出。

邓华将军的挎包

这个公文包是邓华将军在平型关战役中从日军缴获的挎包。此战役的战利品有着不同寻常的意义，因而邓华将军格外珍惜它。这个挎包跟随他进入平西创建根据地，并随他参加抗日战争、解放战争和抗美援朝战争，陪伴邓华将军40年，历经岁月的考验和洗礼。1984年门头沟区博物馆开馆时，邓华将军已去世，为教育后代，其夫人李玉芝老人将挎包捐赠该馆。

邓华将军的挎包

李钟奇将军的笔袋

这个笔袋是开国少将李钟奇捐赠的。李钟奇将军在1938—1940年间在平西战斗工作，曾任八路军第四纵队参谋长等职。1938年5月，宋邓支队在门头沟区会师后组成第四纵队，同年6月根据中央指示挺进冀东，建立冀东根据地。部队沿着万里长城行进，6月7日行至平北怀柔县沙峪镇时与日军遭遇，激战3小时，消灭日军150余人。这个笔袋是缴获日军指挥官玖人大尉的战利品，直接缴获这个战利品的是八路军第四纵队第三十大队一营营长李湘，后来李湘将军把笔袋送给了李钟奇将军。李钟奇将军与李湘将军都曾在平西这块热土上战斗。这件抗战文物不仅见证了两位将军的革命友谊，也是日本帝国主义侵略中国的罪证。

李钟奇将军的笔袋

参观攻略

地　址： 北京市门头沟区门头沟路8号

咨询电话： 010-69823232、010-69844602-2008

交通路线： 公交370、992、960、972路河滩站。地铁1号线苹果园站；6号线金安桥站换乘公交370、992路河滩站下车，运通101、112、116路城子大街南口站下车

开放时间： 9：00—16：00（周一闭馆）

门票价格： 免费参观

注意事项： 永定河文化博物馆实行线上预约参观制度

圆明园展览馆展厅外景

58 圆明园展览馆

概 况

圆明园，由圆明、长春、绮春三园组成，共占地 350 公顷。始建于清康熙四十六年（1707 年），历经五朝帝王前后 150 余年营建，不仅是帝后园居之所，更成为国家的政治中心、文化宝库、园林艺术典范。圆明园有着丰富的建筑种类和园林景观，移植有江南等处的众多名园胜境，继承和发展了我国优秀的造园艺术，不仅在我国历史上是不朽的杰作，在世界造园史上也占据着重要地位，被誉为“万园之园”。历史上的圆明园曾屡遭劫难，最终沦为一片废墟，在党和国家的大力支持下逐渐恢复活力。圆明园遗址于 1986 年被国务院列为第三批全国重点文物保护单位，1997 年被中宣部公布为“全国爱国主义教育示范基地”，2010 年被国家文物局公布为首批国家考古遗址公园。2019 年，圆明园遗址公园被国家文化和旅游部批准确定为国家 AAAAA 级旅游景区。

圆明园展览馆展厅内景

圆明园展览馆位于圆明园遗址公园西洋楼景区内，与著名的圆明园“标志性景观”大水法石券毗邻，自 1979 年建馆后，一直作为圆明园主要园史、文物展览展示场馆对公众开放。圆明园展览馆平面呈 U 型，占地面积约 1500 平方米，其中建筑面积约 680 平方米。包括四个展厅和一个放映厅，配合庭院陈列展示及正门的仿海晏堂十二兽首模型，与周围整体遗址景观相互协调。

在圆明园正觉寺内正在举行“百年梦圆——圆明园马首铜像回归展”，展览以马首铜像为核心，展示圆明园历史文化。正觉寺在历史上是一座皇家寺庙，占地面积14 300平方米，未来将建成圆明园博物馆。

常设展览·馆藏精品

圆明园遗址公园内现有主要展览场地为圆明园展览馆及正觉寺，圆明园展览馆历史悠久，建于管理处成立之初，一直是圆明园历史文化的主要展示地。正觉寺在2011年对社会开放后举办过圆明园历史文化展等多次大型展览，现进行马首归藏展。

圆明园展览馆

圆明园展览馆在完成整体升级改造后，举行了“劫灰飞尽·笃行致远——圆明园爱国主义教育主题展”。展览以爱国主义教育为主题，共分为“美贯中西”“劫后遗珍”“西洋残影”及“传承保护”4个展厅，主要展示圆明园西洋楼历史文化、珍贵文物和历年遗址、文物保护成果等。通过文字和大量图片展示圆明园历史文化、造园艺术特色和多年文保成就，特别是要充分发挥圆明园爱国主义教育基地的特殊身份，通过百年沧桑史向观众传达信息，进行爱国主义教育。展览共展出文物472件（套），其中包括玉器、青铜器、瓷器、各式琉璃、砖瓦及各类精美的石质文物。这些文物多为圆明园遗址内出土物，是圆明园的缩影，也是历史的见证，它们展示着古代工匠的高超技艺，阐释了自身的文化内涵，更总结出圆明园遗址公园的建设成果。

正觉寺

“百年梦圆——圆明园马首铜像回归展”于2020年12月开展，展览以第一件回归圆明园的重要文物——西洋楼海晏堂铜马首为中心，分为“圆明重光”“万园之园”“马首回归”3个单元，共展出文物及复制品等140余件（套）。

馆藏精品

玉道士头像

清，高7.2厘米，宽5厘米。出土于含经堂遗址，青玉质地，用立体圆雕的手法，刻画出一位道士形象，仅残存头部。束发及簪，双目低垂，上唇蓄八字胡，大耳垂轮。须发及五官雕刻清晰传神。

玉道士头像

青铜壶

清乾隆，高44厘米，口径14厘米。出土于圆明园坦坦荡荡遗址，此青铜壶为仿古器物。直口，束颈，鼓腹，喇叭形圈足，双肩有云头形耳，耳套圆环，整体造型古朴、庄严。口沿有篆书“大清乾隆年造”款。

青铜壶

石鱼

清乾隆，长125厘米，宽85厘米，高55厘米，国家二级文物。汉白玉质地。两件石鱼应为一对，两两相望，鱼身呈向内卷曲状，鱼尾向上翻起与鱼身相连，两鳍向外翘起，好像在努力拍水，又似要随时高高跃起，造型十分生动、活灵活现。鱼身细部雕刻精致，嘴部饰有胡须，眼周纹饰似火焰一般炯炯有神，鳞片刻画凹凸有致、层层相叠。鱼嘴圆张，与鱼身下部相连，作为喷水出口。2006年11月，由中共中央组织部直属机关事务管理局捐赠。

石鱼

拓展阅读

马首

清乾隆，国家一级文物。海晏堂马首由何鸿燊先生于2007年购回并捐赠给国家，2019年11月，在中国国家博物馆举行圆明园马首铜像捐赠仪式。为更好地践行流失文物回归原属地的文物保护国际共识，国家文物局经与何鸿燊先生协商一致，将马首划拨圆明园管理处收藏，现展于圆明园正觉寺。

马首通体由红铜制成，采用失蜡法一次性铸造成型，表面没有任何焊接痕迹。马首整体线条流畅、形象逼真，双眼炯炯有神，

马首

脸部毛发刻画真实，脑后鬓毛蜷曲飘逸，十分灵动，工艺水平高超。

青玉老人山子

明晚期，高 19 厘米，宽 14 厘米，厚 7 厘米，国家二级文物。此件器物出土于别有洞天遗址。质地为青玉，采用立体圆雕的技法。用写意的手法表现出嶙峋的奇石。两位长髯的老者并排端坐在山中，面带微笑，神态和蔼，宛如两位隐士在山林中静坐休憩，吟诗作赋。人物的神态生动，须发、衣纹雕刻得清晰流畅。此山子原应有底座，出土时已遗失。

参观攻略

地　　址：北京市海淀区清华西路 28 号

咨询电话：010-62543673、010-62568872

交通路线：公交 331、424、432、438、498、508、579、601、664、特 19 路圆明园南门站，305、320、365、375、424、432、626、664、982 路圆明园东门站；地铁 4 号线圆明园站 B 口

开放时间：旺季（3 月 16 日—4 月 30 日、9 月 1 日—10 月 15 日）售票时间 7：00—18：00，开闭园时间 7：00—20：00；5 月 1 日—8 月 31 日售票时间 7：00—19：00，开闭园时间 7：00—21：00。淡季（1 月 1 日—3 月 15 日、10 月 16 日—12 月 31 日）售票时间 7：00—17：30，开闭园时间 7：00—19：30

门票价格：通票：成人通票 25 元 / 人；半价通票 10 元 / 人。大门门票：成人门票 10 元 / 人；半价门票 5 元 / 人；月票：每人 15 元 / 月；年票：每人 120 元 / 年。西洋楼遗址景区（含圆明园展览馆）成人门票：15 元 / 人；半价门票：5 元 / 人。圆明园盛时全景模型展成人门票：10 元 / 人；半价门票：5 元 / 人

云居寺全景

59 云居寺石经博物馆

概况

云居寺建于隋末唐初，距今已经有1400多年的历史，由云居寺、石经山藏经洞、唐辽塔群等构成我国佛教文化特色一大宝库。1942年遭日军炮火轰炸，整个寺院被夷为平地。为了保护房山石经和诸多文物，在党和政府的关心下，于1985年和1999年进行两次大规模修复，现云居寺已重现庄严，保护范围达200万平方米。1961年，云居寺石经陈列馆被国务院公布为首批全国重点文物保护单位，1995年注册登记为云居寺石经陈列馆，2009年更名为云居寺石经博物馆，2001年被评为国家AAAA级旅游景区。馆内珍藏石质、纸质、木质文物共3万余件（套），其中有世界上保存数量最多、内容最完整的石刻佛教大藏经——房山石经，中国唯一一部汉文木刻大藏经——龙藏木板经，22 000余卷明代纸经和佛祖舍利、唐辽古塔、清代铜钟、铜佛像等众多文物，并通过唐辽古塔群，藏经洞遗址原状陈列，线上“云”游览，石经、纸经、木经、舍利等专馆陈设，以及专题展览等多种形式向观众传播中华民族优秀的传统文化及民族精神。

常设展览 · 馆藏精品

云居寺专题展览以常设展览为主，主要以碑刻、纸经、木经以及拓片的形式展现云居寺的历史文脉与收藏体系，目前设有“敬畏千年 · 房山石经”主题展、“钟灵福地 · 宝塔金经”主题展、舌血真经馆、龙藏木经馆、石经地宫等多个展馆，殿内装饰陈设既考虑到对文物的保护，又方便观众参观了解云居寺所承载的中华优秀传统文化。

专馆——石经地宫·石经

隋代开山静琬法师受北齐唐邕、灵裕“末法”影响，继河北鼓山响堂寺、宝山灵泉寺的刻经活动，在北京房山开凿石窟、刻造石经，锢藏石室以备法灭。辽金两朝又续刻了10 082块石经版，埋藏在云居寺南塔前的地穴中，地穴之上建塔树幢为标识。元代高丽僧慧月曾刻了5块石经。明代补了少量佛道经典，藏于山顶洞中。从隋大业年间到明崇祯年间经6个朝代、1000余年，共镌刻了14 278块经版。

馆藏精品

房山云居寺石刻佛教大藏经

简称“房山石经”，始刻于隋朝大业年间，历经隋、唐、辽、金、元、明6个朝代，共刻佛经1122部，3572卷，14 278块。石经分两地保存，石经山上九洞中共藏隋唐石经4196块；云居寺地穴中藏辽、金时期石经共10 082块。据专家考证，房山石经是世界上保存规模最大、刻造年代最悠久、经文最准确、内容最丰富、数量最多的石刻佛教大藏经，它对佛教经籍的校勘，以及研究古代东方文化提供了非常重要的资料。碑上详细记载了经名、卷次、条次以及千字文帙号等，是最系统、最完整、最早的石刻档案。房山石经所刻字体荟萃了欧阳询、柳公权等11位书法家之大成，据此可以了解我国书法风格的变迁和文字的演变过程，是中国书法艺术发展史的一个缩影。

拓展音频

石经地宫外景

石经地宫内景

专馆——舌血真经馆·纸经

云居寺藏22 000余卷明代纸经，数量之多、内容之丰富，为国内各大名寺所罕见。舌血真经馆通过“结缘云居”“经海典藏”“国宝重光”3个单元，多角度展示云居寺藏明代纸经中的精品和文物保护工作的丰硕成果。

馆藏精品

《圣胜慧到彼岸功德宝集偈》

翻译于西夏仁宗仁孝时期，明正统十二年（1447年）重新刊印。此偈是卷轴式，外面包裹黄锦纸，经文采用白色桑皮纸横版印制，共48页，均为单页印制。

这部偈语为校释西夏文佛典，探讨《般若经》的演变，考察明代前期西藏僧人在北京的活动以及雕版藏文佛典的刊行情况，提供了新的资料。它反映了西夏和明朝时期我国各民族以及中印两国文化交流的情况，提供了西夏自梵文原本直接译经的第一个确证，是我国第一部横版汉文印刷品、第一部汉藏合璧经卷，开创了我国藏汉双语横排版文字的先河。

《圣胜慧到彼岸功德宝集偈》

专馆——龙藏木经馆·木经

《龙藏》，又称《乾隆版大藏经》，于雍正十一年至乾隆三年雕成经版79 036块，重约400吨。内容包含历代流传下来的佛教经典和佛学研究著作，是保存至今最为完整且极具研究价值的佛学百科，据专家考证，目前世界上保存完整的汉文木刻大藏经只有两部。龙藏木经馆通过“精工刊刻　辗转收藏”“妙手神工　国宝新生”两个单元，展示《龙藏》刊刻的始末、辗转到云居寺收藏的历史过程以及对木经板的保护与修复。

馆藏精品

《海绘图》(《佛说法变相图》)

《海绘图》整块经版共有佛、菩萨、罗汉、飞天等共76个形象，是龙藏木经中唯一一块“全佛板”。此画构图严谨精巧，整体人物组合较轻松自如，五彩祥云翻腾于神佛身边，人物排列既威严又舒展，既肃穆又宽松，是龙藏木经中的珍品，弥足珍贵。仔细观察会发现佛画的线条细如发丝，人物形象栩栩如生，雕刻精美异常，堪称艺术绝品。

《海绘图》

参观攻略

地　　址：北京市房山区大石窝镇水头村云居寺

咨询电话：010-61389612

交通路线：公交 917 路（张坊支线）、951 路到阎村换乘 F12 路

开放时间：夏令时 9：00—17：00（16：30 停止售票），冬令时 9：00—16：30（16：00 停止售票）

门票价格：40 元 / 人

注意事项：未成年人凭学生证或身份证免费，60 周岁（含 60 周岁）以上老年人凭北京市养老助残卡或北京市户籍身份证免费，持残疾人证、军官证、士兵证、消防员证等免费

长辛店二七纪念馆外景

60 长辛店二七纪念馆

概　况

长辛店二七纪念馆隶属中车北京二七机车有限公司管理。该馆是为纪念京汉铁路工人在中国共产党领导下，举行的震惊中外的“二七大罢工”。该馆在罢工 60 周年（1983 年）由全国总工会、铁道部、北京市共同投资兴建，由时任国家副主席王震奠基，人大常委会委员长彭真题写馆名，是一座记录中国共产党建党初期，领导京汉铁路工人开展工人运动史实的革命博物馆。

长辛店二七纪念馆坐落在京西卢沟桥畔，长辛店火车站西侧，是老北京四合院布局，四面各一中式门楼，顶部和房檐处，金黄色的琉璃瓦装饰和仿古建筑风格，具有浓郁的北方特色。尤其是南面正门，钢筋水泥仿木结构的门廊，古脊明柱，水刷石镶衬，配以清水砖墙，在苍松翠柏中显得格外浑然大气，古朴典雅。

长辛店二七纪念馆馆藏了大量五四时期和中国共产党建党初期，在长辛店铁路工人中开展工人运动，办劳动补习学校，成立工会组织，发展工人党员，组织铁路工人为争人权，向反动军阀开展英勇斗争的珍贵文物和史料。

2021 年，长辛店二七纪念馆被中宣部命名为“全国爱国主义教育示范基地”。

常设展览 · 馆藏精品

长辛店二七纪念馆举行了“北方的红星——长辛店与中国工人运动”专题展，主题是“中国共产党推动中国工人阶级觉醒觉悟，促进马克思主义与中国工人运动结合”，展区面积 1300 平方米，包括 1 个序厅和 8 个展厅，设计风格庄重大方，突出历史底蕴和思想光辉。展线长度 300 米，共展出图片 227 张、文物史料 200 件、绘画 22 幅、场景 6 个、模型 3 个、VR 等多媒体 7 处。

展览以工人运动的发展历程为主线，以工运历史事件为载体，通过展示李大钊、毛泽东、邓中夏等老一辈革命家早年在长辛店开展革命活动，实现马克思主义和工人运动相结合的伟大历程，展现中国早期工人运动在中国革命中的重要作用和长辛店作为北方工人运动的摇篮所做出的独特贡献，突出体现中国工人阶级是中国共产党最坚实、最可靠的阶级基础，只有在中国共产党领导下才能发展壮大，实现自己的历史使命。展览全景展现中国共产党建党初期开展中国工人运动的历史，回顾了长辛店在建党初期在中国工人运动中发挥的作用。

馆藏精品

长辛店工人俱乐部证章

铜质，珐琅彩工艺铸造；证章分上下两部分，上部为挂链，下部是直径约 3 厘米的圆形证章。证章主体为钴蓝色，中央图形是当时中国铁路的标志——带有双翅的火车轮子，轮子为白色。轮子后面是一把锤子与一把斧头呈“X”状交叉，代表工人的力量。证章下方写着“工人俱乐部”，上方有“长辛店”3 个字，二者之间有“京汉”二字。证章背面比较简洁，有编号“NO.2195”字样。整枚证章造型别致，画面优美，寓意深刻。该证章是长辛店工人俱乐部会员身份的证明，从证章背面的编号来看，长辛店工人俱乐部证章应该铸造了很大的数量，这也印证了长辛店工人力量的壮大。

长辛店工人俱乐部证章（正面和背面）

京汉铁路黄河大桥纪念铁碑与模具

铁碑的上半部两边铸有两龙飞舞的图案，中间铸有“大清国铁路总公司建造京汉铁路 / 由比国公司助理工成之日 / 朝廷特派太子少保前工部左侍郎盛宣怀 / 二品顶戴署理商部左丞唐绍仪 / 行告成典礼仪镌以志时在 / 光绪三十一年十月十六日”字样。黄河大桥的建成是京汉铁路建设的里程碑，标志着京汉铁路全线贯通。京汉铁路是清政府向比利时贷款修建的，这块铁碑是当时帝国主

京汉铁路黄河大桥纪念铁碑

京汉铁路黄河大桥纪念铁碑模具

义列强掠夺中国的有力见证。

纪念碑木模的人名处刻意留下一块活版，隐含着背后异常激烈的权力斗争和纷繁复杂的历史原因。纪念碑及其木模作为极具历史价值的文物，是长辛店二七纪念馆的镇馆之宝，展览中首次联袂展出。

参观攻略

地　　址： 北京市丰台区长辛店花园南里甲 15 号

咨询电话： 010-83305948

交通路线： 公交专 33 路长辛店公园西门站，329、339、391、459、896、952、983、快速直达专线 25 路长辛店北口站（场馆周边暂无停车场地，建议绿色出行）

开放时间： 周二至周六 9：00—16：00（12：00—13：00 闭馆消杀，15：30 停止入馆）

门票价格： 免费参观

注意事项：

1. 关注微信公众号“北京丰台”，点击“学习党史”即可进行预约。

2. 个人预约：采取个人实名制预约方式，一个微信号单日只能预约一次。预约后请及时在“个人中心”查看预约情况。参观当天请携带个人身份证，出示网上预约凭证，并配合工作人员进行现场核对。

3. 团体预约：参观团体需至少提前 3 个工作日网上预约，并等待工作人员审核，审核情况请及时在“个人中心”查看。参观当天请携带本单位预约介绍信 / 函（原件，内容包含参观时间和具体来访人数）、参观人员信息汇总表（姓名、身份证号、健康状况等）及网上预约凭证，并配合工作人员进行现场核对。

4. 每日限流 1000 人，请按照预约时段参观。

中国电影博物馆外景

61 中国电影博物馆

概　况

中国电影博物馆是经国务院批准，由原国家广播电影电视总局和北京市人民政府共同建设的大型公共文化设施，是目前世界上最大的国家级电影专业博物馆，是纪念中国电影诞生100周年的标志性建筑，是展示中国电影发展历程、博览电影科技、传播电影文化和进行学术研究交流的艺术殿堂。中国电影博物馆作为国家一级博物馆，是全国爱国主义教育示范基地、全国科普教育基地、首批北京市党员教育培训现场教学点、廉政教育基地、青少年电影文化活动基地、中国华侨国际文化交流基地，获评首批北京市文化旅游体验基地和北京网红打卡地。

中国电影博物馆占地约34 667平方米，建筑面积近3.8万平方米，于2005年12月29日落成，2007年2月10日正式对公众开放。

中国电影博物馆设有21个展厅和对外公共活动及展示区域，展览展示总面积约为13 000平方米，拥有馆藏3万余件/套（14万余件）。二层至四层为“百年历程 世纪辉煌：中国电影1905—2005”展览，展示了中国电影百年发展历程，展出了不同时期、各个阶段电影的发展和广大电影工作者的重要艺术成就，揭示了电影制作的奥秘。馆内还设有6个影厅，其中包括一个IMAX GT影厅，可同时容纳1000多人观影。

常设展览·馆藏精品

中国电影博物馆常设展览“百年历程 世纪辉煌：中国电影1905—2005”共20个展厅，展线长近3000米，涵盖了中国电影百年来的发展成就和电影奥秘两大部分，展示了40余万文字、4688幅图片、91组模型和场景、3组幻影成像、34个互动项目、4幅大型绘画、8组雕塑、57尊蜡像和164尊彩塑，展出藏品1800余件。

馆藏精品

法国卢米埃尔家族工厂生产的玻璃底片

20世纪初期法国卢米埃尔家族工厂生产，玻璃质地，是中国电影博物馆三级藏品，现展出于博物馆第1展厅。

卢米埃尔家族是当年欧洲最大的制造摄影感光板的家族。这个家族中的奥古斯特·卢米埃尔和路易斯·卢米埃尔兄弟使用自己发明的电影摄影机拍摄了多部世界早期的电影，并于1895年放映了世界上公开售票的第一场电影，被公认为世界电影的发明者。

卢米埃尔家族工厂生产的这张玻璃底片为长方形，尺寸为5英寸 ×7英寸，内容为法国当时的日常生活场景。尽管是底片，仍然可以看出影像非常清晰，层次丰富，为质量上乘的溴化银明胶干版，也是世界电影诞生初期相关技术的重要见证。

法国卢米埃尔家族工厂生产的玻璃底片

郑正秋先生书房

20世纪10年代。书房中有写字台、书柜、卡片柜、笔筒、铜盒等，这些书房用具是当年郑正秋从事电影创作时使用的，具有唯一性。

郑正秋先生书房

郑正秋（1888—1935），生于上海。祖籍广东潮州。名伯常，别署药风。中国最早的电影编导。1913年，与张石川共同创作中国第一部故事片《难夫难妻》；1922年，参与创办明星影片公司；20世纪30年代初期，聘请“左翼”作家担任明星公司编剧顾问，使中国共产党人进入电影界。一生编导影片50余部，代表作品有《难夫难妻》《孤儿救祖记》《火烧红莲寺》《姊妹花》等，被视为开一代先河的“中国电影之父”。

中国电影博物馆复原的郑正秋的书房内说明牌文字写着：“中国第一部故事片《难夫难妻》（1913年）的剧本是中国第一位故事片编导郑正秋先生在这张书桌上写出来的。”由此可见，这些家具及文房四宝因是郑正秋创作所用而具有重要价值。该藏品是中国电影博物馆的一级藏品，也是中国电影博物馆的镇馆之宝，现展出于中国电影博物馆第 2 展厅。

影片《乌鸦与麻雀》中萧老板所穿美式夹克

1949 年，布质，中国电影博物馆一级藏品，现展出于博物馆第 12 展厅。

影片《乌鸦与麻雀》由上海电影制片厂拍摄，在中国电影史上占有重要的地位，其诞生的历史背景正值中华人民共和国成立前夕。影片通过“房子问题”这一中心事件，以一个屋檐下几个小人物的挣扎抗争展现了国民党政权的末日景象，也表达了电影人对未来新世界的希望。影片中赵丹饰演的萧老板是一位美货摊贩。他在影片中一出场所穿的这件美式夹克不过是当时随意拣来的一件“美国破衣服”，却因其朴素的“生活实感”，形象而直观地体现了他作为一个身处社会底层的美货老板的身份，生动地衬托了人物性格。尤其是他穿着这件服装，躺在躺椅上做着轧黄金、顶房子的白日梦，更成为该片的经典段落。

影片《乌鸦与麻雀》中萧老板所穿美式夹克

《延安与八路军》拍摄照片素材集

该素材集是延安电影团负责人、摄影师吴印咸在影片《延安与八路军》拍摄期间制作的，收录了包括影片拍摄、采访、创作过程中的照片素材，由 41 个主题、404 张照片组成，涵盖了八路军在延安的练兵、战斗、生产、生活建设、军民关系、军事工业等各个方面。

《延安与八路军》纪录片拍摄于 1938 年至 1940 年，是在中国共产党领导下拍摄的第一部人民电影。影片从各个方面记录了党在延安时期的各种活动和八路军艰苦卓绝的敌后抗战情形，由袁牧之执导，吴印咸、徐肖冰、吴本立等人拍摄。遗憾的是，影片主要素材不幸在送往苏联进行后期制作期间因战乱遗失。这本素材集是较全面反映该片信息且完整存世的珍贵史料，为中国电影博物馆一级藏品，现在馆内第 8 展厅展出。

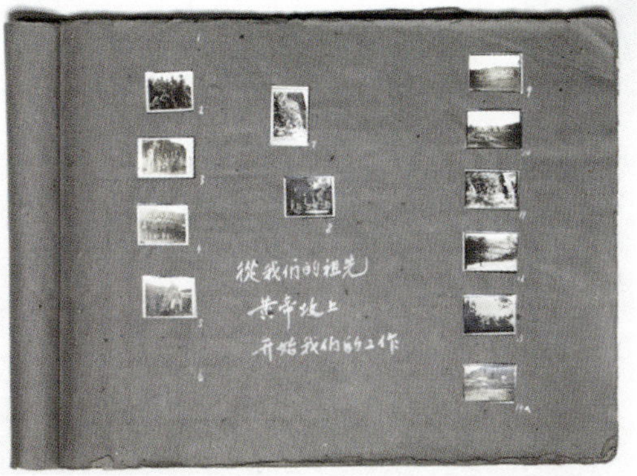

《延安与八路军》拍摄照片素材集

参观攻略

地　　址：北京市朝阳区南影路 9 号

咨询电话：010-84355959、010-84355858

交通路线：公交 418、851、516 路南皋西站，专 116 路中国电影博物馆站

开放时间：周二至周五 9：00—17：00（16：30 停止入馆）；周六、周日及法定节假日 9：00—20：30（二、三、四层展厅开放至 18：00，一层展览区开放至 20：30，19：30 停止入馆）；周一闭馆，法定节假日照常开放

注意事项：实行实名制预约，观众朋友可通过中国电影博物馆官方微信公众号“影博之友”预约

中国妇女儿童博物馆外景

62 中国妇女儿童博物馆

概　况

中国妇女儿童博物馆于2010年面向社会公众开放，是国内首家以妇女儿童为主题的国家级博物馆，隶属于中华全国妇女联合会。开馆以来，博物馆始终以服务大局、服务社会、服务妇女儿童和家庭为主旨，收藏、保护、研究、展示不同历史时期中国妇女儿童具有历史、艺术、科学价值的见证物。

博物馆建筑面积约3.5万平方米，馆内展览分为妇女和儿童两大主题，包括基本陈列展览和专题展，同时常年举办主题突出、特色鲜明的临时展览，开展寓教于乐、丰富多彩的社会教育活动，积极宣传男女平等、儿童优先，大力弘扬中华优秀传统文化、革命文化、社会主义先进文化，传承红色基因、赓续红色血脉，传播优良家风家教，讲述中国妇女儿童故事，是引导社会尊重女性、关爱儿童、关注妇女儿童事业发展的窗口，也是促进我国妇女儿童事业发展，沟通中外妇女儿童文化交流的桥梁。

开馆以来，中国妇女儿童博物馆被授予全国爱国主义教育示范基地、全国科普教育基地、全国妇女爱国主义教育基地、中央和国家机关党性教育活动备选场所、全国家庭教育创新实践基地、全国中小学生研学实践教育基地。

拓展视频

常设展览 · 馆藏精品

中国妇女儿童博物馆现收藏文物藏品19 000余件（套）。馆内展览分为妇女和儿童两大主题。目前设有古代妇女、近代妇女、当代妇女、古代儿童、近代儿童、当代儿童6个基本陈列和中国妇女事业发展成就、国际友谊、"家和万事兴"家教家风3个专题陈列，展示内容涉及经济、政治、军事、文化、教育、科技、卫生、体育、妇女外交以及家教家风等内容，反映我国各个历史时期妇女儿童的生存状态、地位变化、文化习俗、杰出人物和社会贡献等，构成一幅纵贯5000年历史的妇女儿童画卷。

基本陈列——古代妇女馆

古代妇女馆以历史为背景，勾勒中国古代妇女在历史长河中地位变化的曲折轨迹，彰显中国妇女在中华文明历史进程中所起的推动作用，讴歌她们在社会发展中的辉煌成就。尽管在中国古代，妇女们的命运曲折坎坷，总体上处于被歧视、被禁锢、被压迫的地位，但她们坚韧、顽强，以聪明才智在政治、经济、文化等领域做出了重要贡献。

馆藏精品

"十里红妆"

自古以来，婚嫁都被看作极为神圣的事，也是女性一生中最重要的时刻之一。"十里红妆"正是在传统婚嫁礼俗中衍生出来的一种具有地方特色的文化现象。古时，在江浙一带有"十里红妆"的婚嫁习俗。大户人家的女儿在出嫁时，送亲抬嫁妆的队伍浩浩荡荡、绵延数里、喜庆洋洋。这种婚嫁习俗也被人们形象地称为"十里红妆"，后来人们也常用"良田千亩，十里红妆"形容嫁妆的丰厚。"十里红妆"从某种意义上来说也是明媒正娶的代名词，象征着女性婚后在夫家的地位和身份。博物馆陈列展示的就是"十里红妆"中的家具。在这当中，大到床桌器具、花轿杠箱一应俱全，小到衣物首饰、女红细软应有尽有，手炉、水桶、果盒、囊匣等等日常所需物品更是无所不包。

"十里红妆"部分家具

其实，不只是大户人家的女儿，即使是普通人家甚至穷人家的女孩出嫁，也会租一个花轿。这虽然比不上富家女儿出嫁的壮观场面，但在男尊女卑的中国古代社会背景下，这些无不透露着娘家人对女儿的殷切关爱和美好祝福，体现了父母对女儿始终有着血浓于水的骨肉深情。

基本陈列——近代妇女馆

近代妇女馆展示了百年近代史上，随着社会的变革，中国妇女逐渐冲破封建礼教束缚，自觉与祖国共命运、与民族同呼吸，在追求民主独立和人民解放的斗争中，不断求得自身解放的光辉历程。

馆藏精品

《中国妇女》创刊号1983年影印本、毛泽东为《中国妇女》创刊的题词

1939年6月1日，《中国妇女》在延安创刊，它是中共中央妇女运动委员会在延安创办的第一本全国性的妇女刊物。在创刊号上，毛泽东曾写下热情洋溢的题词：

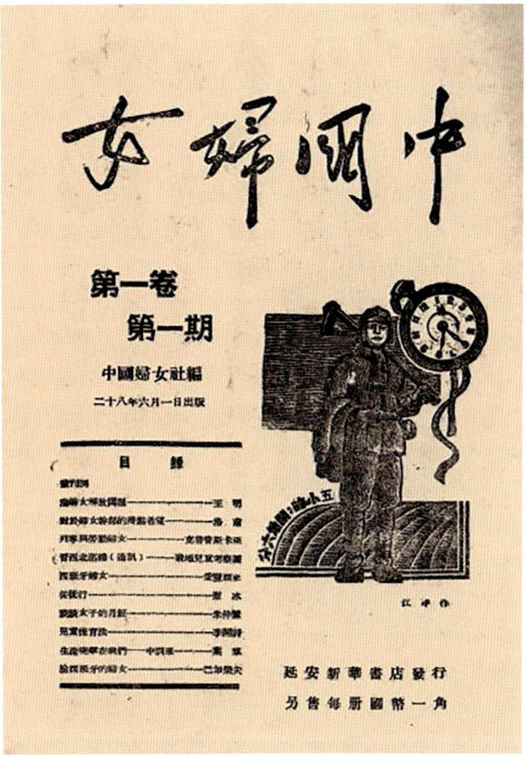

《中国妇女》创刊号影印本

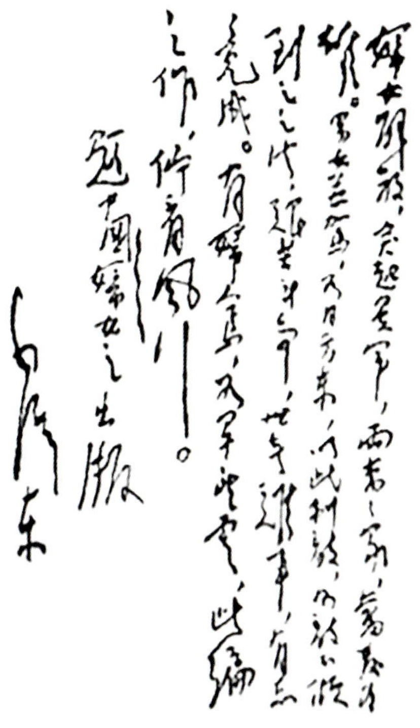

毛泽东为《中国妇女》创刊题词

妇女解放，突起异军，两万万众，奋发为雄。

男女并驾，如日方东，以此制敌，何敌不倾。

到之之法，艰苦斗争，世无难事，有志竟成。

有妇人焉，如旱望云，此编之作，伫看风行。

在全民抗战的历史背景下，《中国妇女》的创刊宗旨是“对于动员和组织二万万二千五百万妇女大众积极参加抗战建国大业工作尽一份绵薄的力量”。刊物内容丰富，及时传达中央妇委对全国妇女工作的指示、探讨妇女工作的理论与实践问题、刊载国内外妇女运动通讯和史料，介绍边区儿童保育事业等，还发表了不少文学艺术作品。

基本陈列——国际友谊馆

国际友谊馆展示了中华人民共和国成立以来，中国妇女为维护世界和平、促进共同发展、推动男女平等所开展的广泛活动和做出的贡献。

馆藏精品

1995 年世界妇女大会上通过《北京宣言》的会槌

1995 年 9 月，联合国第四次世界妇会大会在北京举行。这是中华人民共和国历史上举办的第一个联合国国际会议。世界妇女大会期间，作为对中华人民共和国成立以来妇女发展问题在认识和实践上的高度概括，中国政府宣布将男女平等作为国家一项基本国策。9 月 15 日，时任全国人大常委会副

1995年世界妇女大会上通过《北京宣言》的会槌

委员长、全国妇联主席、大会主席陈慕华敲响木槌，通过了指导全球各国妇女发展的两项纲领性文件《北京宣言》和《行动纲领》。这两件重要文献的诞生，对于促进性别意识贯穿于社会政策的制定、执行和评估，进而实现性别平等具有重要的历史与现实意义。

木槌是联合国大会正式会议不可分割的一部分。主持人使用木槌宣布会议的开始和结束，木槌的举起和放下标志着批准议程，选举官员，通过决议，以及维护会场秩序等。此木槌成为这次历史性会议的珍贵见证。

拓展阅读

清代红色缎绣百子图帐

长210厘米，宽154厘米，以红色缎面为底，所绣100个儿童或嬉戏、或舞龙、或作戏曲人物状，形态各异，生动活泼，栩栩如生，为当时同类作品中工艺品质上乘之佳作。

百子图，又称百子迎福图，是中国传

清代红色缎绣百子图帐

统纹样题材，有着特定的含义。“百子”的典故最早出自《诗经·大雅》的“文王孙子，本支百世，凡周之士，不显亦世”。而“百”在中国传统文化中也寓意大或者无穷，在祝福时有把圆满发挥到极致的意味。自古以来，上至皇亲贵族，下到普通百姓，人们在祈求子孙兴旺、福寿绵长的美好祝愿时通常以“百子”来表示。此题材因此成为婚庆嫁妆、祝寿贺喜、阖家和美等物品上的流行题材。

杏黄色缎绣五毒纹虎形围嘴

民国时期。围嘴造型生动，设计精巧，原本造型凶猛的老虎形象少了一分凶悍，多了几分憨厚与呆萌，其身上对称绣有蛇、蝎子、蟾蜍等动物纹样，色彩极具传统民间美术所惯有的质朴、活泼风格。“五毒”常见的说法是蛇、蜈蚣、蝎子、壁虎、蟾蜍等被认为“有毒”的动物，不过在不同时期、不同地域也有不同的指代。“五毒”图案在儿童衣物用品上最为常见，这件杏黄色缎绣五毒纹虎形围嘴表达了人们辟邪祛病、祈祷孩子健康平安、期冀子孙繁盛的美好愿望。

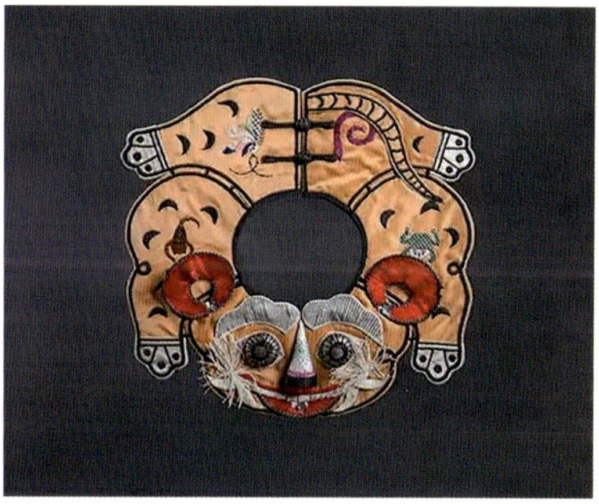

杏黄色缎绣五毒纹虎形围嘴

参观攻略

- **地　　址：** 北京市东城区北极阁路9号
- **咨询电话：** 010-65269678
- **交通路线：** 公交1、52、728、39、10、111、108、684、106、116、110路东单站；地铁1号线、5号线东单站B口
- **开放时间：** 周二至周日9：00—17：00，周一闭馆（法定节假日除外）
- **门票价格：** 免费参观
- **注意事项：** 线上预约参观，请观众至少提前一天通过中国妇女儿童博物馆微信公众号进行实名预约，凭预约号和身份证入馆。微信预约请关注“中国妇女儿童博物馆公众号”，通过菜单栏“服务—参观预约”，进入预约页面

鸟瞰中国工艺美术馆（中国非物质文化遗产馆）西北视角

63 中国工艺美术馆（中国非物质文化遗产馆）

概　况

中国工艺美术馆（中国非物质文化遗产馆）是党中央、国务院在“十三五”期间决定建设的国家重点文化设施，于 2022 年 2 月 5 日正式开馆。该馆建筑面积 91 126 平方米，地上共六层，位于北京中轴线北延长线上，西侧紧邻奥林匹克森林公园，东侧坐落着纪念建党百年落成的中国共产党历史展览馆，北侧有中国科技馆，南面有中国历史研究院、“鸟巢”体育馆等建筑，一条蜿蜒的龙形水系穿行其中，将生态、科技、文化

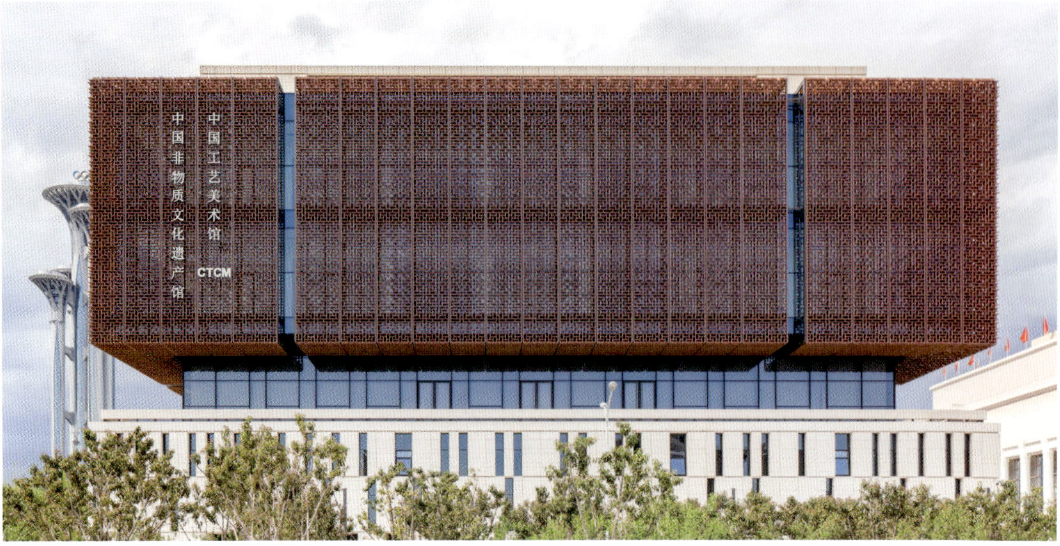

中国工艺美术馆（中国非物质文化遗产馆）场馆南侧

和奥运主题联系在一起，形成了一个新的文化集群地。

中国工艺美术馆（中国非物质文化遗产馆）是展示中国优秀传统文化、弘扬中华民族审美观与社会主义核心价值观、树立文化自信与民族自信的国家级文化殿堂。主要承担中国工艺美术和非物质文化遗产项目的保护、鉴定、修复及传承发展的工作；承担文物遗产艺术珍品的典藏、物态遗产和保护项目的展览陈列、活态遗产和保护项目的展示演出任务；承担工艺美术和非物质文化遗产的科学研究、国内外学术交流、公共宣传教育、社会服务工作；承担项目和传承人保护接续的数字化采集存储和互联网信息大数据共享任务；承担传承中华文明、弘扬中国各民族优秀文化遗产的责任。该馆的建成填补了我国工艺美术和非物质文化遗产国家级博物馆的空白。

常设展览 · 馆藏精品

中国工艺美术源远流长、匠心独运、丰赡瑰丽，是中华优秀传统文化的璀璨明珠。该馆藏有丰富的工艺美术藏品，有玉雕、牙雕、木雕、水晶雕、漆艺、陶艺、刺绣、纤维艺术等，在“中华瑰宝”常设展中不定期更换展品进行展示，以飨观众。

常设展览——中华瑰宝

“中华瑰宝”常设展中展出有四大国宝——翡翠山子《岱岳奇观》、翡翠花薰《含香聚瑞》、翡翠提梁花篮《群芳揽胜》和翡翠插屏《四海腾欢》。1982 年 11 月，经国务院批准，轻工业部发出通知，国宝翡翠的设计制作正式立项。4 件翡翠国宝由 40 多位名扬玉坛、技艺精湛的大师和数十名著名专家学者组成的顾问团队精诚合作，从题材选定、形式设计到全部完成，历时 8 年，它们的完成矗立起玉雕史上的新高峰。正如国务院嘉奖令中所说：“原料之贵重，创作之精美，为古今中外所未有。”

馆藏精品

翡翠山子《岱岳奇观》

高 102 厘米，原料净重 368 千克，呈三棱锥形，是 4 块翡翠料中最大的一块。作品表现了泰山雄伟壮观、春意盎然的景色，着重刻画了十八盘、天街和五岳顶，并巧妙利用仅有的几块俏色来增强艺术效果。在工艺手法上，采用了镂雕、圆雕、浮雕、线刻等手法来表现树木、小桥、流水等景致，风格古雅。

翡翠山子《岱岳奇观》

翡翠花薰《含香聚瑞》

翡翠花薰《含香聚瑞》

高 96 厘米，原料重 274.4 千克，类似长方形，质地优良，设计者将其构思为球形花薰，包括底足、中节、主身、盖、顶五个部分，以主身和盖组成的球体为中心，用浮雕和开光等手法装饰传统的四神、蕃草图案，以及圆雕龙纹。制作时采用套料工艺来增加面积，以螺口衔接各部分组件，工艺极为精湛。

翡翠花篮《群芳揽胜》

高 97 厘米，原料重 87.6 千克，以深油青色为主。作品形式为带链条的提梁花篮，在增加通高的同时还克服了原料中的瑕疵。制作者运用掏膛、拼插等工艺，使玉料变薄、透亮，在藕粉色的牡丹、菊花周围，衬以玉兰、梅花、海棠等多种花卉，使之错落有致。整体效果饱满，是中国玉器史上最大的花卉作品。

翡翠花篮《群芳揽胜》

翡翠插屏《四海腾欢》

177.5 厘米 ×34.7 厘米 ×112 厘米，原料形状方正，色泽鲜明，质地光润。设计者将其剖为 1.8 厘米厚的 4 片，并拼接成严丝合缝的大插屏。作品吸收了历代龙形图案的精华，表现了矫健的九龙翻腾场景。设计者将绿色部位高浮雕为龙纹，其他部位则浅刻为云彩、水波纹，衬托主体，象征中华民族的腾飞精神。

翡翠插屏《四海腾欢》

拓展视频

参观攻略

- **地　　址：** 北京市朝阳区湖景东路16号
- **咨询电话：** 010-87991800
- **交通路线：** 公交311、379、484路豹房西站，319、450、466、695路洼里南口站；地铁8号线奥林匹克公园站G口，15号线安立路站A口
- **开放时间：** 每周二至周日9：00—17：00（16：00停止入馆），周一例行闭馆（法定节假日除外）
- **门票价格：** 免费参观（特展除外）
- **注意事项：** 参观执行实名预约制，请关注微信公众号“中国工美馆 中国非遗馆”，提前1~7日进行预约

中国共产党早期北京革命活动纪念馆外景

64 中国共产党早期北京革命活动纪念馆

概 况

中国共产党早期北京革命活动纪念馆位于北京市东城区五四大街 29 号，依托北大红楼为馆址，是北京市委宣传部直属事业单位。

北大红楼原为北京大学校部、一院（文科）、图书馆所在地，始建于 1916 年，落成于 1918 年，红砖砌筑，红瓦铺顶，故名“红楼”。北大红楼地上部分共有四层，建成后，一层主要是图书馆，二层主要是校部各办公室，三层、四层主要是文科教室。

1961 年，北大红楼被国务院公布为第一批全国重点文物保护单位。2020 年 3 月，北京市组织开展“北大红楼与中国共产党早期北京革命活动旧址”保护传承利用工作，将北大红楼列为“北大红楼与中国共产党早期北京革命活动旧址”之一，进行保护修缮。2021 年 6 月 29 日，“光辉伟业 红色序章——北大红楼与中国共产党早期北京革命活动”主题展正式对外开放。

2021 年 6 月 25 日，习近平总书记带领十九届中央政治局同志来到北大红楼，参观“光辉伟业 红色序章——北大红楼与中国共产党早期北京革命活动”主题展，重温李大钊、陈独秀、毛泽东等开展革命活动、推动马克思主义在中国早期传播、酝酿和筹建中国共产党等革命历史。他指出，北京大学是新文化运动的中心和五四运动的策源地，最早在我国传播马克思主义思想，也是我们党在北京早期革命活动的历史见证地，在建党过程中具有重要地位。要加强红色资源保护和利用，尊重历史事实，准确评价历史，正确学史用史。

常设展览 · 馆藏精品

“光辉伟业 红色序章——北大红楼与中国共产党早期北京革命活动”主题展围绕李大钊、陈独秀、毛泽东等早期建党人物，生动展现中国共产党创建时期北京革命活动的光辉历史，着力展现北京作为新文化运动的中心、五四运动的策源地、马克思主义在中国早期传播的主阵地、中国共产党的主要孕育地之一，在中国共产党创建史上所具有的独特地位、独特贡献、独特价值。展览分为6个部分，共19个单元，共展出图片958张、文物1357件。同时，展览将北大红楼内旧址纳入参观流线，复原展示李大钊工作过的图书馆主任室、毛泽东工作过的第二阅览室、陈独秀工作过的文科学长室等6处旧址，让展览与旧址有机融合、相得益彰。

拓展音频

30厅——“播火者”李大钊

30厅位于北大红楼三层东侧，主要介绍的是展览第四部分第二单元“播火者”李大钊。李大钊是中国共产主义运动的先驱，伟大的马克思主义者，杰出的无产阶级革命家，中国共产党的主要创始人之一。十月革命的胜利给苦闷和探索中的中国先进分子树起光辉的榜样。李大钊在中国大地上率先举起十月社会主义革命旗帜，积极研究宣传马克思主义，把马克思主义作为观察和认识国家命运的工具，引导一批先进分子成长为马克思主义者，为中国共产党的创建准备了条件。

馆藏精品

马克思主义在中国传播的生动案例——《新青年》“马克思研究专号”

李大钊主编的《新青年》第6卷第5号“马克思研究专号”陈列在展览第7展厅中，上面刊登了7篇从不同角度、立场来介绍和评价马克思及其学说的文章，把对马克思的研究推向新的高度。其中，李大钊在《我的马克思主义观》一文中，第一次较为系统地介绍了马克思主义学说，不仅主张用马克思的学说去认识社会和改造社会，而且积极提倡与各国的实际相结合。

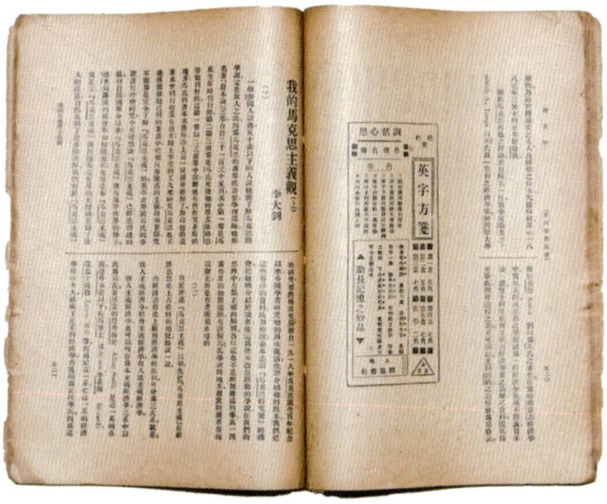

《我的马克思主义观》

34厅——青年毛泽东在京确立马克思主义信仰

34厅位于北大红楼三层西侧，主要介绍的是展览第四部分第四单元青年毛泽东在京确立马克思主义信仰。五四运动后，在马克思主义的教育和影响下，许多青年实现了思想上的转变，确立了马克思主义信仰。毛泽东就是其中一员。“五四”前后，毛泽东两次来到北京，受教革命先驱，学习马克思主义，开展革命活动。这里印记着他胸怀天下的政治抱负，留下了他追求真理的光辉足迹，见证了他成长为坚定马克思主义者的思想轨迹。

馆藏精品

毛泽东署名“二十八画生”发表《体育之研究》

在 34 展厅展柜中陈列着一本摊开的《新青年》杂志，杂志内页是文章《体育之研究》，这是毛泽东首次在报刊上公开发表的文章。1917 年 4 月 1 日，24 岁的毛泽东，在中华民族危亡的关头，以天下兴亡为己任，以广泛的调查研究为基础，结合自身实践，以“二十八画生”为笔名，在《新青年》杂志第 3 卷第 2 号上发表《体育之研究》，成为近代中国体育思想史上的力作。《体育之研究》一文以科学的眼光论述了体育与国民教育的重要性，批评了只重“德育”的教育思想，还介绍了很多切实可行的体育锻炼方法与注意事项。

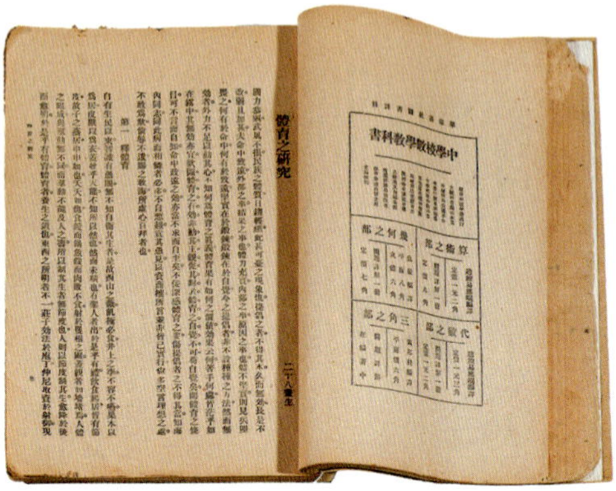

《体育之研究》

参观攻略

地　　址： 北京市东城区五四大街 29 号

咨询电话： 010-52208928、010-52208929

交通路线： 公交 58、101、103、109、111、128、夜 2、夜 13 路沙滩路口西站，2、141、141 路区间沙滩路口南站；地铁 8 号线中国美术馆站

开放时间： 周二至周日 9：00—17：00

注意事项： 除法定节假日外，中国共产党早期北京革命活动纪念馆全年实行周一全天闭馆的措施。中国共产党早期北京革命活动纪念馆实行线上公众号预约参观，详见“北大红楼”微信公众号

中国华侨历史博物馆外景

65 中国华侨历史博物馆

概　况

中国华侨历史博物馆是中国侨联直属的公益性事业单位，是首家全面展示中国海外移民历史和现状的国家级专题博物馆，现有藏品近 4 万件（套）。2019 年被中宣部命名为全国爱国主义教育示范基地，获 2019 年北京市民终身学习示范基地、2018—2020 年度首都文明单位等称号。2020 年荣获第六届全国文明单位称号。

1960 年，著名爱国侨领、中国侨联首任主席陈嘉庚先生倡议在首都北京兴建中国华侨历史博物馆。2014 年 10 月博物馆落成，其宗旨是为侨服务、为社会服务、为国家服务，发挥海内外联系广泛的优势，充分利用中国博物馆协会华侨博物馆专业委员会的组织网络，广泛深入地开展文物征集与保护工作；努力举办展览和交流活动，宣传展示华侨华人发展历史和精神文化；将中外文化事业与文化产业相结合，提供丰富的文化产品和文化服务。

常设展览 · 馆藏精品

馆内有常设展览华侨华人历史文化展，分为中国人移民海外历史，华侨华人海外生活篇、贡献篇，华侨华人与中国发展，中国侨务五部分，展出文物千余件（套），图片

中国华侨历史博物馆展厅内景

千余张。展览以历史传统与现代观念相结合，使用图文结合、场景复原、艺术作品、多媒体等展示手法予以呈现。

馆藏精品

孙中山为南非杜省华侨联卫会所题词“博爱”

孙中山为南非杜省华侨联卫会所题词“博爱”

1909年，南非杜省华侨联卫会所（又称约翰内斯堡联卫会所）从南非杜省中华公会分离出来，同年4月通过章程明确其宗旨：帮助孤寡老弱、残疾人，竖立墓碑，以及支持中国的公益事业等。1918年，南非全国流行性感冒盛行，许多华人饮用该会所提供的中草药以防流感，约翰内斯堡仅一名未饮用者死去。这幅字是孙中山先生为答谢当年从事革命活动时海外华人的捐助而亲笔题写的。此物原来保存在有百年历史的爱国侨社南非杜省华侨联卫会所，当其得知中国侨联正在筹建国家级的华侨博物馆，在世界各地征集文物时，决定将这幅孙中山先生的遗墨捐献给中国华侨历史博物馆。

《美洲华侨日报》（1940—1989年全套合订本）

《美洲华侨日报》创刊于1940年7月8日，到1989年停刊，前后共49年，在美国华文报刊的历史上，是仅有的几家存续时间最长的华文报纸之一。该报是在纽约华侨的全力支持下创办的，其中纽约华侨衣馆联合会作用特别突出。当时筹集股金，每股10美元，几个月时间，就有380人入股，大部分是购买一两股的洗衣工人。从创刊到1950年上半年的10年间，是报社的黄金阶段。

遵循依靠劳动华侨群众、高举抗日的旗帜两项原则，在复杂的内外环境中，《美洲华侨日报》始终坚持客观、真实的报道和公正的评论，以伸张正义，支持世界和平和人类进步的事业，被认为是“第一家向华埠传统势力挑战的中文报纸”。它不仅记录了美国华侨华人的发展历程，留下了与祖国休戚相关的真实记录，也为研究华文报刊史和华侨华人历史提供了宝贵的资料。

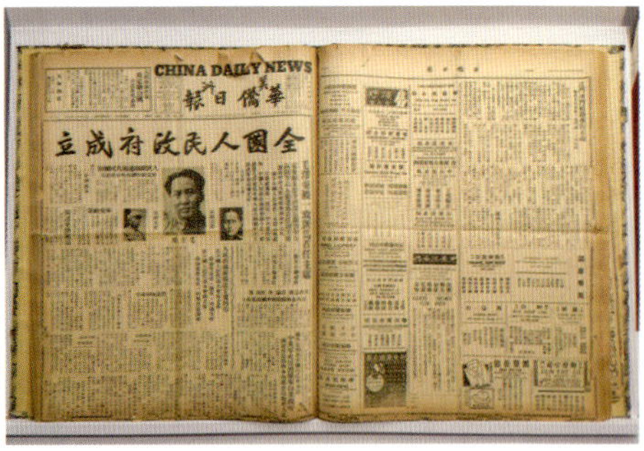

《美洲华侨日报》（1940—1989年合订本全套）

1949年10月9日在美国纽约衣联会升起的第一面五星红旗

1949年10月，为了庆祝中华人民共和国成立，纽约华侨衣馆联合会通过香港《华商报》获得中华人民共和国国旗的具体尺寸，委托美国一家1847年成立的老牌制衣公司制作。由于制作的会馆只能根据有关简要报道信息提供给制衣公司，所以缝制的红旗并不符合五星红旗的规制，4 颗黄色小星的角平等排列没有一尖对准大星。但它是在纽约唐人街中心当时衣联会会所临街的旗杆上挂出的，这是五星红旗第一次出现在美洲大地，也是纽约进步华侨爱国行动的象征。2009 年 9 月，衣联会成员受邀参加中华人民共和国国庆 60 周年庆典，为了表达对祖国的祝福，衣联会特意将这面五星红旗捐赠给中国华侨历史博物馆。

1949 年 10 月 9 日在美国纽约衣联会升起的第一面五星红旗

陈甲（嘉）庚和陈敬贤签名的 1916 年谦益公司注册资料

陈嘉庚先生是著名的爱国华侨领袖、企业家、教育家、慈善家、社会活动家，福建同安集美社人。陈嘉庚先生一生具有强烈的爱国情怀，为辛亥革命、民族教育、抗日战争、解放战争、新中国的建设做出了卓越的贡献，被毛泽东称誉为“华侨旗帜、民族光辉”。

陈嘉庚先生早年投身实业救国，恪守“国家之富强在实业”的信念，建立起一个遍布世界的企业王国，是第一个集橡胶种植、制造和贸易于一体的企业家。1916 年，陈嘉庚将新加坡土头桥的菠萝罐头厂和恒美熟米厂改作“谦益”橡胶厂，专制胶布，实现了橡胶经营从单一的农业垦植到工业制造的飞跃，后又把橡胶厂的产品直接销售到美国，集橡胶的农、工、贸经营于一身。

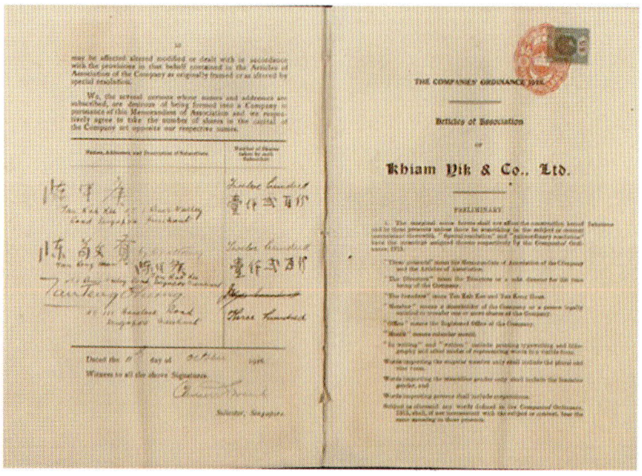
THE COMPANIES' ORDINANCE 1915.

Articles of Association

Khiam Yik & Co., Ltd.

PRELIMINARY

陈甲（嘉）庚和陈敬贤签名的 1916 年谦益公司注册资料

参观攻略

- 地　　址：北京东城区北新桥三条东口
- 咨询电话：010-64093039
- 交通路线：公交 612、63、406 路东直门北小街南口站，106、107、117、24、135 路至东内小街站；地铁 2 号线东直门站，地铁 5 号线北新桥站
- 开放时间：9：00—17：00（16：00 停止入馆，逢周一闭馆，如有特殊情况另行通知）
- 门票价格：免费参观

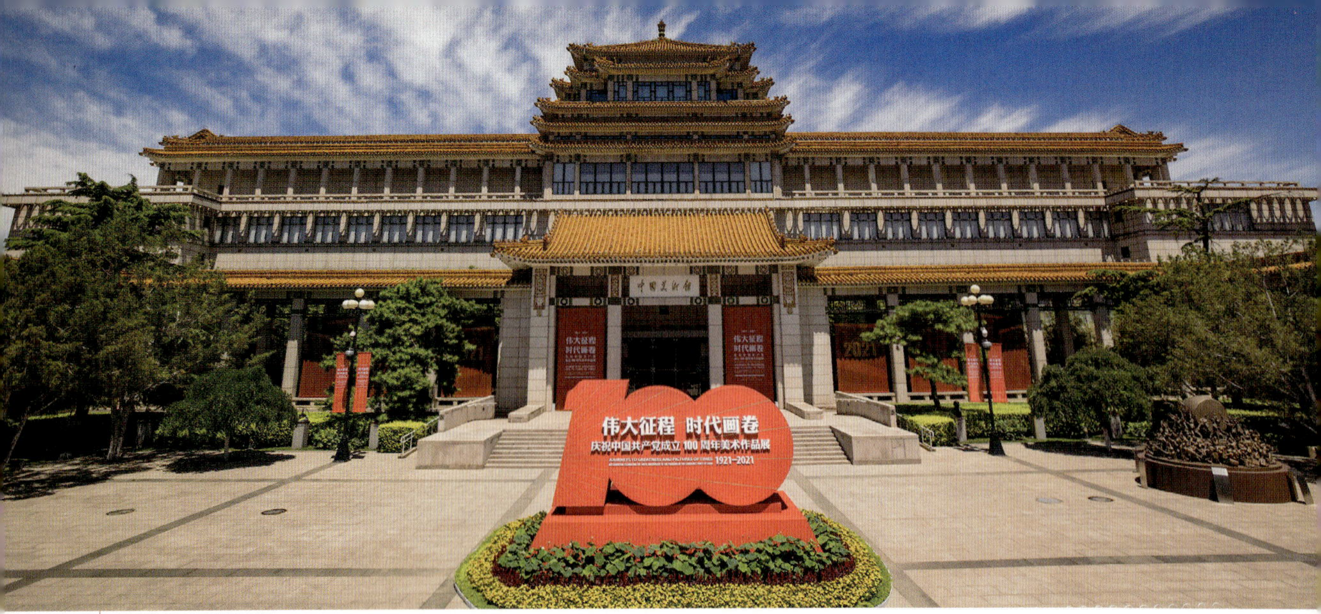

中国美术馆建筑外景

66 中国美术馆

概 况

中国美术馆是中国唯一的国家造型艺术博物馆，于1958年开始兴建，1963年由毛泽东主席题写“中国美术馆”馆额并正式开放，是中华人民共和国成立以后的国家文化标志性建筑。主体大楼为仿古阁楼式，黄色琉璃瓦大屋顶，四周廊榭围绕，具有鲜明的民族建筑风格。主楼建筑面积18 000多平方米，一层至六层楼共有21个展览厅，展览总面积6660平方米；建筑周边有3000平方米的展示雕塑园；1995年建现代化藏品库，面积4100平方米。

中国美术馆集展览、收藏、研究、公共教育、国际交流、艺术品修复、文创产业于一体，是中国美术最高殿堂，也是公共文化服务平台。中国美术馆的事业蓬勃发展得益于政府支持及文化和旅游部的直接领导，政府设立了专项收藏资金，为美术馆收藏艺术珍品奠定了良好基础，而一些艺术家、收藏家出自社会使命感和把艺术奉献大众的信念，向国家无私捐献，为中国美术馆藏品提供了更为丰富的资源。

中国美术馆现收藏各类美术作品13万余件，从古代到当代，各时期的中国艺术名家代表作品构成中国美术发展序列，兼有外国艺术作品，同时也包括丰富的民间美术作品。藏品中有苏轼、唐寅、徐渭、任伯年、吴昌硕、黄宾虹、齐白石、徐悲鸿、林风眠、刘海粟、潘天寿、蒋兆和、吴作人、李可染、董希文、吴冠中、朱德群等中国艺术大家的作品，于右任、高二适、沙孟海、启功等书法家的作品，刘开渠、滑田友、王临乙、曾竹韶、萧传玖、张充仁、王朝闻、潘鹤、刘焕章、文楼、朱铭等雕塑家的作品，也包括毕加索、达利、珂勒惠支、安塞尔·亚当斯等在内的外国艺术家作品。

为适应国家文化建设发展的要求，中国美术馆将在北京奥林匹克公园的“鸟巢”旁兴建新的国家美术馆，面积达12.86万平方米。新馆建设受到习近平总书记的亲切关怀和国家的高度重视，为国家重点工程。

常设展览·馆藏精品

中国美术馆的展览包括馆藏展览、专题临时展览。其中，馆藏展览分别在藏宝阁及中国美术馆雕塑园两部分展出：藏宝阁重点展示中国美术馆馆藏经典名作，并定期更换展品；中国美术馆雕塑园展出馆藏中外著名雕塑家的雕塑作品。专题临时展览展出有国家重大主题展、“弘扬中国精神”系列展、“典藏活化”系列展、学术邀请系列展、捐赠与收藏系列展、国际交流展系列、国际交流“一带一路”特展系列等展览。在弘扬优秀传统文化、典藏大家艺术精品、加强国际国内交流、促进当代艺术创作、打造美术高原高峰、惠及公共文化服务等方面产生着广泛而持久的社会影响。

藏宝阁

中国美术馆在6楼辟出一间小展厅——“藏宝阁”，展示馆藏最好的小幅作品，犹如“皇冠上的明珠”。该展览由“小”切入，让观众可以随时、免费看到大师作品，了解大师们何以将平凡的生活化为艺术的形式，在笔触、色彩、线条、墨韵中体验精神的感性显现，在图像中领悟艺术的真谛。

中国美术馆雕塑园

中国美术馆雕塑园于2017年设立，面积3000平方米，主要展示中国美术馆在雕塑领域收藏、典藏与学术研究的成果。这些

中国美术馆雕塑园

藏品在中国美术馆历次重大展览中都发挥了巨大的作用，获得了观众的广泛好评。雕塑园的设立，使雕塑藏品走出库房，立于蓝天竹林之下，“园藏活化”成为“典藏活化”的一部分，进一步优化了人文环境，为雕塑艺术研究者、广大观众、社区居民提供了一个在展厅之外参观、休憩的场所，体现了中国美术馆花园的温度。观众行走在中国美术馆雕塑园中，或信步，或静观。一座座置于公共空间的雕塑延伸着无尽的展线，连接着一个个关于美的故事。

馆内外专家还对观众最为关注的20件雕塑作品撰写介绍并生成二维码，如《轰炸》（滑田友）、《潘天寿》（吴为山）、《圣塞巴斯蒂安》（萨尔瓦多·达利）、《阳光下的牛》（让·卡尔多）等。观众通过手机扫描二维码，不仅可以看到作品的相关信息及作者的简介，还可以了解到雕塑表现的时代背景及创作意义。

馆藏精品

《粒粒皆辛苦》

方增先创作，中国画，105厘米 ×64.5厘米。

方增先于1955年创作的《粒粒皆辛苦》描绘了一位老农停下满载麦子的驴车，返回俯身，捡起几穗散落麦子的情景。作者用功力深厚的笔墨和精准传神的造型刻画出一位头裹白巾、满脸胡须、身着粗布衫、脚穿草鞋的典型北方农民形象。他蹲下身子，伸长臂膀，用饱经沧桑的手，全神贯注地去捡散落在地上的几束麦穗。画面中，深深的车辙、满载的麦子所显示出来的粮食大丰收与

《粒粒皆辛苦》

老农对遗落麦穗的珍惜形成了鲜明对比，突出了“粒粒皆辛苦”的深刻内涵。“捡麦穗”表现的是庄稼人对粮食的情感，“粒粒皆辛苦”则表达了作者对劳动者的尊重之情。这幅作品宣扬了劳动者吃苦耐劳的精神，歌颂了中华民族的节俭美德。

《带鸟的步兵》

巴勃罗·毕加索创作，布面油彩，油画，146厘米 ×114厘米，1996年路德维希夫妇捐赠。

《带鸟的步兵》作于1972年1月17日，为毕加索创作晚期的经典作品。在结构的形变与线条的表现上，这幅作品仍可让我们感受到立体派的形式分析手法。画面中步兵左手环抱着军刀，正在给栖息在刀柄上的白鸽

《带鸟的步兵》

递去一碗水，士兵眼下的皱纹和卷发上的缕缕灰发表示他已不再年轻。作者并没有说明他的身份，就像战争中所有的士兵那样，他神情疲惫，表情带着一丝哀伤，唯有绿背景衬托下的褐色帽子及鲜艳的蓝上衣彰显他的贵族身份。虽然毕加索常年居住在法国，但他的内心始终没有忘记自己是一位西班牙人。他的艺术创作也深深扎根于西班牙传统文化。许多毕加索的研究者认为他在作品中借公牛、士兵等形象自喻，表达他对世界的看法及自身的感悟等。1967 年后，士兵成为毕加索创作的主要题材之一。其作品中的步兵象征着男性权利与欲望。初期这些士兵的形象是鲁莽的，画面内容往往伴随着爱情与征服。而晚期的士兵形象越来越平淡，甚至疲惫，在这些作品中似乎可以感觉到毕加索老了、累了。白鸽亦是毕加索常使用的形象，用来象征和平与反暴力。在这幅作品中，白鸽与剑的组合使他看起来像一位和平的战士。也许和平的白鸽降临在他自己斗争的本性上，耄耋之年的毕加索已经能平静地看待衰老和即将到来的死亡。

吴为山《伟大的导师——马克思、恩格斯》雕塑

180 厘米 ×150 厘米 ×270 厘米，2015 中国美术馆藏。

卡尔·马克思是马克思主义的创始人之一，第一国际的组织者和领导者，全世界无产阶级和劳动人民的革命导师，无产阶级的精神领袖，著作有《资本论》《共产党宣言》等。弗里德里希·恩格斯是德国思想家、哲学家、革命家、教育家，马克思的挚友，被誉为“第二提琴手”。他为马克思从事学术

吴为山《伟大的导师——马克思、恩格斯》雕塑

研究提供了大量支持，并与马克思一起合作拟定了《共产党宣言》。马克思主义传入中国后，与中国的革命实践相结合。1921 年，中国共产党成立。雕塑家吴为山的这件作品以概括凝练、虚实有致的写意雕塑语言表现了这两位伟大的导师——马克思、恩格斯的光辉形象。马克思目光深邃，显示出穿越历史的睿智；恩格斯神情刚毅，巍然伫立在马克思身旁。马克思的坐姿和恩格斯的站姿构成稳定的三角形，象征着他们坚定的信念和真挚的友谊。

拓展视频

参观攻略

地　　址： 北京市东城区五四大街 1 号

咨询电话： 010-64006326

交通路线： 公交 111 路美术馆站，101、109、112、128、58 路美术馆东站，104、108 路美术馆北站；地铁 8 号线中国美术馆站，5 号线、6 号线东四站

开放时间： 每日 9：00–17：00（16：00 停止入馆），周一例行闭馆（法定节假日除外）

门票价格： 免费参观

注意事项：

1. 每日预约人数为 1800 人，额满为止。观众需提前 1~7 日在中国美术馆官方网站或微信公众号，凭第二代身份证或护照信息实名预约。每天分两个预约入馆时段：9：00—12：30（1100 人），13：30—16：00（700 人）。每人每天预约参观 1 次，不接受现场预约和团体预约参观，提前或错过预约时段的谢绝入场。

2. 为解决老年人运用智能技术困难，对年满 60 周岁持老年证、身份证的老年人在中国美术馆预约窗口可直接登记入馆。

3. 观众需在预约时间段到馆参观，避免造成扎堆聚集，如无法按时入馆参观，观众可于参观当日 15：00 点前在本系统申请取消参观，逾期未能取消，系统将自动默认该账号爽约 1 次，累计 3 次爽约的账号，将在 90 天内不能预约。

中国钱币博物馆保商银行楼展厅

67 中国钱币博物馆

概　况

中国钱币博物馆位于北京市西城区西交民巷 17 号，成立于 1992 年，是中国人民银行直属的国家级钱币专业博物馆，其馆址为原北洋保商银行楼和原中央银行北平分行楼，均为 2013 年公布的第七批全国重点文物保护单位——北京西交民巷近代银行建筑群的重要组成部分。此外，北洋保商银行楼在新中国金融史上也具有重要地位，1949 年 1 月北平和平解放，2 月中国人民银行即从石家庄迁到北平，各专业部门就是在这栋大楼办公的，新中国的金融事业由此揭开了新篇章。

中国钱币博物馆拥有藏品 20 余万件（套），作为央行博物馆，馆藏晚清和民国时期的各类机制币和纸币、红色货币以及第一至第五套人民币和纪念币，具有显著优势，数量丰富、品种齐全、珍罕品众多。该馆是中国钱币学会、中国博物馆协会钱币与银行博物馆委员会的挂靠单位，同时也是国际钱币学委员会的主要成员、国际钱币与银行博物馆委员会（ICOMON）的理事单位。馆刊《中国钱币》是国内外知名钱币学和货币史刊物，在业界具有广泛影响力。2021 年 6 月，该馆被中共中央宣传部命名为“全国爱国主义教育示范基地”。

常设展览 · 馆藏精品

馆内设有一个常设展览“中国货币通史陈列”，既是一部中国货币发展演进史，也是一部贯穿文明初始、三代兴替、列国争霸、大秦一统、汉唐强盛、两宋繁华、明清易代，直至近代转型、共和国奠基的中国历史的宏大叙事。

基本陈列春秋战国货币展示区

常设展览

“中国货币通史陈列”本着“让文物活起来”“讲好中国故事”的指导思想，从货币的起源谈起，展示了春秋战国货币、秦汉货币、三国两晋南北朝货币、中国古代铸钱工艺、隋唐五代十国货币、两宋货币、辽夏金货币、蒙元货币、明代货币、清代货币、民国货币、红色货币，截止到中国人民银行成立并发行第一套人民币，展出历代各种材质货币2800余件，配以大量图文、表格和背景资料，以及多媒体展示手段，完整再现了中国数千年连续不断的货币发展史。展览主线基本按照时间顺序排列，并插入专题单元中国古代铸钱工艺，以全面反映中国货币文化。展览在货币起源、黄金货币、三官五铢、宋代纸币、铸钱工艺、白银货币等方面都反映了学术界的最新研究成果。观众可以通过对中国货币史的了解从而认识商周以来中国历史的方方面面，包括中国的社会发展史、文明进步史、王朝更替史、兴衰治乱史、技术演进史，等等。展览立意深远、格局宏大、深入浅出，以钱见史、见事、见人，通过中国货币向观众讲述跌宕起伏的中国故事、中国历史，从而起到弘扬中国文化、坚定文化自信的作用。此外，本次展览充分发挥馆藏优势，在先秦货币、清代雕母母钱样钱、晚清和民国机制币、近现代纸币、红色货币等单元展出了众多珍罕藏品，以满足不同观众的需求。

该展览内容丰富，展品数量庞大，展厅整体背景色彩以单元划分，提取每个历史时期的典型色彩作为主色调，使空间与历史时间更为协调，继而使单元之间明晰而不琐碎，格调高雅而不落俗套。展览空间设计属于旧址改造，在保护文物建筑的同时，通过增加少量的墙体来划分有限的空间；展柜排布与墙面空间有效结合，设有通体柜、俯视柜、精品独立柜等多种展柜形式，以使展览面积最大化。因钱币展品绝大多数具有小而精致的特性，故在展托设计中采用了最适合观众视角的展示方式。

“中国货币通史陈列”于 2021 年 5 月 18 日荣获第十八届（2020 年度）“全国博物馆十大陈列展览精品推介”优胜奖。

馆藏精品

“重以黄釿”耸肩尖足空首布

春秋中晚期晋国铸造的货币。耸肩尖足空首布多为无文和单字，两字以上耸肩尖足空首布存世较稀少。中国钱币博物馆藏“重以黄釿”四字空首布，重 29 克、长 11.8 厘米、宽 4.1 厘米，文字清晰，钱体完整，存世罕见。

“重以黄釿”耸肩尖足空首布

唐代船型银铤

器型为中间束腰，两端翘起似小船，故名船型银铤。唐代我国与周边国家贸易活动频繁，需要使用大量白银进行贸易交换。底部平坦、边沿高凸、两端翘起的船型银铤方便在贸易活动中直观判断白银的成色，从而促使买卖双方顺利完成交易。除了常见的船型银铤之外，唐代白银货币亦有笏形银铤及圆形银饼存世。

唐代船型银铤

黄冈县农民协会信用合作社流通券

1926 年北伐军占领武昌后，湖北的农民运动由秘密转向公开。1927 年二三月间，黄冈县农民协会信用社在团风镇成立，并发行流通券，共计五万串，限本地区流通，今

黄冈县农民协会信用合作社流通券

仅见壹串券一种。

参观攻略

地　　址：北京市西城区西交民巷 17 号（因交通管制，建议从紧邻天安门广场西侧路的西交民巷东口进入博物馆参观）

咨询电话：010-66024178

交通路线：乘车前往前门、前门西站均可到达；地铁 2 号线前门站 C 口

开放时间：周二至周日 9：00—17：00（16：00 停止入馆，周一闭馆）

门票价格：免费参观

注意事项：观众可通过中国钱币博物馆微信公众号预约参观，预约时需填写本人真实有效身份信息（包含儿童），每个预约订单可预约 3 人

中国人民革命军事博物馆南门外景

68 中国人民革命军事博物馆

概　况

中国人民革命军事博物馆是中国第一家综合类军事博物馆，位于北京市复兴路9号。展览大楼于1958年10月兴建，1959年7月建成，是向国庆10周年献礼的首都十大建筑之一。1959年3月12日，经中共中央军事委员会批准，正式定名为中国人民革命军事博物馆（以下简称“军事博物馆”）。毛泽东主席亲自题写馆名，周恩来、朱德、邓小平、刘伯承、贺龙、陈毅、罗荣桓、聂荣臻、徐向前、叶剑英等党和国家、军队领导人多次审查展览内容，10月1日开始内部预展，1960年“八一”建军节正式对外开放。

2012年9月，军事博物馆对展览大楼加固改造，2017年7月竣工。加固改造后，军事博物馆展览大楼建筑面积15.3万平方米，陈列面积近6万平方米。主楼建筑高94.7米，南北两侧各4层，大楼顶端的圆塔托举着直径6米的镀金的中国人民解放军“八一”军徽。高达4.9米的铜门，是用福建前线参战部队送来的炮弹壳熔铸而成的。正门上方悬挂着毛泽东主席亲笔题写的“中国人民革命军事博物馆”金字铜底巨匾。大门两侧竖立着陆海空三军战士和男女民兵两组英姿勃勃的汉白玉石雕。全馆有43个陈列厅（区）。

军事博物馆馆藏文物以反映中国人民解放军军事史、中国古近代军事史和世界军事史为主。馆藏特色文物为武器、军服、证章和军事题材艺术品等。现有文物21万余件（套），一级品1793件（套）。馆藏文物包括飞机、大炮、舰船、导弹、枪械、弹药、冷兵器、勋章、证章、印章、钱币、陶器、瓷器、器具、服装、旗帜、文献、笔记等。代表性文物有：秦兵马俑、西汉铁钺、汉代钩镶、隋铜虎符、元至正十一年铜铳、明洪武五年碗口铳、明洪武十年铜铳、明东司房锦字号象牙腰牌、明王忬象牙腰牌、清神威无敌大将军炮、太平天国铁炮、左宗棠印章、丁汝昌战袍、“镇远”舰铁锚、金陵机器局造铜炮、加特林机枪、叶挺在北伐战争中使用的指挥刀、朱德在南昌起义中使用的手枪、毛泽东送给袁文才的皮裹腿、贺龙的狮钮印章、红军的第一部电台、中央革命军事委员会印章、周恩来的红星奖章、泸定桥铁索、贺龙题写的“兴盛番族”锦幛、黄土岭战斗击毙阿部规秀的迫击炮、杨靖宇的印章、左权的转轮手枪、八路军军工部生产的“八一”式马步枪、侵华日军中国派遣军总司令冈村宁次大将代表日军投降时呈缴的战刀、我军的第一辆坦克“功臣号”、北平（今北京）城门钥匙、黄继光的朝鲜金星奖章、王海驾驶的米格 -15 战机、头门山海战英雄炮艇、U2 飞机等。近年来，军事博物馆采取捐购结合的方式，加大对世界军品的征集，征集到极具收藏和研究价值的珍贵文物近 2 万件（套）。

常设展览 · 馆藏精品

军事博物馆陈列体系以军事历史为主，主要有以下展览。

中国共产党领导的革命战争陈列

展示中国共产党领导人民军队，为推翻“三座大山”进行的 20 多年波澜壮阔的革命战争史，分为土地革命战争、全国抗日战争和解放战争 3 个部分。

党领导的革命战争陈列尾厅

馆藏精品

侦察英雄齐进虎渡江用的木盆

长 171 厘米，宽 114 厘米，高 37 厘米。

1949 年 3 月，渡江战役前夕，解放军第三野战军著名侦察英雄齐进虎奉命同四位战友一起，渡过长江到黑沙洲侦察敌情。在掌握了大量敌军情报后准备返回时，由于敌人封锁江岸，找不到渡船。齐进虎等人就乘这个木盆渡过了长江，将情报送回指挥机关。战后，齐进虎荣获“华东一级人民英雄”称号。1959 年，由南京军区征集并移交军事博物馆。

侦察英雄齐进虎渡江用的木盆

朱瑞的中共七大代表证

1945 年 4 月至 6 月，长 9 厘米，宽 6.9 厘米。

这是被称为解放军“炮兵之父”的朱

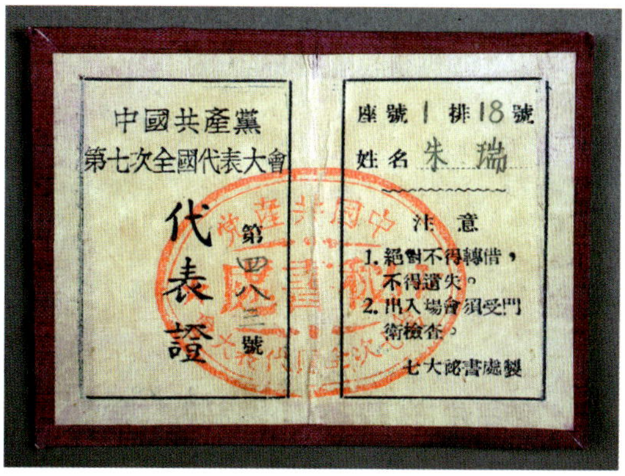

朱瑞的中共七大代表证

瑞在参加 1945 年中国共产党第七次全国代表大会时使用的代表证。朱瑞（1905—1948），早年曾在苏联克拉辛炮兵学校学习，抗战期间任中共北方局军委书记和组织部部长，八路军第一纵队政委，1943 年，进入延安中共中央党校学习，1945 年任延安炮兵学校校长，同年作为军队代表参加中共七大。1946 年，任东北民主联军炮兵司令员兼炮兵学校校长。1948 年，在参加辽沈战役期间因踏中地雷牺牲。1959 年，由朱瑞的夫人潘彩琴捐赠给军事博物馆。

兵器陈列

分负一层、一层和二层三个展区，重点突出人民军队缴获和使用的武器装备，特别

兵器陈列一层中央大厅

是人民军队历史上的功勋武器，力图从一个侧面揭示革命战争年代人民军队以弱胜强、以劣胜优的战斗精神和光荣传统，展示新中国兵器装备从无到有再到强的发展历程。

馆藏精品

王海在抗美援朝战争中击落击伤9架敌机所驾驶的米格-15歼击机

抗美援朝战争时期，长11米。

这是志愿军空战英雄王海驾驶过的米格-15歼击机，编号079，飞机上的9颗红星标志着该飞机拥有击落击伤敌机9架的战绩。王海于20世纪50年代初参加志愿军空军，任空九团一大队大队长，抗美援朝期间率一大队参加空战80余次，击落击伤敌机29架。一大队创志愿军空军大队歼敌最高纪录，荣立集体一等功，号称“英雄的王海大队”。王海本人荣立特等功、一等功，被授予“中国人民志愿军一级战斗英雄”称号。展品由空军移交军事博物馆。

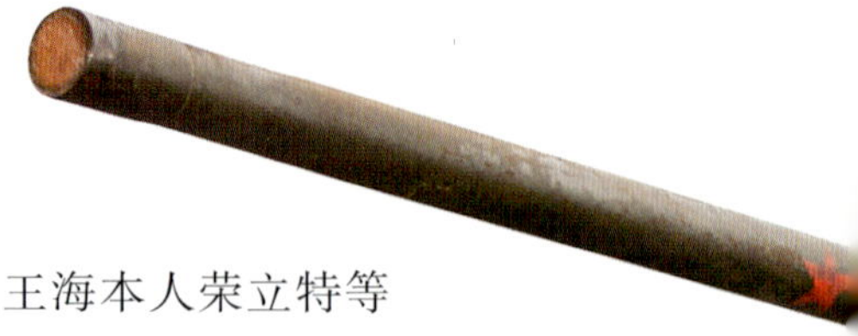

中国人民志愿军第215号坦克

抗美援朝战争时期，长8.15米，宽2.99米，高2.74米，战斗全重32吨。

这是编号215的苏制T-34坦克，为抗美援朝战争时期，我国从苏联购买。1952年7月，215号坦克所在的坦克四支队二连在配合步兵坚守石砚洞北山的战斗中，在条件极其困

王海在抗美援朝战争中击落击伤9架敌机所驾驶的米格-15歼击机

中国人民志愿军第 215 号坦克

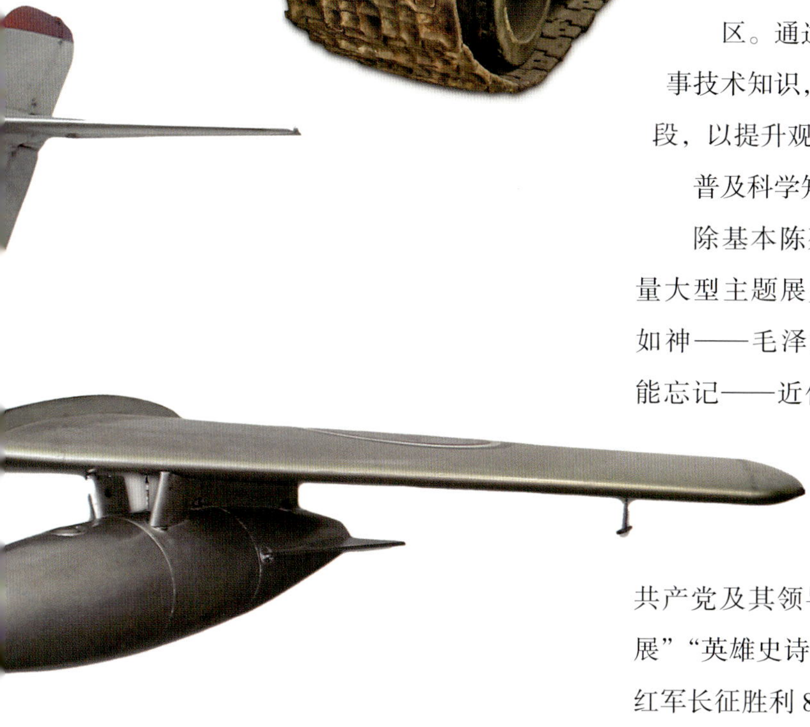

难的环境中，坚持了三昼夜，进行 8 次战斗任务，共击毁击伤敌坦克 6 辆，摧毁敌碉堡 12 个、机枪巢 8 个、小口径炮 8 门、指挥所 1 个，创造了坦克单车作战新纪录。战后，215 号坦克被授予“特等功臣车”光荣称号。展品由解放军坦克六团移交军事博物馆。

军事科技陈列

设置陆军重武器装备技术、陆军轻武器装备技术、海军武器装备技术、空军武器装备技术、导弹武器装备技术、核武器与核技术和平利用等展区。通过介绍国防科技、诸军兵种军事技术知识，运用现代科技展示方式和手段，以提升观众科学素质、弘扬科学精神、普及科学知识、传播科学方法为宗旨。

除基本陈列外，军事博物馆还举办大量大型主题展览。近几年来举办的“用兵如神——毛泽东军事指挥艺术”“历史不能忘记——近代以来中国人民抗击日本侵略展”“古田会议——党和军队建设史上的里程碑”“中流砥柱——中国共产党及其领导的人民军队抗日战争主题展”“英雄史诗 不朽丰碑——纪念中国工农红军长征胜利 80 周年主题展览”“铭记伟大胜利 捍卫和平正义——纪念中国人民志愿军抗美援朝出国作战 70 周年主题展览”“在党的旗帜下前进——人民军队庆祝中国共产

军事科技陈列空军装备技术展厅

党成立100周年主题展览”，得到了中央领导和各界观众的广泛赞誉，产生了巨大的社会影响。

拓展阅读

朱德在南昌起义时使用的德国毛瑟短管M96手枪

年代：1927年8月1日。尺寸：口径7.63毫米、长26.3厘米、枪管长10厘米。质地：钢、木。

朱德在南昌起义时使用的德国毛瑟短管M96手枪

这是朱德在南昌起义期间使用的警用型德国毛瑟短管M96手枪。起义后，朱德在手枪上刻上了“南昌暴动纪念　朱德自用”，以作留念。1927年，朱德来到南昌创办国民革命军第三军教导团。4月，兼任南昌市公安局局长。8月1日，朱德率教导团参加南昌起义。起义后，朱德任国民革命军第九军副军长，后率领南昌起义军余部800余人与毛泽东领导的秋收起义部队会师，组成中国工农革命军第四军。1956年，中国人民解放军政治学院筹建陈列室，从朱德处征集此枪。1959年，由中国人民解放军政治学院移交军事博物馆。

中华苏维埃共和国中央执行委员会人民委员会革命军事委员会印

年代：1931年11月。尺寸：直径9.5厘米。质地：木、银。

1931年，全国苏维埃第一次代表大会

于11月7日至20日在中央革命根据地的江西瑞金召开，大会宣告中华苏维埃共和国临时中央政府成立，大会委托中央执行委员会主席团组建最高军事机关即革命军事委员会。11月25日，中华苏维埃共和国中央革命军事委员会成立，同时制成了这枚大印。战争期间，这枚印一直由中革军委总司令部作战局保存。1959年，此印交军事博物馆。

中华苏维埃共和国中央执行委员会人民委员会革命军事委员会印

拓展视频

参观攻略

地　　址： 北京市海淀区复兴路9号

咨询电话： 010–66866244

交通路线： 公交1、21、32、52、68、65、78、94、308路军事博物馆站；地铁1号线、9号线军事博物馆站

开放时间： 每日9：00—17：00（16：00停止进馆）。每周一例行闭馆（法定节假日除外）

门票价格： 免费参观

注意事项：

1. 观众可通过中国人民革命军事博物馆官方网站、微信公众号、手机APP、电话自助语音系统等平台，使用第二代身份证、港澳台身份证、护照等实名制预约10日内的有效门票。错峰、限流参观，每日限额12 000人（9：00—12：00、12：00—16：00各6000人）；额满为止，不提供当日预约和现场预约。

2. 预约成功后，系统将推送预约订单信息，请妥善保存（电话语音自助系统仅有预约成功语音提示）。提前或错过预约时段谢绝入馆。如无法按时入馆参观，可于参观当日16：00前在系统申请退票，逾期无法操作退票，系统将默认该账号爽约1次，累计3次爽约的账号90天内无法预约。

3. 全面保障现役军人、军队文职人员、消防救援人员、老年人（60周岁以上）和残疾人的便捷参观权益，设有免预约绿色通道。

中国人民抗日战争纪念馆外景

69 中国人民抗日战争纪念馆

概　况

中国人民抗日战争纪念馆建成于1987年，是中国唯一一座全面反映中国人民伟大抗日战争历史的大型综合性专题纪念馆。建馆以来，中国人民抗日战争纪念馆广泛传播抗战历史，大力弘扬伟大的抗战精神，以建设成为国家纪念抗战胜利及全民族抗战爆发活动中心、中国抗战和世界反法西斯战争历史展示中心、中国抗战史料收藏和研究中心、世界反法西斯战争东方主战场对外宣传中心为目标，广泛开展社会教育活动，深入抗战史学术研究，每年推出专题展览。在国家立法设立中国人民抗日战争胜利日、南京大屠杀死难者国家公祭日之后，于2014年7月7日、2014年9月3日、2015年7月7日和2020年9月3日举办了纪念全民族抗战爆发以及中国人民抗日战争暨世界反法西斯战争胜利的重要纪念活动。

多年来，中国人民抗日战争纪念馆致力于文物藏品的征集、收藏和研究工作，赴国内各省及美国、日本等地征集文物藏品，并广泛接受社会各界友好人士的文物捐赠。现有馆藏文物3万余件（套），文物藏品以1931年至1945年抗日战争时期的各种历史文献和相关实物为主，同时也收藏与日本自1874年侵略和占领台湾的历史相关的各类文物，内容涉及军事、政治、经济、文化、社会等诸多历史侧面，逐步形成了以“七七事变文物组群、重要抗战人士相关文物、抗战时期纸质文物、侵华日军武器装备”为特点的文物收藏特色。

目前，中国人民抗日战争纪念馆是中国

国家一级博物馆和中国首批国家级抗战纪念设施、遗址，是国际二战博物馆协会、中国抗日战争史学会、北京和平教育基金会、北京抗战史研究会秘书处所在地，中国博物馆协会纪念馆专业委员会主任委员及秘书处挂靠单位。

常设展览·馆藏精品

中国人民抗日战争纪念馆有“伟大胜利　历史贡献”“台湾同胞抗日史实展”两个常设展览。展览满足了社会各界人士不同的参观需求，让观众更真切地了解那段被血与火洗礼的抗战历史，为传播伟大抗战精神做贡献。

常设展览——“伟大胜利　历史贡献”

2015年推出的“伟大胜利　历史贡献”大型主题展览是中国人民抗日战争暨世界反法西斯战争胜利70周年纪念活动的重要内容。展览共分“中国局部抗战”“全民族抗战”“中流砥柱”“日军暴行”“东方主战场”“得道多助”“伟大胜利”“铭记历史”8个部分，总面积6700平方米，展出照片1170幅、文物2834件。以历史图片和实物为主，以景观、油画、雕塑、影视片等展示手段为辅，全景式展现全国各民族、各阶级、各党派、各社会团体、各界爱国人士、港澳台同胞和海外侨胞英勇抵抗日本军国主义侵略的光辉历史，突出表现了中国战场作为东方主战场，为世界反法西斯战争胜利做出的巨大历史贡献。该展览荣获“第十三届（2015年度）中国博物馆十大陈列展览精品奖”。

馆藏精品

王孝慈给弟弟的家书

在中国人民抗日战争纪念馆馆藏文物中有一封家书，长16厘米，共5页纸。这是1938年10月26日晋中特委组织部部长王孝慈（原名向宗仁）给弟弟向宗圣（后牺牲）的家书。2009年7月1日，王孝慈的女儿向里南、女婿靳贝民夫妇将这封珍贵的家书捐赠给中国人民抗日战争纪念馆。王孝慈在家书中写道：“抗战是我们伟大的母亲，她正在产生新的中国、新的民族、新的人民。我们要在战争环境中受到锻炼，我们要在敌人的炮火下壮大起来。抗战是我们的神圣职责。我们的健康、智慧及勇敢要在抗战中诞生，要在抗战中发扬光大，我们要为驱逐敌寇出中国抗战到底，我们要为争取中华

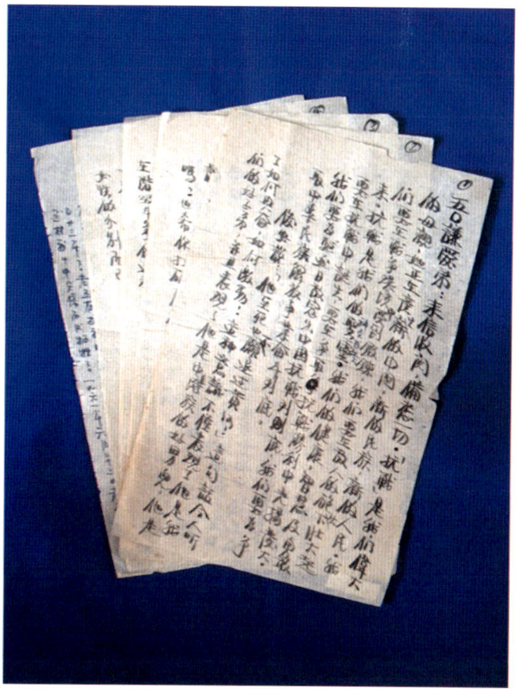

王孝慈给弟弟的家书

民族解放事业奋斗到底……”王孝慈把抗战视为伟大的母亲，以争取民族解放为己任，在他的影响及家人的相互鼓励下，儿子、弟弟相继投入抗日洪流。

晋冀鲁豫边区政府奖给田广生的“舍身取义”匾

这块晋冀鲁豫边区政府为表彰抗日英烈而颁发的“舍身取义”牌匾，长250厘米，宽80厘米，质地为杨木，蓝底黄字，匾的正中位置从右到左镌刻四个金色大字“舍身取义”。字的上方阳刻一方印“晋冀鲁豫边区政府”。匾的左侧竖刻“山交编村全体干部群众敬立　民国三十五年四月十五日”。匾的右侧竖刻几行字：“晋冀鲁豫边区政府奖给——英勇的广生同志：你在民族革命当中，任人民武装主任，经历与敌伪斗争数载，不屈不挠，始终保卫群众利益，勇敢积极，为革命坚持到底。不幸于三十三年四月十五日被敌包围，为保护群众退却牺牲敌手，血迹垂世、英名不朽，凡革命志士踏血前进，赓续革命成功矣。”

这块匾是由当时的一位小学教师曹逢春书写的，长久以来一直悬挂在田家大门口上方。

常设展览——“台湾同胞抗日史实展”

2015年推出的“台湾同胞抗日史实展”主题展览是为纪念中国人民抗日战争暨台湾光复70周年而推出的重要展览。展览共分6个部分，共展出355张珍贵的历史图片和416件珍贵的历史文物。这些文物大部分由台湾抗日志士后代或台湾抗日史研究专家捐赠，不但是台湾同胞心系祖国、爱国爱乡的珍贵实物，更是台湾同胞捍卫祖国领土完整、维护民族尊严的历史见证。

馆藏精品

李友邦与台湾义勇队档案

全民族抗战爆发后，在大陆的台湾同胞

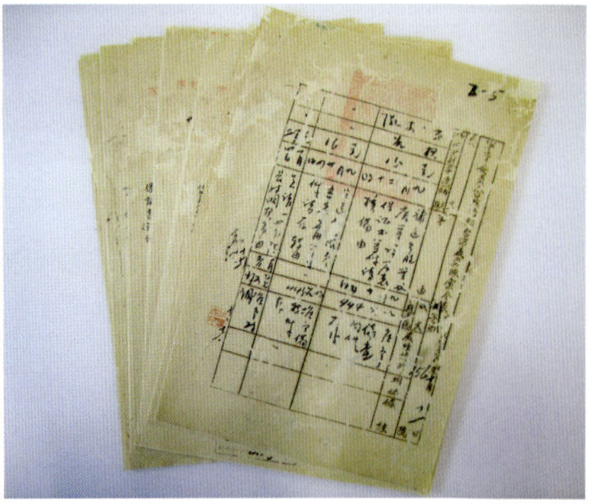

台湾义勇队档案

“舍身取义”匾

积极参加祖国的抗日战争，其中最为著名的就是李友邦领导的台湾义勇队。

中国人民抗日战争纪念馆馆藏有一批台湾义勇队原始档案。它们是由台湾义勇队队长李友邦之子李立群于 2013 年捐赠的。这批台湾义勇队档案数量之多、内容之珍贵，实属罕见。档案的形成时间主要是 1942 年到 1946 年，主要内容涉及宣传、组织、总务三方面的工作，由于档案十分珍贵，抗战馆以这批档案为底本，成为研究台湾义勇队的珍贵资料。

拓展音频

参观攻略

地　　址： 北京市丰台区卢沟桥宛平城内街 101 号

咨询电话： 010-63777088、010-63777188

交通路线： 公交 133、339 路，983、952、624、97 路抗战雕塑园站下车向北步行六分钟左右即到；地铁 14 号线大瓦窑站下车换乘 843、952、309、983 路公交至抗战馆雕塑园站，下车后向北步行 6 分钟左右即到

开放时间： 周二至周日 9：00—16：00

门票价格： 免费参观

注意事项：

1. 除法定节假日和重要抗战纪念日外，中国人民抗日战争纪念馆全年实行周一闭馆措施。
2. 中国人民抗日战争纪念馆实行线上预约参观制度，观众可登录纪念馆微信公众号预约。
3. 参观当日需持本人二代身份证检票入馆。

中国现代文学馆正门外景

70 中国现代文学馆

概 况

中国现代文学馆是国家级公益类博物馆，是目前世界上最大的文学博物馆，是北京市爱国主义教育基地。该馆是中国现代文学的资料中心，集文学展览馆、文学图书馆、文学档案馆以及文学理论研究、文学交流功能于一身。

中国现代文学馆池塘小景（摄影：沐定胜）

1981 年 4 月 20 日，中国作家协会主席团扩大会议讨论通过，决定筹建中国现代文学馆，并报中央批准。同年 10 月 13 日，建馆筹备委员会正式组建，11 月 16 日，“中国现代文学馆筹建处”成立。1985 年 1 月 5 日，在中国作家协会第四次会员代表大会上，中国现代文学馆正式宣告成立，同年 3 月 26 日，举行了隆重的开馆典礼，馆址为北京万寿寺西院。2000 年 5 月 23 日，中国现代文学馆新馆开放，馆址为北京市朝阳区文学馆路 45 号。

截至 2022 年 6 月，中国现代文学馆共有藏品 90.18 万件，对作家整批捐赠的文学资料，建立了以其姓名命名的文库，目前已经建立的有巴金、冰心、唐弢、张天翼、周扬、俞平伯、丁玲、萧军、姚雪垠、萧乾等 100 余座文库。

常设展・馆藏精品

“中国现当代文学展”是文学馆的常设展览。展览时间跨度从 19 世纪末一直延伸到新时代，展示了 700 多位作家、600 件手稿和初版本图书、4000 多张图片以及北大红楼、鲁迅的“老虎尾巴”书房、郭沫若和茅盾书房、左联成立会议室等场景的还原复制。

馆藏精品

《四世同堂》手稿

《四世同堂》手稿被批准进入《中国档案文献遗产名录》，成为第一批 50 件“档案文献国宝”之一。

1937 年卢沟桥事变之后，老舍只身奔

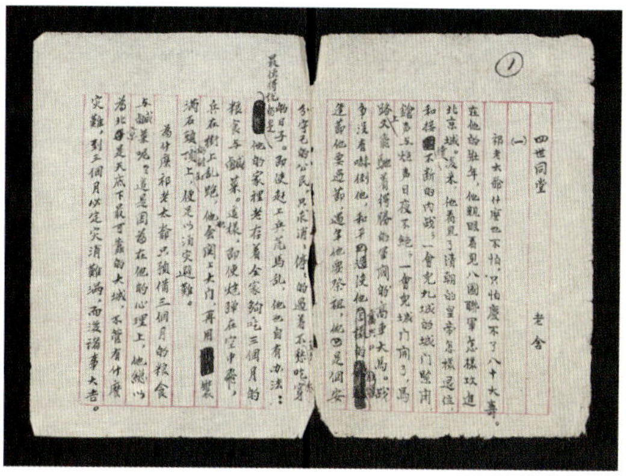

《四世同堂》手稿

赴武汉，担负起了中华全国文艺界抗敌协会的实际领导责任。他的夫人胡絜青在日寇铁蹄下苦苦挣扎了 6 年，于 1943 年 9 月逃出北平，独自带着 3 个幼小的孩子及 10 大件行李，50 多天里辗转五个省，历尽艰辛，于 11 月间奇迹般地出现在重庆北碚老舍的住地。此后的一段时间里，来打听沦陷区亲人消息的朋友络绎不绝，这让胡絜青不得不一遍又一遍地回忆起那种生活的屈辱与痛苦。每当这个时候，老舍总是坐在一旁，默默地听着夫人讲述。在听过不知多少遍之后，他终于说话了，他说他感谢自己的夫人，感谢她给他“带来了”一部长篇小说。

1944 年初，《四世同堂》开笔了。当时，后方有的全是一件一个窟窿、一洇一大片的土纸，不能用钢笔，只能使毛笔，于是研墨便要费些工夫。清晨，打完拳吃完早饭的老舍就站在西窗下的书桌前，一边研墨，一边思考着小说的情节。这一年“是战局最黑暗的时候，中原，广西，我们屡败，敌人一直攻进了贵州”，“在这年月而要安心写百万字的长篇，简直有点不知好歹”。但老舍先生却一直在写，认认真真地写，一丝不苟地写。第一卷《惶惑》33章、第二卷《偷生》34章，共计67章67万余字，约1700页，全部正楷竖行写在抗战大后方生产的红条土纸上。字迹勾画了了，页面干干净净。偶有个别字词的修改，或减或添都标示得清清楚楚，可见下笔之前的深思熟虑和成竹在胸。

写完第一、第二两卷之后，老舍先生应邀要到美国去了，便带着未完的书稿远涉重洋。从1947年春到1948年夏，他在从华盛顿到西雅图的奔波中写完了《四世同堂》的第三卷——《饥荒》。同前两卷不同，《饥荒》是用钢笔横式写在美国式的16开大笔记本上的，原本33章，33万字，与前两卷相加不多不少正好100章。但不知何种原因，1950年交上海《小说》杂志连载时，最后的13章竟被舍去，而在第87章后标示了"全文完"字样。

《四世同堂》通过描写战争期间沦陷区的平民生活，记录了中华民族遭受外寇奴役时的屈辱，发掘出了包藏在民族屈辱下的文化教训。

杨沫《青春之歌》手稿

中国现代文学馆成立后不久，杨沫就捐赠了自己手里的《青春之歌》手稿。她捐赠的不是其中的一部分，而是整部手稿，且保存完好，如今已成为现代文学馆的镇馆之宝。

在去世前一年的1994年6月28日，杨沫立下遗嘱，将《青春之歌》的版权、10万元稿费以及一批珍贵的手稿、文物全部无偿捐赠给中国现代文学馆。中国现代文学馆原副馆长、著名学者吴福辉先生在《中国现代文学馆的诞生与发展》一文中回忆说："比较晚成立的'杨沫文库'因作者开创了不仅赠书赠物并赠送版权的先例，而显得十分特别。"舒乙则评价："杨沫先生捐赠版权是中国文学界破天荒的第一次。"

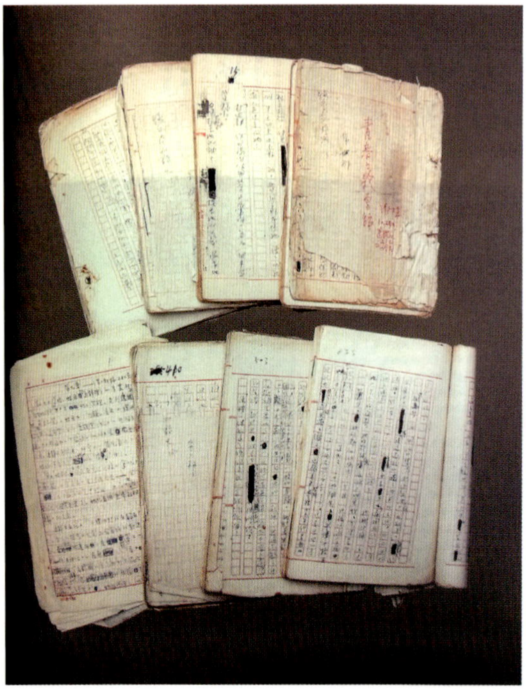

杨沫《青春之歌》手稿

在这份遗嘱中，杨沫写道："我把我的10万元人民币积蓄，赠给现代文学馆。并把我所有著作的版权及稿酬，也全部赠给现代文学馆。"

1995年的3月春寒料峭，中国作家协会第四届主席团第九次会议在上海召开，杨沫先生出席了这次会议，当时她精神状态很好，其间主动找到了现代文学馆的负责人，称自己还有一批著作、藏书要陆续捐给文学馆保管。杨沫先生病逝后，这个承诺全部得到了落实。

参观攻略

- 地　　址：北京市朝阳区芍药居文学馆路45号
- 咨询电话：010-57311800
- 交通路线：公交119、125、409、567路中国现代文学馆站
- 开放时间：每日9：00—16：30（16：00停止入馆），每周一例行闭馆（国家法定节假日除外）
- 门票价格：免费参观
- 注意事项：全部实行实名制预约参观。观众通过“中国现代文学馆”微信公众号，使用第二代身份证、护照（仅限外宾）、港澳居民来往内地通行证、台湾居民来往内地通行证实名预约5日内参观门票

中国印刷博物馆正门外景

71 中国印刷博物馆

概况

中国印刷博物馆是中央部委直属的国家级博物馆，是传承弘扬中华优秀传统文化、革命文化、社会主义先进文化，普及中国古代“四大发明”印刷术所承载的印刷文化及科技知识的公共文化服务机构，现为全国爱国主义教育示范基地、全国科普教育基地、国家一级博物馆、国家AAA级旅游景区。

中国印刷博物馆于1996年6月1日建成开馆，是世界上规模最大的印刷专业博物馆，全面展示印刷术的起源、发明和发展过程，展现了印刷文化对人类文明进步所发挥的巨大推动作用。博物馆建筑面积7800平方米，展陈面积5500平方米，现有藏品35万余件。

博物馆里展示有精致的古代雕版、复原的毕昇泥活字和王祯转轮排字盘；传世千年的宋刻本《春秋经传》等古籍善本、精美的彩色套印年画；镶嵌“国难后修整”铭牌的手扳架印刷机、八路军使用过的“马背上的印刷机”；汉字激光照排系统、最美书籍、3D打印技术等。观众可在此感受中华民族伟大的创造创新精神和传统文化的深厚底蕴，接受爱国主义教育，感受社会主义先进文化的蓬勃发展。

中国印刷博物馆积极履行国家公益性博物馆收藏、展示、教育、研究、交流等社会职责，讲好中国故事，传播好中国声音。举办建党百年印刷出版专题展、改革开放40周年印刷成就展等重要节点重大事件专题展，“中华印刷之光专题展”等品牌展览的巡展足迹遍布国内外；开展“我在博物馆的一天”“印博进校园、课程进课堂”“毕昇杯”中小学生征文演讲比赛和送展进校园、进军营、进社区、进企业等活动，以多种形式让印刷文化飞入百姓家、植根中小学生心里。

常设展览·馆藏精品

中国印刷博物馆共设有古代印刷、近现代印刷、印刷设备 3 个常设展览以及 1 个数字展厅、1 个临展厅和 3 个互动体验区。常设展览主题鲜明、内容丰富，准确阐释了印刷文化及印刷技术的历史发展脉络和辉煌成就，展示了印刷文化对人类文明进步的积极作用。

常设展览——印出东方：印刷术的根在中国

该展览位于博物馆一层，讲述了我国古代印刷术的起源、发明发展和传承传播的历史过程，展示了印刷文化的东方传奇，展现了印刷术对推进人类文明进步所做出的伟大贡献。

馆藏精品

《春秋经传》

南宋临安精刻本，开本宏大，版面舒朗，印刷精美，纸墨讲究。书高 42 厘米，宽 28 厘米；每页 8 行，每行 17 字，是中国古代雕版印刷的匠心之作。

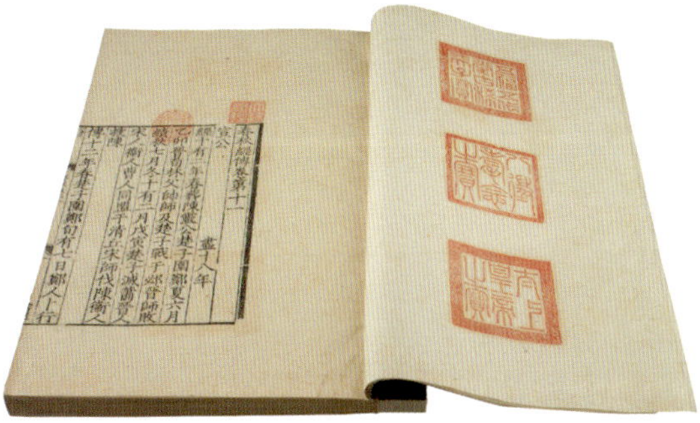

《春秋经传》

印出东方展厅内景

常设展览——印行天下：印刷术与文明互鉴

该展览位于博物馆二层，介绍了世界近现代印刷术的发展和我国民族印刷业的兴起，讲述了红色印刷出版文化故事，展示了数字印刷技术发展的新趋势。

印行天下展厅

馆藏精品

手扳架印刷机

该机器为20世纪20年代生产的平压平式印刷机，主要用于印制书、报等出版物，

手扳架印刷机

是上海商务印书馆的重要印刷设备。1932年中日淞沪会战期间，商务印书馆作为重要的文化单位被日寇飞机轰炸。为尽快恢复印刷出版工作，宣传民族不屈斗志，商务印书馆在清理废墟中找到这台被炸损的手扳架印刷机，及时组织修复并投入到生产之中。印刷机上镶嵌着“国难后修整”的铭牌，是爱国主义教育的重要文物。

常设展览——印机宝藏：印刷工艺的宝笈魔盒

该展览位于博物馆地下一层，是世界上印刷机械藏品最丰富、种类最齐全的展馆，保存有19世纪以来130余台（套）中外印刷设备，见证了不同时期中外印刷技术的交流互鉴，展示了印刷设备创造创新的伟大历程。

印机宝藏展厅内景

馆藏精品

马背上的印刷机

该印刷机是1943年由《晋察冀日报》报社印刷工人牛步峰、孟广印等人研制的。抗日战争时期，报社同志们面对日寇

疯狂扫荡，坚持游击办报，鼓舞军民抗日斗志。为更好地转移和及时印刷办报，报社同志对铅字印刷机进行改良，减轻负荷。最后一台印刷机重量仅30千克，一匹马即可驮走，被形象地称为“马背上的印刷机”。

马背上的印刷机

参观攻略

地　　址： 北京市大兴区兴华北路25号

咨询电话： 010-81282700、010-81282860

交通路线： 公交456、631、829、954、968、969、兴35、兴37、兴53、兴66、兴940路清源西里站；地铁4号线清源路站A口

开放时间： 9：00—17：00（16：30停止入馆），周一闭馆

门票价格： 免费参观

注意事项： 中国印刷博物馆实行线上预约参观制度，每日限流500人，观众可通过微信公众号“中国印刷博物馆”和中国印刷博物馆官方网站在线预约

中国邮政邮票博物馆大楼

72 中国邮政邮票博物馆

概　况

中国邮政邮票博物馆是由中国邮政集团有限公司主管的行业博物馆，也是我国唯一收藏和利用邮政、邮票文物进行相关学术研究与交流的国家级行业博物馆，于 2007 年 8 月 22 日正式向社会公众开放。

博物馆大楼建筑面积 23 705 平方米，库房面积 3000 平方米，展厅面积 5500 平方米，藏有清代以来中国各历史时期邮政主管部门发行的邮资票品、通过万国邮政联盟与世界 200 多个国家和地区交换而来的外国邮票以及邮政文物。

该馆以习近平新时代中国特色社会主义思想为指导，着力打造主题突出、导向鲜明、内涵丰富的精品陈列，积极传播中华优秀传统文化、革命文化、社会主义先进文化，弘扬以爱国主义为核心的伟大民族精神。中国邮政邮票博物馆曾荣获“中央国家机关文明单位”“全国爱国主义教育示范基地”“全国科普教育基地”“北京市爱国主义教育基地”“北京市中小学生社会大课堂资源单位”“东城区爱国主义教育基地”等荣誉称号。

近年来，博物馆坚持创新、开放的理念，充分激活馆藏文化资源，开拓展陈新格局，策划推出了一系列富于时代特色、具有爱国主义情怀、在国内集邮领域颇具影响的精品展览。

中国邮政邮票博物馆践行“人民邮政为人民”的服务宗旨，积极发挥社会教育职能，为社会各界观众集体参观提供免费讲解服务。同时，每年还策划实施“开学第一课”精品课程、“邮票基础知识”讲座、“青少年邮票绘画比赛”“小小讲解员”培训等丰富多彩的社教活动，对引导青少年学生坚定文化自信和自觉践行社会主义核心价值观发挥了重要作用。

常设展览·馆藏精品

博物馆展区共有四层，分别设有邮票馆、邮政馆、特展厅和珍宝馆。

常设展览——邮票馆

邮票馆主展厅展出了邮票基本陈列，分为“海关邮政时期邮票”“清代国家邮政时期邮票”“中华民国时期邮票”“中国人民革命战争时期邮票”“中华人民共和国邮票”“外国异形异质邮票”和“邮票印刷工艺和防伪技术”7个部分，全面展示了中国140多年来的邮票发行历史和异彩纷呈的世界各国邮票。

馆藏精品

大龙邮票

1878年7月，海关邮政发行中国第一套邮票，图案为江山云龙，通称大龙邮票。用无水印纸、单个阳纹铜模拼成活版印制。纸质薄，呈半透明状，图幅间距为2.5毫

大龙邮票

二层主展厅场景

米，称“大龙薄纸”；后陆续加印，1882年所印图幅间距为4.5毫米，称“大龙阔边”；1883年所用纸张较厚，前批齿孔光洁，称“大龙厚纸光齿”，后批齿孔毛糙，称“大龙厚纸毛齿”。邮票铭记中文“大清邮政局”、英文“CHINA”，邮资面值以中国海关记账单位关平银（海关银）表示：一分银（绿色，印刷品）；三分银（红色，普通信函）；五分银（黄色，挂号信函）。

常设展览——邮政馆

邮政馆划分为原始通信、古代邮驿、近代邮政和现代邮政4个展区，以大量的实物、图表、景观、模型回顾了中国邮政源远流长的发展历史。

邮政馆场景

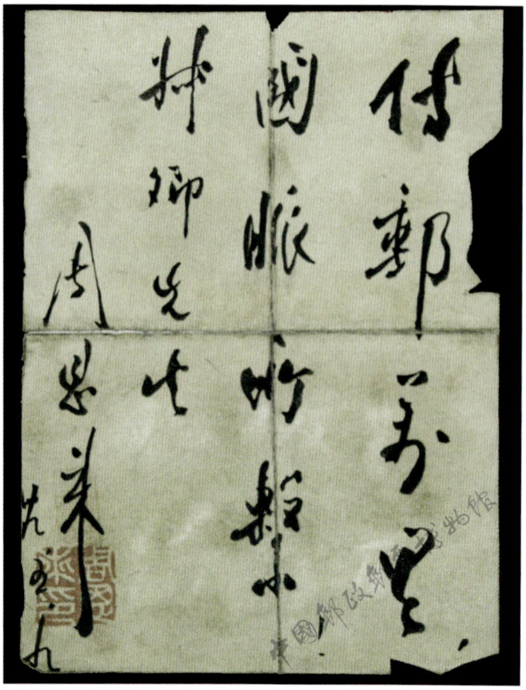

“传邮万里　国脉所系”题词

馆藏精品

“传邮万里　国脉所系”题词

1940年5月9日，中华邮政第三军邮视察段总视察林卓午邀请周恩来赴中华邮政陕西邮政管理局做形势报告。其间，周恩来为其题写了“传邮万里　国脉所系”。该题词指出邮政通信直接关系到国家命脉，揭示了邮政的重要社会地位和作用，也说明了邮政部门承担的重要社会责任。

拓展阅读

《庚申年》邮票原图

《庚申年》邮票是我国第一套生肖邮票，于1980年2月15日发行。邮票原画作者是黄永玉，设计者是邵柏林，雕刻者是姜伟杰。

黄永玉是我国著名画家，他采用泼墨手法，寥寥数笔就勾画出一只顽皮活泼、充满灵气的猴子。再加上邮票雕刻者的精心雕刻，根根猴毛毫微毕现，栩栩如生。《庚申年》邮票于春节前一天发行，选用大红作底色，更显示出欢度新春佳节的喜庆气氛。

《庚申年》邮票因绘画大师的参与，设计者与雕刻者的精心再创作，再加上中国生肖系列邮票龙头的地位，吸引了无数集邮爱好者的目光。

《庚申年》邮票原图

参观攻略

地　　址：北京市东城区贡院西街六号 D 座

咨询电话：010-65213816、010-65213894

交通路线：公交 1、120、126、52、特 2 路等北京站口东站；地铁 1 号线、2 号线建国门站 A 口

开放时间：9：00—16：00，每周一闭馆（节假日开闭馆时间另行通知）

门票价格：免费参观

注意事项：中国邮政邮票博物馆实行线上预约参观制度，每日限流 300 人，详情可见“中国邮政邮票博物馆”微信公众号

中国园林博物馆正门

73 中国园林博物馆

概　况

中国园林博物馆是中国第一座以园林为主题的国家级博物馆，占地面积6.5万平方米，以“中国园林——我们的理想家园”为建馆理念，是收藏园林特色文物、研究园林历史价值、展示园林艺术魅力、弘扬中华优秀传统文化的公益性文化机构，是全面展示中国园林悠久历史、灿烂文化、多元功能以及辉煌成就的重要窗口，被誉为“有生命”的博物馆。

中国园林博物馆的展览体系力求体现中国园林的本质特征、发展历程、厚重文化、多元功能、价值取向以及源于自然高于自然、“虽由人作，宛自天开”的造园技艺。全馆展示各类植物200余种、山石10余类，体现了中国传统园林的多样性。馆内收藏有陶器、瓷器、木器、古籍等16类藏品，所属年代跨度大，较为完整地展示了中国园林的发展脉络。

作为国家AAAA级旅游景区和全国中小学生研学实践教育基地、北京市科普基地、首都科普主题研学基地和北京市民终身教育基地，馆内设有秘密花园园林生态体验区、科学创意实验室、公众教育中心、园林创艺工坊4处教学专区。面向园林行业高校开设“入学第一课”，是多所高等院校的教学实践基地，并与多个国家在展览和学术交流等方面开展了多种形式的合作。

常设展览 · 馆藏精品

中国园林博物馆以展厅、室内展园和室外展区为主要构成。其中展厅包括中国古代园林厅、中国近现代园林厅两个基本陈列，世界名园博览厅、中国园林文化厅、中国造园技艺厅和园林互动体验厅四个专题陈列。室内展园撷取南方园林菁华，建有畅园、余荫山房、片石山房三处园林景观。室外展区按地形特点分别由塔影别苑、染霞山房、半亩轩榭三处北方园林组成，形成园内有馆、馆内有园的独特风貌。

基本陈列——中国古代园林厅

中国古代园林厅位于室内第一固定展厅，展览主题为“源远流长，博大精深”。展览内容以史为线，系统展示中国园林3000多年的发展历程，分为中国园林的生成、中国园林的转折、中国园林的繁盛、中国园林的成熟和中国园林的集盛五个部分，见证了中国古典园林的辉煌发展历程。

拓展视频

馆藏精品

上林瓦当

汉代，最大直径15.7厘米，高8.3.厘米。

此瓦为汉代圆形文字瓦当，瓦边较为平整，当面由上到下阳文篆书“上林”二字，为汉代园林上林苑所属。瓦当当面字大而遒美，排列组织和谐匀称，充分利用了中国汉字结构的艺术特色，彰显汉代质朴浑厚的艺术风格。文字瓦当是中国古代瓦当中非常重要的类型之一，出现并流行于西汉时期，不但有较高的书法艺术价值，还有丰富的学术价值，是古代历史地理、思想意识最为直观的展现，是研究古代园林建筑的重要史证资料。

中国园林博物馆馆藏砖瓦类藏品1500余件（套），包含先秦至元明时期的画像砖、浮雕砖、文字瓦当及图案瓦当等多种类型。其上文字或图案多反映庭院、楼阁、园林建筑、景观植物等中国古典园林信息，是研究古代历史、政治制度、园林文化等方面不可多得的实物资料，具有较高的艺术价值与历史研究价值。

室内展园——苏州畅园

苏州畅园位于室内一层，总面积1450平方米。以苏州市庙堂巷的苏州畅园原型为主体，通过整体复建和展园设计，主要展示留云山房、涤我尘襟和桐华书屋等园林建筑。园内的花木山石、灰瓦白墙、小亭曲径、翠竹点缀，展现了苏州园林独特的造园风格和高超的艺术成就。

上林瓦当

苏州畅园

畅园是苏州小型园林的代表作之一，面积666平方米有余，以水池为中心，周围绕以厅堂、船厅、亭、廊等园林建筑，是苏州中小园林的常用手法，采用封闭式布局和环形路线，景致丰富而多层次。缘岸围叠湖石、水池南端五折石板桥将池面一分为二。整体布局空间配置紧凑，景物层次丰富，在同类园林中具有代表性。

室外展区——半亩轩榭

半亩轩榭展区位于室外主建筑西北侧，占地530平方米，取清代北方私家园林的代表清代“北京半亩园”的云荫堂庭院复原建造，再现了清时期园内最具特色的云荫堂庭院、玲珑池馆、留客亭、退思斋、近光阁等景致，建筑与水体、山石相互渗透，充分体现了“小中见大”的造园手法。展园内垒石成山，引水为池，体现了北方私家园林的风貌。

半亩园始建于清康熙年间，位于京城弓弦胡同（今黄米胡同），现已不存。传说为清代文学家、造园家李渔所作。园内建筑风格淡雅，陈设精致，空间幽曲，叠山、理水、花木栽植都别具匠心，尤其是园中叠石假山更被誉为“京城之冠”。

拓展阅读

清乾隆青花山水纹八角纹章长盘

口径31.5厘米 ×22.2厘米，底径21.3厘米 ×13.5厘米，高3.8厘米。欧洲定烧青花纹章瓷盘，江西景德镇窑烧造。

纹章瓷是明清时期中国外销瓷中的重要品种之一，属于专门为国外客户来样加工订制的定烧瓷器，因其上绘有欧洲各国皇室、贵族、团体、富有阶层等象征和代表权利、地位、身份的纹章图案而得名。

半亩轩榭

清乾隆青花山水纹八角纹章长盘

此盘八角长方形、浅腹。盘内壁中央上方绘有欧洲定制纹章，边饰锦地花卉纹，盘内底开光内绘有山水风景和“携琴访友”人物故事图案。胎质细腻，釉色清亮，青花发色沉稳。山水构图含蓄沉静，整体画风清丽淡雅，展现了中国山水园林之美，也体现了人与园林和谐美好的关系。

明清瓷器中的山水风景纹饰主要受到中国古典园林和中国绘画的影响，多绘有山水风景、亭台楼阁、花鸟植物、人物故事等题材纹饰，配以精美别致的欧洲纹章，成为与众不同的奢华瓷器。构图及画面意蕴借鉴了中国山水画创作的理念。以外销瓷为载体的中国园林纹饰极具东方神韵和艺术魅力，凸显了西方对古老东方文明和中国园林山水宜居的美好向往，对传播中国园林和中国传统文化影响深远。

象鸟蛋

象鸟蛋

高 31 厘米，直径 23 厘米，周长 72 厘米，相当于 100 个普通鸡蛋大小，重量达 1569 克。

象鸟也叫隆鸟，曾生活在非洲马达加斯加岛森林中，是一种善奔跳而不会飞的巨鸟，因人类过度捕杀等原因已灭绝 3 个世纪。象鸟蛋在世界上保存数量稀少，12 枚在美国、4 枚在英国、2 枚在澳大利亚。中国园林博物馆收藏的这一枚象鸟蛋曾于 2015 年在馆公开展示，是中国乃至亚洲地区所公开展示的首枚，是鸟类进化、分类，以及保护生物多样性等研究工作的重要材料。

参观攻略

- **地　　址：** 北京市丰台区射击场路 15 号
- **咨询电话：** 010-63915025、010-63915017（9：00—17：00）
- **交通路线：** 公交 327、951 路芦井站，专 55、专 115、903 路中国园林博物馆站；地铁 14 号线园博园站 A 口下车换乘公交专 55、专 115、903 路
- **开放时间：** 周二至周日 9：00—17：00（15：30 停止入馆，16：30 室内区域关闭），周一闭馆（法定节假日除外）
- **门票价格：** 免费参观

宋庆龄同志故居正门

74 中华人民共和国名誉主席宋庆龄同志故居

概况

中华人民共和国名誉主席宋庆龄同志故居（以下简称“宋庆龄故居”）位于后海北沿46号，原是清朝醇亲王载沣的王府花园。早在清康熙年间，初建明珠府第，乾隆年间易为和珅别院，嘉庆年间改为成王府，光绪十四年（1888年）改为醇亲王府。中华人民共和国成立后，党和政府即计划为宋庆龄在北京修建寓所，但她以国事为重，一再逊谢。后由周恩来总理亲自筹划，决定借此王府花园，葺旧更新，新建一座仿古式两层主楼。该园内碧水回环，山石嶙峋，花木荟萃，芳草萋萋，楼堂亭榭，错落其间，浑然一体，是一处幽静典雅的庭园。宋庆龄自1963年4月乔迁至此，一直工作、学习和生活到1981年5月29日逝世。同年10月，由国家命名为“中华人民共和国名誉主席宋庆龄同志故居”，于翌年5月29日起对外开放。

宋庆龄故居被国务院列为全国重点文物保护单位，以原状陈列保存了宋庆龄生前在此工作、学习、读书、接见、座谈、宴请、休息、娱乐、喂鸽、赏花等生动场景，陈列宋庆龄生平展览，是集参观、游览、活动、会议等功能为一体的重要场所。宋庆龄故居被评为全国爱国主义教育示范基地、全国青少年教育基地、全国中小学生研学实践教育基地、全国红色旅游经典景区、中央国家机关党性教育活动场所和思想教育基地、北京市廉政教育基地、北京爱国主义教育基地等。

自1982年对外开放以来，宋庆龄故居每年接待海内外观众20余万人次，举办国内外交流活动百余场，正在成为收藏孙中山和宋庆龄的文物宝库、研究宋庆龄生平事迹和伟大思想的权威机构、弘扬宋庆龄精神的坚强阵地、增进中外人文交流的重要平台。

常设展览·馆藏精品

宋庆龄故居展览包括宋庆龄生平展、原状陈列和专题展览。其中宋庆龄生平展以图片和文物的形式展现了宋庆龄伟大光荣的一生，内容包括求学立志、风雨同舟、继承遗志、团结抗战、迎接曙光、杰出领袖、心系人民、和平使者、缔造未来、国之瑰宝10个部分；原状陈列是一座中西合璧式的二层小楼，可以真切感受到宋庆龄廉洁的作风和生活情趣；专题展览是根据国家重大纪念活动节点，并结合宋庆龄的生平事迹筹划的相关展览，涉及革命历史、书法书画、历史文化、特色项目等方面。

宋庆龄生平展

宋庆龄生平展位于宋庆龄故居西侧文物库一层，于2009年对公众开放。该展览的基本框架由廖承志拟定，经多次改陈愈加完善，以丰富的文物和图片，全景式展现了宋庆龄伟大光荣的一生。

馆藏精品

毛瑟牌手枪

这把手枪是1914年出品的德国军用手枪，枪身小巧精致，发射32ACP（柯尔特自动手枪弹）口径子弹，枪膛能容纳8发子弹，是孙中山送给宋庆龄的结婚礼物，它不

宋庆龄生平展序厅

仅见证了孙中山和宋庆龄精诚无间的婚姻，也是风雨如晦革命岁月的见证。

毛瑟牌手枪

波点旗袍

这是一件深蓝色真丝旗袍，深蓝底上印着素雅的白色波点花纹。它是宋庆龄抗日战争时期穿过的旗袍，被评为珍贵的国家一级文物。

波点旗袍

博士服和博士帽

这套博士服和博士帽为蓝底红边黑帽，是1981年5月8日加拿大维多利亚大学授予宋庆龄荣誉法学博士学位时宋庆龄穿着的。这是她最后一次在公众面前出现。

博士服和博士帽

原状陈列——卧室兼办公室

卧室兼办公室是宋庆龄晚年日常工作、生活的主要场所。这里的陈设保持着宋庆龄生前的原状。宋庆龄患上了慢性淋巴性白血病，她病重期间，医务人员在这里为她抢救，她也是在这里病逝的。

卧室兼办公室

馆藏精品

卧室兼办公室陈设

从房间里摆放的家具可以看出宋庆龄生活非常俭朴，家具和办公用品经过多年的使用大都比较陈旧。在办公桌旁边的落地灯，灯罩坏了以后工作人员曾经要换新的，但是宋庆龄说，虽然灯罩坏了，但是灯罩的架子还是可以使用的。她请工作人员用旧窗帘布缝制了一个灯罩继续使用。落地灯旁边是梳妆台，梳妆台上两边的镜面水银都脱落了，大家都劝她换新的，但是宋庆龄说中间的镜子还是可以用的，就这样一直用到了她去世。

参观攻略

地　　址： 北京市西城区后海北沿46号

咨询电话： 010-64044205-815、010-64044205-829

交通路线： 公交44、55路德胜门站下车沿后海北沿向东，公交5、635路果子市站下车沿后海夹道向南；地铁积水潭站B口出站沿西海、后海北沿向东行约10分钟

开放时间：（夏季）4月1日—10月31日 9：00—17：30（17：00停止售票），（冬季）11月1日—次年3月31日 9：00—16：30（16：00停止售票）。周一闭馆（节假日除外）

门票价格： 成人20元/人；老年人（60周岁以上）、大学生（不含研究生、留学生、成人教育）10元/人；凭有效证件免票人员：65周岁（含）以上人员，18周岁（含）以下未成年人（集体参观需提前预约），残疾人，其他人员（八一建军节现役军人、教师节教师等）。享受优惠政策者，凭有效证件在售票窗口领票后安检入内

中央美术学院美术馆

75 中央美术学院美术馆

概　况

中央美术学院美术馆的历史可追溯至20世纪50年代初，原名“中央美术学院陈列馆”，坐落于北京市王府井帅府园校尉胡同中央美术学院旧址，由著名建筑师张开济主持设计，是中华人民共和国成立后建造的第一座专业美术展览馆。1998年，中央美术学院陈列馆更名为“中央美术学院美术馆”（以下简称“央美美术馆”）。2008年10月，美术馆新馆落成开放，位于朝阳区花家地南街8号的中央美术学院院内，由日本著名建筑师2019年普利兹克建筑奖得主矶崎新设计，2010年底被评为首批“全国重点美术馆”之一。

央美美术馆建筑占地面积3546平方米，总建筑面积14 777平方米，坐落在弧形场地，外形为幕墙与屋顶曲线过渡形成壳体，似立体回旋镖。3个出入口以回旋镖的翅尖和弯角切割而成，大面积采用玻璃幕，增加

中央美术学院美术馆内景

了建筑的通透性且满足采光需求。美术馆外墙覆盖灰绿色的岩板，与校园建筑的灰砖颜色协调，统一中富于变化。美术馆高 24 米，总共 6 层，地上 4 层，地下 2 层。地下一层有报告厅、咖啡厅及会议室等办公区域，地下二层为馆藏品保存空间，包括修复室、研究室、典藏室。地上分为 4 层，无立柱的空间设计可以满足不同体量、不同类型作品的展示需求，并为展览动线的多种变化提供可能。

馆藏研究及展览

央美美术馆目前共有藏品 2 万余件，收藏历史近一百年。依托中央美术学院强大的学术资源和历史沉淀，其藏品涉及古今、兼顾中西，囊括了各个美术领域。其中中国古代书画收藏序列、近现代中国美术作品收藏序列，以及中央美术学院教师与学生作品收藏是央美美术馆的重要收藏特色，央美美术馆也十分注重当代艺术和国际艺术的收藏，并已初步建立成体系的系列收藏。

作为文化和旅游部首批国家重点美术馆，央美美术馆秉承“兼容并蓄、继古开今”的学术理念，力图通过研究及展览，为央美师生以及美术领域的专业人员开展创作实践和史论研究，提供参考与借鉴，亦为社会公众了解中央美术学院和中国现代美术发展，了解人类的艺术文明和我们当下的时代文化，提供多样的视角和丰富的资源。展览类型主要分为藏品研究展、教学创作展、国际交流展、学术品牌双年展等。新馆开馆十数年间，举办了大量展览，获得了广大观众和业界人士的广泛好评。

其中“藏品研究展”主要是围绕中央美术学院类型多样的收藏进行，尤以收藏于美术馆的 2 万余件精品为重心，通过多个馆藏精品陈列展示串起校史和美术史。其中既有围绕中国现代美术以及美术教育发展历程中的某一历史时期或某一学术话题开展的专题展，如“国立北平艺专精品陈列”“再造山河：20 世纪 50、60 年代‘新国画运动’研究展”“雕塑基因：20 世纪 50、60 年代中央美术学院教学构建中的多种传统”“天才

“大美之艺——中央美术学院的艺术创造与美育影响”展览

纵横——中央美术学院美术馆藏任伯年作品专题展”等馆藏精品陈列多次荣获文化和旅游部馆藏精品展出季的嘉奖。也有以20世纪中国美术史中的重要人物，如徐悲鸿、王式廓、董希文、罗工柳、胡一川、古元等艺术名家为研究对象的个案研究展，“至爱之塑——雕塑家王临乙、王合内夫妇作品文献纪念展”“悲鸿生命：徐悲鸿艺术大展”等展览曾荣获文化和旅游部全国美术馆优秀展览项目。同时，央美美术馆还以完善收藏序列为目标，举办了数次大型藏品展览，“历史的温度——中央美术学院与中国具象油画”“大美之艺——中央美术学院的艺术创造与美育影响”等展览获得了国家艺术基金及文化和旅游部年度优秀项目的嘉奖。

《立马》

拓展阅读

《山鹊枇杷图》

宋代佚名《山鹊枇杷图》画页是中国古代书画收藏序列中的代表作品，也是本院最古的作品。画页绢色古旧酥脱，画法精细，鸟的画法迹近没骨，而枇杷叶子比较强调线条，并且成功地表现了羽毛的绒性质感甚至细微的闪光，接近两宋之交的宫廷画家的水平。

《立马》（徐悲鸿）

徐悲鸿中国画《立马》是近现代中国美术作品收藏序列的代表作品，作于1947年，以素墨写一匹消瘦的骏马，骏马迎风而立，意气风发，是徐悲鸿晚年艺术成熟时期马画作品的精彩之作。

参观攻略

地　　址：北京市朝阳区花家地南街8号

咨询电话：010-64771575

交通路线：地铁15号线望京站，14号线阜通站，13号线望京西站，10号线太阳宫站

开放时间：周二至周日9：30—17：30，周一闭馆

门票价格：成人全价票15元/人，优惠票价10元/人，如遇特展需另外购票，详情可见中央美术学院美术馆官方网站

自然科学类博物馆

北京百年世界老电话博物馆外景

76 北京百年世界老电话博物馆

概　况

北京百年世界老电话博物馆是 2006 年底经北京市文物局批准、2007 年初北京市民政局注册成立的一家非国有博物馆，是中国目前唯一一家全面收藏、研究、展示、介绍世界各国 100 多年来电话及相关通信技术和通信产品的专业博物馆。馆藏品类别丰富，很多藏品为孤品，有很高的技术、人文和历史价值。展览由两部分组成：一部分是世界百年电话经典藏品展览；另一部分是按藏品类别，配合各种节日和民俗活动开展的专题展览。2015 年、2021 年两次被北京市民政局评为 AAAA 级社会组织。

常设展览 · 馆藏精品

世界百年电话经典藏品展览是北京百年世界老电话博物馆的常设展览。展览分为四个部分：“远古的呼唤——驿站时代”“现代通讯进入中国”“世界电讯快速发展的 100 年”“科技改变生活、需求刺激新技术的发展”，分别介绍了中国古代驿站、中国现代电话通信发展历程、世界电话通信发展历程和电话通信新技术的发展。

北京百年世界老电话博物馆展厅

馆藏精品

在中国生产的第一代电话机

这款藏品是电话机收藏领域的孤品，是在中国生产的第一代电话机产品，1917 年由日本 OKI 和美国西电在上海合资生产，其特点是：拨号盘数字为中文；由于当时拨号盘技术落后，号盘与后控装置同时转动。

在中国生产的第一代电话机

淮海战场上使用过的电话机型

此款藏品是 1940 年由美国生产，产品一上市就成批武装给了当时的国民党军队，在淮海战场上大量出现。这款藏品除在中国人民革命军事博物馆有收藏外，存世稀少，有极高的历史和技术收藏、研究价值。

淮海战场上使用过的电话机型

红线一号

20 世纪 60 年代领导专用电话机，分共电和自动两种。共电电话一般用于中央领导，自动电话用于省部级领导。

红线一号

入网检测标准电话机

改革开放初期，随着经济的繁荣和劳动力的流动，单位和个人安装电话机的需求呈爆发式增长。为确保通信畅通，亟须对终端通信设备电话机制定设计、生产、检测的标准。1979 年，由当时的邮电部提出，邮电部邮电工业标准化研究所收集了当时国际上最先进国家的电话机，起草了《中华人民共和国国家标准》（GB1493-79），由国家标准总局发布。此款藏品是法国生产的，当时作为制定该标准的还有来自美国、英国等国家的电话机。此批藏品非常珍贵，是目前国内仅存的一批，都由北京百年世界老电话博物馆收藏。

入网检测标准电话机

中华人民共和国成立35周年阅兵使用的电话

虽然通信技术飞速发展，日新月异，但每次重大事件的通信保障一定有一套甚至多套人工备补保障方案。此藏品就是为保障中华人民共和国成立35周年（1984年）阅兵活动而使用过的通信保障电话机，是由天津中天公司生产、北京市电话局提供的磁石电话机。

中华人民共和国成立35周年阅兵使用的电话

中华人民共和国成立60周年阅兵使用的电话

尽管无线通信技术日新月异，但最可靠的还是手工通信设备。此藏品是为防备万一，在新中国成立60周年（2009年）阅兵仪式上使用的备补通信设备，由北京联通提供的人工磁石电话机。该电话机收藏界的孤品，具有很高的历史和技术收藏价值。

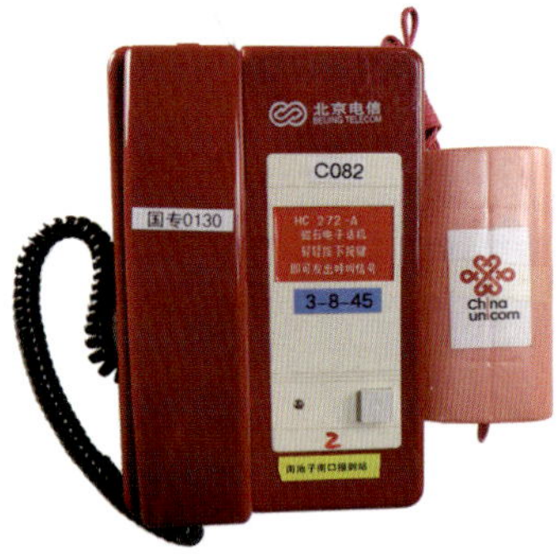

中华人民共和国成立60周年阅兵使用的电话

参观攻略

- **地　　址：** 北京市通州区宋庄镇疃里东区庄园G3-108
- **咨询电话：** 010-89585816
- **交通路线：** 公交589、通70、T119、通7、316、388、通勤61、专64路
- **开放时间：** 9：30—16：30
- **门票价格：** 50元/人，70周岁以上（含70周岁）老人、军人、残疾人和小学生免费参观
- **注意事项：** 除周一及春节外，北京百年世界老电话博物馆全年开放。北京百年世界老电话博物馆实行预约制度，每日限流100人

北京动物园科普馆外景

77 北京动物园科普馆

概　况

北京动物园始建于1906年，在西直门外乐善园、继园和广善寺、惠安寺“两园、两寺”旧址上的清“农事试验场”内，由清商部奉旨筹建。园内由动物园、植物园、农事试验三部分组成，占地1.5公顷，是中国对公众开放最早的动物园和华北地区对公众开放最早的公园。

北京动物园于1955年正式定名，目前占地面积约86公顷，展出珍稀野生动物约400余种，5000余只，年接待国内外游客800万人次，秉承“教育保护并举，安全服务并重”的工作理念，围绕北京建设世界城市的目标，努力打造成为面向国内游客展示首都风采，面向国外游客展示中国形象的北京名片。北京动物园是国家重点公园、国家重点文物保护单位、全国科普教育基地、国家AAAA级旅游景区。

北京动物园科普馆占地面积3000平方米，展示面积5500平方米，是国内动物园中规模最大的科普建筑。建馆理念是：面向大众、传播知识、陶冶情操、服务社会。通过对动物生存环境、体貌特征、生活习性的展示与讲解，开拓人们对动物认知的广度，启迪人们爱护生态环境的意识，从而提高共同构建人类美好明天的科学理念。

常设展览·馆藏精品

北京动物园科普馆共分四层八个展（景）区：植物、昆虫、走进动物园、动物的外观与运动、动物趣味知识、生物多样性、机动展厅和教育中心，集科学性、艺术性、知识性、趣味性于一体，并运用现代高科技手段形象而生动地进行演示。通过对多姿多彩动物世界的展示，达到热爱动物、保护环境的教育目的。

常设展览——动物的外观与运动

该展主要通过标本、模型等展品，以场景带入的沉浸式体验的方式展示鱼纲、两栖纲、爬行纲、鸟纲、哺乳纲等“五纲”动物的外观特点和身体结构、繁殖方式，揭示动物进化过程中的秘密，以及“五纲动物”为适应环境和生存繁衍而进化出的特殊本领；展现动物从诞生水中到登陆上岸到走向内陆到雄霸天空的过程，以及“五纲”动物各自独特的运动方式。

馆藏精品

哺乳动物的器官

展厅中的知识柱上形象逼真地展示了哺乳动物的口、鼻、足的多种形态特征及功能，充分反映哺乳动物外观和运动方式的多样性，以及作为分布范围最广泛、适应多种环境、取食种类最丰富的哺乳动物在身体结构上的适应性进化。

哺乳动物器官模型

常设展览——动物的行为

该展东展区以动物春、夏季生活行为为展示主线，营造了一个身临其境领略动物生活风采的空间，并结合相关模型标本生动形象地再现了大白鲨、非洲狮在捕食中凭借矫健的身手进行凶狠狡诈的豪夺，以及动物防御对手、适应生活、繁殖育幼等感人场景。西展区以秋、冬季动物的节律行为、迁徙行为、动物技能和趣味数字为主线，揭示动物生命中一些鲜为人知的趣味生活和感人场面。

动物的行为展厅内景

馆藏精品

秦岭羚牛标本

秦岭羚牛体型粗壮如牛，但头小尾短，又像羚羊。它们叫声似羊，但性情粗暴又如

秦岭羚牛标本

牛。事实上，羚牛又称为扭角羚，在动物学分类上，属于牛科羚羊亚科，因此，羚牛更接近羊。在野外，羚牛在不同季节会沿着陡峭的山崖迁徙到不同海拔高度的地域生活，夏季它们会迁移到海拔较高、气温凉爽、食物丰盛的地方，而冬天它们又集体回到海拔较低、温度适宜的地域。

常设展览——“观骨溯源”

“观骨溯源”展览通过展示大量的动物骨骼标本、同源器官对比，反映动物的进化过程，特别是进化中不同动物器官的同源性。通过观察动物的头部、动物的四肢、动物的身体内部，以由外到内的顺序观察对比现阶段比较有代表性的动物，包括鱼类、两栖类、爬行类、鸟类、哺乳类“五纲”动物骨骼进化，特别是不同器官之间的比较，如牙齿、四肢、头骨等部位，追溯生物进化起源，同源性发展。展览共展出标本近 70 件、模型近 30 件。

馆藏精品

大熊猫骨骼标本

大熊猫是我国的特有珍稀物种，是我国的国宝动物，凭借萌萌的外表，赢得了全世界人们的喜爱，但实际上大熊猫是凶猛的食肉动物，分类生属于食肉目熊科的一员，从

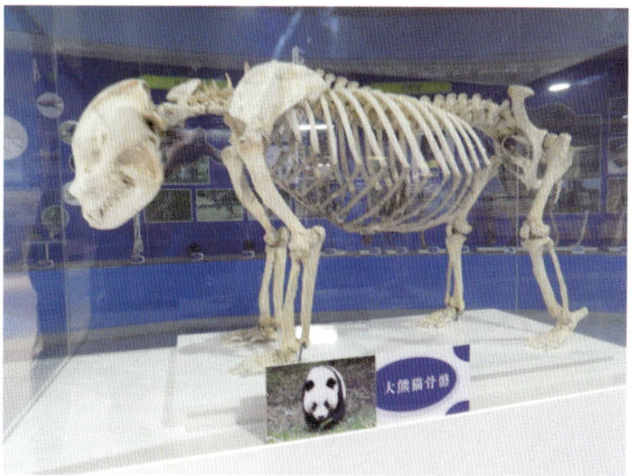

大熊猫骨骼标本

观骨溯源展厅

大熊猫骨骼标本生可以清晰地看到大熊猫具有食肉动物典型的牙齿结构，同时通过骨骼标本还可以清晰地观察到大熊猫为了适应食竹的特性而进化出的“伪拇指”，也就是大熊猫的第六指，可以让大熊猫在取食的过程中更好地抓握竹子。

参观攻略

地　　址： 北京市西城区西直门外大街 137 号

咨询电话： 010-68390274

交通路线： 公交27、105、107、111、129、305、347、360、362、534、563、604、632、102、103、15、16、19、334、45、65、695、7、夜 8 路、360 路快车；地铁 4 号线

开放时间： 4 月 1 日—10 月 31 日 7：30—18：00；11 月 1 日—次年 3 月 31 日 7：30—17：00

门票价格： 旺季（每年 4 月 1 日—10 月 31 日）联票 19 元 / 人（包括门票、熊猫馆），14 元 / 人（不包括熊猫馆门票）；淡季（每年 11 月 1 日—次年 3 月 31 日）联票 14 元 / 人（包括门票、熊猫馆），10 元 / 人（不包括熊猫馆门票）

麋鹿苑正门

78 北京南海子麋鹿苑博物馆

概　况

北京南海子麋鹿苑博物馆（以下简称“麋鹿苑”）又名“北京麋鹿生态实验中心”“北京生物多样性保护研究中心”，隶属北京市科学技术研究院，是集科学研究与科普教育于一体的综合型户外生态博物馆。

麋鹿苑成立于 1985 年，位于大兴区境内，占地约 55 万平方米，现有藏品 10 000 余件。主要承担着国家一级重点保护野生动物——麋鹿及湿地生态、生物多样性科学研究，开展生态环境及自然科学普及工作，是国家二级博物馆、全国科普教育基地、国家 AAA 级旅游景区。每年接待国内外游客约 50 万人次。

常设展览 · 馆藏精品

麋鹿苑展览分为户外展区和室内展厅两个部分。户外展区主要由麋鹿回归纪念展、麋鹿文化展、麋鹿生活展、动物之家展四部分组成。室内展厅有世界鹿类展、自然之美展两个部分。世界鹿类展分为“鹿的种类与分布”“鹿的起源与进化”“鹿的形态与行为”“鹿与生态”等部分，运用文图、标本、雕塑、多媒体、微缩景观等形式，将世界近 50 种鹿类的相关知识集于一处，展示了鹿类动物自然科学、民俗文化，探究人与动物、人与自然的关系，堪称世界上首屈一指的鹿类动物科普展览。自然之美展以生物多样性为主要内容，展示麋鹿传奇故事、麋鹿生命之美、生肖动物文化，从自然知识、历史文化、生态变迁等角度阐释了自然万物的

世界鹿类展——鹿与生态场景展区

神奇与壮美。

常设展览——麋鹿回归纪念展

该展览位于麋鹿回归纪念园中，由麋鹿科学发现纪念牌、英国贝福特公爵雕像、麋鹿回归纪念雕塑组成，讲述了麋鹿从科学发现、本土灭绝到重引入回归的故事。

馆藏精品

倒立的麋鹿角雕塑

雕塑展示了麋鹿角与其他鹿类动物角的不同之处，即倒置后能呈三足鼎立之势而不倒，也暗含着麋鹿这一物种联系着中、英、法三国之友谊，延续着元明清三代的皇家猎苑底蕴。麋鹿的成功保护为国际物种保护提供了中国样板。

倒立的麋鹿角雕塑

1865年，法国传教士阿芒·戴维在北京南海子皇家猎苑发现麋鹿，麋鹿由此被科学发现和定名。1900年前后，永定河洪水泛滥，八国联军又将战火引致南苑，南苑中仅存的中国最后一群麋鹿本土灭绝。中华人民共和国成立后，1985年，在中英两国的共同努力下，流落欧洲的麋鹿后代被重引入回国，在北京南海子麋鹿苑安家落户。

常设展览——麋鹿生活展

该展区主要位于麋鹿保护核心区，展示麋鹿四季生活及湿地生态环境与湿地生物多样性。

麋鹿生活展（麋鹿自然保护区）

馆藏精品

麋鹿

麋鹿自古分布于中国黄河、长江中下游的温暖湿润地带，是中国特有物种，国家一级重点保护野生动物。因长期生活在湿地环境进化而来“角似鹿非鹿，脸似马非马，蹄子似牛非牛，尾巴似驴非驴”的生物学外观特征，故而俗称“四不像”。

春夏秋冬，四季轮回。阳春三月，小麋鹿诞生。酷暑难当，麋鹿进入发情期，鹿王争霸随时随地上演。秋风瑟瑟，鹿群趋于平静，麋鹿开始积极采食，储备过冬。冬至前后，雄性麋鹿角脱落，鹿茸开始萌发，开启麋鹿的新一年生长周期。

常设展览——动物之家展览

该展览位于麋鹿苑游客休息区，主要由蜜蜂之家、鲨鱼之家、燕子之家、地球号方舟、鸟类迁徙地球仪、灭绝动物墓地等组成，讲述地球生物圈和谐共生，以及人类社会发展对生物进化生存的影响。

馆藏精品

世界灭绝动物墓地

墓地记录了从工业革命以来，由于人类贪婪和无知最终走向灭绝的部分动物朋友们。墓地中每块倒下的墓碑象征着一种已经

世界灭绝动物墓地

灭绝的鸟类或兽类。一块块墓碑叠压，如同多米诺骨牌一般连续不断，反映了一种动物灭绝会直接或间接造成另一种动物灭绝的现象。侧立的墓碑代表了世界上已知的濒危物种，屹立于手掌之后的墓碑则代表了数量较少的物种。庄重的手掌则警示着世人要保护环境，爱护动物，以阻止动物灭绝事件的发生。

参观攻略

地　　址： 北京市大兴区南海子麋鹿苑

咨询电话： 010-69280687

交通路线： 公交兴15、兴75、兴27路南海子西门下车，步行至南海子公园（一期）后穿行南海子公园（一期）至麋鹿苑南门。地铁亦庄线旧宫站下车，改乘公交兴15、兴75、兴27路到南海子西门下车，步行至南海子公园（一期）后穿行南海子公园（一期）至麋鹿苑南门；地铁8号线德茂站下车，改乘公交453路到南海子公园下车，穿行南海子公园（一期）至麋鹿苑南门

开放时间： 周二至周日9：00—16：00，周一闭馆（法定节假日除外）

门票价格： 免费参观

俯瞰北京汽车博物馆

79 北京汽车博物馆

概　况

北京汽车博物馆于 2011 年建成开放，是中国国家公益性汽车主题博物馆，集博物馆、展览馆、科技馆功能于一体，建筑面积约 5 万平方米，建筑造型似一只明亮的“眼睛”，寓意放眼世界、面向未来。

馆内按照“科学—技术—社会”选题方式，设立三馆一区，打破国家与品牌的界限，展现世界汽车百年发展的历史，以及中国汽车工业的起步、发展与壮大，揭示汽车工业对人类文明和社会产生的巨大影响。展览展示打破传统陈列方式，通过运用多项互动体验，让观众置身于可看、可听、可触摸、可互动、可体验的博物馆中，感受科技与文化、科技与艺术、科技与生活的无穷魅力。

自 2011 年开馆以来，北京汽车博物馆先后被评为国家一级博物馆、国家级服务业标准化示范单位、国家 AAAA 级旅游景区、全国优秀科普教育基地、北京首届网红打卡地等。2018 年荣获“全国文物系统先进集体”荣誉称号；2019 年荣获“全国最具创新力博物馆”荣誉称号；2021 年荣获“全国五一劳动奖状”荣誉称号。

常设展览·馆藏精品

北京汽车博物馆共有 4 个常设展馆，分别为创造馆、进步馆、未来馆以及中国汽车工业经典藏品车展。

常设展览——创造馆

该馆位于博物馆 5 层，设有象征展示、诞生发展、汽车社会和中华动力 4 个展区及 15 个主题，展出车辆 30 辆，重点展示了汽车诞生发展至今的历史、汽车类型多元化发展方向以及中国汽车工业发展的光辉历程。

德国奔驰一号汽车（复制品）（1886 年）

馆藏精品

德国奔驰一号汽车

世界上第一辆以汽油为动力的车是卡尔·本茨于 1885 年制造的“奔驰一号”。1886 年 1 月 29 日，卡尔·本茨为这辆具备现代汽车特点的“奔驰一号”申请了专利，从此这一天也被称为世界汽车的诞生日。该车有 3 个实心的橡胶轮胎，在两个后轮之间装备一台排量为 954 毫升的单缸四冲程水冷汽油发动机，最大功率为 0.66 千瓦，速度为 16 千米 / 小时。该馆展示的这辆车是 2003 年经奔驰公司授权的复制品，编号为 063。

常设展览——进步馆

该馆位于博物馆 4 层，设有象征展示、工程技术、汽车设计、赛车运动和生产制造 5 个展区及 14 个主题，展出车辆 38 部。展示汽车的内部结构、工程技术和设计生产的相关知识。

馆藏精品

英国捷豹 XK120 汽车

1946 年，捷豹汽车的创始人威廉·里昂斯爵士开始设计输出功率达到 160 马力的 XK120。两年后，捷豹 XK120 亮相英国伦敦车展一炮而红，成为捷豹的经典车型之一，它拥有绝美外表，并将流线造型发挥到了极致，最高速度可突破 190 千米 / 小时，

英国捷豹 XK120 汽车（1951 年）

这种符合空气动力学原理的复杂流线造型在当时是一场设计上的革命。本馆展示的这辆XK120产于1951年，曾多次参加古董汽车大赛及捷豹古董汽车巡回展，为本馆三级藏品，原装率接近100%，发动机保存完好，目前仍能行驶。

常设展览——未来馆

该馆位于博物馆3层，设有象征展示、汽车生活、资源环境和创新未来4个展区及15个主题，展出车辆10辆。该馆展示的是人们对汽车现状的思考、未来汽车的发展方向以及人们对汽车明天的美好憧憬。

馆藏精品

法国标致SXC概念车

中法两国汽车文化交流起源于1907年北京—巴黎汽车拉力赛，2011年11月，长安汽车和标致雪铁龙集团合作成立了长安标致雪铁龙汽车有限公司，开创了两国汽车工业发展的新纪元。标致SXC概念车也是中法合作的结晶，该车型是中国设计团队设计的第一款车型。其中S代表上海设计团队设计、X代表交叉型汽车、C代表概念车。该车车身造型流畅，采用创新的HYbrid4技术，可以实现根据行驶需求来调整两台发动机输出，实现节能减排的效用。该馆展示的这辆标致SXC概念车为标致雪铁龙集团2011年借展车辆。

常设展览——中国汽车工业经典藏品车展

该馆位于博物馆2层，依次展出了东欧系列以及红旗系列和上海系列车型。这段镌刻于共和国史册的激情燃烧的岁月，填补了中国自主制造汽车的空白，拉开了中国汽车工业的序幕。

馆藏精品

红旗CA72汽车

1958年8月，一汽试制成功并命名为“红旗”，正式编号为CA72，是我国有编号的第一辆真正的高级汽车，是我国汽车工业的标志和里程碑。自1959年9月投产至1966年停产，红旗CA72汽车陆续生产了202辆。该车搭载了我国自主生产的5.6升V8发动机和变速器，外形上极富中国的民族特色，通体黑色，庄重大方，车头红旗立标和扇形前格栅的设计更是成为历代红旗轿车的标志。1960年，红旗CA72汽车亮相

法国标致SXC概念车（2011年）

红旗CA72汽车（1959年）

莱比锡国际博览会，受到一致好评，并被编入《世界汽车年鉴》。该馆展示的这辆车产于1959年，曾为原国家副主席王震同志用车。

参观攻略

地　　址： 北京市丰台区南四环西路126号

咨询电话： 010-63756666

交通路线： 公交400（内）、400（外）、912、354路怡海花园南门站；地铁9号线科怡路站C口

开放时间： 9：00—17：00（周一闭馆，法定节假日除外）。售票时间9：00—16：00，16：30停止入馆

门票价格： 成人30元/人，学生20元/人。对6周岁（含6周岁）以下或身高1.2米（含1.2米）以下的儿童免费，60岁以上的老人、现役军人、残疾人，以及在职、退休、残疾消防救援人员和消防救援院校学院学生享受免费政策

北京市房山世界地质公园博物馆外景

80 北京市房山世界地质公园博物馆

概　况

北京市房山世界地质公园博物馆位于房山区长沟镇，是中国房山联合国教科文组织世界地质公园标志性建筑及核心展示区，占地面积6.11公顷，建筑面积10 000平方米，博物馆于2009年3月29日奠基，2010年5月15日开馆。博物馆建筑设计立意“石破天惊”，整体建筑顺应自然地势、演绎造山运动、隐喻人类起源，应用地域材料，充分体现了“尊重自然机理、活用原生地形、造型自然舒展、内外空间一致”的特点，具有科普性、知识性和趣味性。

北京市房山世界地质公园博物馆具有科普教育、休闲旅游、地质研究、宣传展示、信息交流五大功能。博物馆的展陈以“天、地、人、和”为灵魂，以中国房山联合国教科文组织世界地质公园的地质变迁、生物演变、人类进化为主线，以地学知识为支撑，以科普性、故事性、大众化的语言为纽带，利用各种现代科技手段，全方位、多角度展示中国房山联合国教科文组织世界地质公园的地质遗迹和人文景观内容，让游客感觉大自然的力量和地球的造化功能，达到启迪思想、传播知识、培养兴趣、激发探索的目的。

开馆以来，北京市房山世界地质公园博物馆圆满完成各项接待任务，积极开展各类主题活动，先后荣获“国家AAA级旅游景区”“北京市中小学生社会大课堂资源单位”“北京市科普基地”“北京市优秀科普场馆”“北京市爱国主义教育基地”“北京市青少年学生校外活动基地”等多项荣誉称号。

地史演化厅内景

常设展览·馆藏精品

资源展示厅——石花洞

北京市房山世界地质公园博物馆常设展览包括馆内展陈和馆外科普广场两部分，展现了中国房山联合国教科文组织世界地质公园几十亿年的地质演化史所形成的秀美的自然风光；演绎了中国房山联合国教科文组织世界地质公园几十万年的人类进化史所形成的辉煌灿烂的人文景观。

北京市房山世界地质公园博物馆馆内展陈以中国房山联合国教科文组织世界地质公园典型的地质地貌遗迹为出发点，通过独特资源，展示房山地质文化。博物馆拥有来自全国各地的地质藏品2200余件。馆内展陈主要设有开篇（序厅）、宇宙奥秘厅、地史演化厅、资源展示厅、地质科普厅、世界地质公园大家庭厅、生物多样性展示厅、矿物标本厅、展望厅九大展厅。

馆内展陈——地史演化厅

地史演化厅主要由30米长的时空隧道组成，通过岩石演化、构造演化、生物演化3条主线，讲述了地球46亿年的地质变迁过程，展示了中国房山联合国教科文组织世界地质公园不同发展时期的地质演化历史。在这里我们将回到久远的地质年代，一起领略地球的形成历史，共同感受从一片洪荒世界到人类文明发展的全过程。

鹦鹉嘴龙化石

馆藏精品

鹦鹉嘴龙化石

产地辽宁省，鹦鹉嘴龙是一种小型的植食性恐龙，因生有一张酷似鹦鹉的嘴而得名。成年的鹦鹉嘴龙最长可达2米，一般体长在1米左右。鹦鹉嘴龙又译鹦鹉龙，在希腊文意为“鹦鹉蜥蜴”，是角龙下目鹦鹉嘴龙科的一属，生存在早白垩纪的亚洲，约1亿2320万年前到1亿1000万年前。

馆内展陈——矿物标本厅

人类的衣、食、住、行等各个方面都离不开矿物，比如建造房屋所需要的各种材料，随身佩带的宝石，日常食用的食盐，都来自矿物。矿物标本厅主要陈列的是丰富多彩的矿物和观赏石标本，这些标本蕴含着丰富的地球信息，记录了地球的演化历史。

馆藏精品

萤石

产地湖南省，萤石来自火山岩浆中，在岩浆冷却过程中，被岩浆分离出来的气水溶液中含有许多物质，以氟为主，在溶液沿裂隙上升过程中，温度降低，压力减小，气水溶液中的氟离子与周围岩石中的钙离子结合，形成氟化钙，经过冷却结晶后就得到了萤石。萤石在冶金工业上可用作助熔剂，在化学工业上是制造氢氟酸的原料。

馆外科普广场

北京市房山世界地质公园博物馆馆外科普广场展示了具有中国房山联合国教科文组织世界地质公园特色的大型岩石标本以及在这里工作过的部分著名地质学家雕塑，是游客感受自然变迁，了解地球造化的理想之地。

馆藏精品

大理岩（汉白玉）

产地北京市房山区，一种碳酸盐矿物（以方解石、白云石为主）含量大于50%的变质岩石。它是由石灰岩、白云岩等碳酸盐

萤石

大理岩（汉白玉）

岩经区域变质作用或热接触变质作用所形成。白色大理岩为细粒结构，质地均匀致密，称为汉白玉，是上等的建筑和雕刻材料。

参观攻略

地　　址： 北京市房山区长沟镇六甲房村

咨询电话： 010-61368210

交通路线： 公交 917 路及 917 路快车云居寺路东口站下车，沿云居寺路向西行约 2.3 千米；房 12 路甘池路口站下车，步行约 10 分钟

开放时间： 周二至周日 9：00—16：00（15：30 停止入馆），周一例行闭馆（法定节假日除外）

门票价格： 免费参观

注意事项： 请提前一天通过携程旅行网实名制免费预约，观众凭预约码及有效证件领票参观

北京天文馆

81 北京天文馆

概 况

北京天文馆位于北京市西城区西直门外大街138号，于1957年正式对外开放，是我国以及亚洲大陆第一座大型天文馆，现为国家一级博物馆、全国科普教育基地和国家AAAA级旅游景区。

北京天文馆包含A、B两馆，4个科普剧场。A馆天象厅是我国大陆地区最大的地平式天象厅，内部的蔡司九型光学天象仪和世界上分辨率最高的全天域数字投影系统能逼真还原地球上肉眼可见的9000余颗恒星，高达8K分辨率的球幕影像能实现虚拟天象演示、三维宇宙空间模拟、数字节目播放等功能。

B馆于2004年底建成开放，内有宇宙剧场、4D剧场、3D剧场和天文展厅、太阳观测台、大众天文台、天文教室等各类科普设施。其中，直径为18米的宇宙剧场拥有标准半球全天域银幕，呈现出气势恢宏的立体天幕效果。4D剧场和3D剧场均采用最先进的播放设备和特效设备。4D剧场能够根据科普节目情节发展产生喷水、喷风、拍腿等多种特效，为观众带来身临其境的奇妙科普体验。3D剧场拥有宽12米、高9米的金属银幕，配以偏振立体眼镜，以逼真绚丽的立体效果为观众们呈现科普知识。

除播放科普节目外，北京天文馆举办的流动天文馆、天文科普讲座、天文夏（冬）令营等各项活动同样引人入胜。北京天文馆集展示与教学于一体，通过举办天文知识展览，组织中学生天文奥赛，编辑出版和发行天文科普刊物《天文爱好者》，组织公众观测等众多科普活动，不失时机地向公众宣传普及天文知识。

2007年，国际小行星中心发布公告，第59 000号小行星永久命名为“北馆星”，即北京天文馆星。

享誉中外的北京古观象台是明清两代皇家天文台，隶属于北京天文馆，位于北京市东城区建国门内大街东裱褙胡同2号。北京古观象台是全国重点文物保护单位，台顶展出的8件古天文仪器是国家一级文物，堪称中国天文国宝。

北京古观象台紫微殿

常设展览·馆藏精品

北京天文馆包括A馆东西展区和B馆一层、二层、地下一层展区，设有“宇宙穿梭”“宇宙畅游”“宇宙探秘”三大主题常设展览。

北京古观象台设有紫微殿、东厢房、西厢房三个展厅，常设“中国古代天文学”主题展览，分别陈列“中国星空”“西学东渐”和“灵台仪象”3个主题展区。台顶陈放8架清制天文仪器，院内还陈放着原比例复制的明制浑仪和简仪等天文测量仪器。

常设展览——“宇宙畅游”主题展览

展览由“月球漫步”“陨石部落”“太阳家族”“星座显形”“宇宙之谜”“挑战岛”“宇宙风景”等展区组成，通过天文知识趣味化、观展过程故事化的方式来表达展览内容。从地面观星开始，将身边的星星——陨石作为起点，逐渐深入至宇宙空间，去了解月球、行星，以及太阳系之外更遥远的空间，在抽象的围合空间内感受登陆月球、遨游太空和探索宇宙的神奇体验。

馆藏精品

月岩

1972年12月，美国阿波罗17号载人宇宙飞船的宇航员采自月球澄海东南着陆区（月面坐标：东经30°45′，北纬20°10′）的样品，重0.5克，属于高钛月海玄武岩。

月岩

常设展览——“中国古代天文学”主题展览

展览主要由“中国星空”“西学东渐”“灵台仪象”3个主题展区、8架清制天文仪器以及其他天文测量仪器复制品组成，集中展示了中国古代在天文学各个方面取得的辉煌成就，明末以来西方天文学传入中国并与中国传统天文学融合碰撞的曲折过程，以及天文国宝与家国命运密切牵绊，被拆分、归还和转运的历史。台顶展出的8架古天文仪器分别为：赤道经纬仪、天体仪、黄道经纬仪、纪限仪、地平经仪、象限仪、地平经纬仪、玑衡抚辰仪。

馆藏精品

玑衡抚辰仪

由任职钦天监的传教士戴进贤、刘松龄设计监制，于1754年制造完成，重5145千克，高约3.38米。它的主要功能是测量太阳时以及天体的赤道坐标。玑衡抚辰仪的制造与乾隆皇帝对古观象台的一次视察有关，它是中国最后一架大型青铜仪器。

拓展音频

玑衡抚辰仪

参观攻略

北京天文馆：

地　　址： 北京市西城区西直门外大街138号

咨询电话： 010-68312517、010-51583311

交通路线： 公交27、87、105、107、111、129、305、332、347、360、362、534、563、604、632路等动物园站；地铁4号线动物园站

开放时间： 周三至周日9：00—16：30（16：00停止入馆），周一、周二例行闭馆（法定节假日及寒暑假除外）

门票价格： 展厅普通票10元/人，优惠票5元/人，未成年人、60周岁（含）以上老年人等展厅免费。剧场普通票及优惠票以实际观看科普节目为准；购买剧场票者，可凭当日有效剧场票免费参观展厅

北京古观象台：

地　　址： 北京市东城区建国门内大街东裱褙胡同2号

咨询电话： 010-65265010

交通路线： 公交1、52路北京站口车站等；地铁1号线、2号线建国门站

开放时间： 周三至周日9：00—16：30（16：00停止入馆），周一、周二例行闭馆（法定节假日及寒暑假除外）

门票价格： 成人票20元/人，成半票10元/人，未成年人、60周岁（含）以上老年人等免费

北京中医药大学中医药博物馆外景

82 北京中医药大学中医药博物馆

概　况

北京中医药大学中医药博物馆是全国高等中医院校中建馆最早的博物馆之一，集教学、科研、科学普及、宣传教育于一体，是一座收藏丰富、内容系统的专业性高校博物馆。1987 年，香港邵逸夫先生捐给北京中医药大学 300 万港元，国家中医药管理局又拨款 250 万元人民币，正式筹建了“逸夫科学馆”。1990 年 4 月“逸夫科学馆”落成，同年 9 月医史博物馆、中药博物馆在“逸夫科学馆”中正式开馆，其后两馆合一，在北京市文物局注册，并正式命名为“北京中医药大学中医药博物馆”。2011 年被确定为首批“北京中医药文化旅游示范基地”；2016 年成为“全国中医药文化宣传教育基地”；2018 年成为市级爱国主义教育基地；还拥有“北京市科普教育基地”“朝阳区市民学习基地”“中国华侨国际文化交流基地”等多个基地称号。

中医药博物馆整体建筑面积为 3160 平方米，展厅面积约 1500 平方米。收藏有历代医药文物 1500 余件，善本医籍 200 余种，中医书刊 6000 余册，还收藏有各类中药标本 2800 多种，5000 余份，以及植物蜡叶标本 3000 余种。自建馆以来，在教学、科研和国内外中医药交流中发挥了重要作用，特别是向社会公众免费开放以来，在宣传普及中医药知识方面产生了积极的作用。

常设展览 · 馆藏精品

中医药博物馆分为中药综合展厅和中国医学史展厅两部分，中药综合展和中国医学史展为两个常设展览。

常设展览——中药综合展厅

中药综合展厅陈列了来源于植物、动物和矿物的600多种、2000余份中药标本，其中还包含许多贵重中药及生动鲜活的动物剥制标本，以及植物保色浸制标本、包埋标本、腊叶标本等。中药展厅还设有“中药饮片辨识基地”，便于学生及中药爱好者自主学习。植物保色标本色彩亮丽、动物剥制标本栩栩如生，展板色彩明快，展品错落有致，游历其间，既可以系统学习中药相关知识，又能够体会到中医药文化的博大精深。

中药综合展厅内景

馆藏精品

九朝贡胶

“九朝贡胶”是阿胶中的极品，自古用于进贡。它色如琥珀，呈半透明，质硬而脆，断面细腻光亮，放置稍久，会自动断裂。九朝贡胶如此名贵的原因是其制作需要满足4个要素。一是必须以黑驴皮为原料：黑驴皮光亮厚实，营养物质储藏充沛，用其炼胶滋补效果最好。二是使用东阿独特的地下水：水中钙、镁、钠等矿物质含量极为丰富，用此水熬胶，非常有利于去杂提纯和大分子蛋白质水解成人体容易吸收的小分子蛋白。三是冬至熬胶，子时取水：冬至日为至阴之日，子时是至阴之时，驴皮也是属阴的，滋阴效果最佳。四是精湛的炼制技艺：九朝贡胶的制作工艺充满了“用九之道”，炼胶九天九夜，九次添加阿井水，阴晾九九八十一天，包括整皮、化皮、熬汁、浓缩、凝胶、晾胶、挂珠、砸油、吊猴、醒酒、挂旗、发泡、开片等共计99道工序，均为纯手工制作，历时近百天才能制成。这些技艺均需要有丰富炼制技艺的工匠才能掌握，已成为我国的非物质文化遗产。

九朝贡胶

常设展览——中国医学史展厅

中国医学史展厅以中华文化为大背景、以中国医药发展历史为主线，通过400余件各个时期的医药文物，再现了包括少数民族在内的祖国医学的主要成就，概括了中医对生命、疾病、诊法、治疗、药物、方剂、针灸、养生的认知与实践等内容，馆内陈列设计主要以版书、图表、绘画、照片的方式再现，并配有大量相关的文物及部分雕像、模型，从历史的角度，阐述人们在战胜疾病，增进健康，延长寿命的实践过程中所取得的辉煌成就，以及历代医家在此过程中所建立的伟大功勋。

中国医学史展厅内景

清代光绪针灸铜人（复制品）

馆藏精品

光绪针灸铜人（复制品）

高182厘米，穴位总数664个，357个穴名，据说是借鉴北宋著名医家王惟一铸造的天圣铜人而制。但王惟一亲手铸造的两具铜人，历经世事沧桑，在朝代的更替和纷飞的战火中，最终不知去向。天圣针灸铜人在古代曾被用作教学和考试。特别是在考试中，需先在铜人体表涂满黄蜡，然后向其体内灌满水。当学生刺中穴位时，水就会从穴位处流出；如果不中，针则刺不进去。这样，老师就可以准确地测试出学生找穴位和针刺的实际水平，以此来判断学生的学习情况。

光绪针灸铜人受到天圣铜人的启发，以当时太医院收藏的明万历二十九年（1601年）赵文炳刊四幅铜人图为依据铸造。铜人完成后置放在太医院新址铜神庙。1925年铜人移交故宫，1936年移交南京博物院。1956年6月，中国中医研究院针灸所为复制曾借运至该所，1957年5月归还。1958年中国历史博物馆（现国家博物馆）建成，该铜人移交该馆收藏至今。北中医博物馆的针灸铜人就是依据光绪针灸铜人复制而成的。

参观攻略

地　　址：北京市朝阳区北三环东路11号院北京中医药大学院内

咨询电话：010-64286835、010-64286672

交通路线：公交13、95、75、117、300、328、368、419、464、547、601、604、607、847、980路等；地铁13号线、5号线

开放时间：周二至周六8：30—16：30（周六提供志愿者的免费讲解）。法定节假日闭馆

门票价格：免费参观

83 北京周口店北京人遗址博物馆

概　况

周口店遗址位于北京市房山区周口店镇，距市中心约 50 千米，是人类了解自身进化历史、追寻远古文化足迹的一个重要窗口。周口店遗址发现于 1918 年，1921 年试掘，1927 年正式发掘，先后发现不同时期的各类化石和文化遗物地点 27 处。其中第 1 地点（猿人洞）共发现属于 40 多个个体的 200 余件古人类化石、10 余万件石制品、上百种动物化石、大量的用火遗迹。周口店遗址属于旧石器时代古人类文化遗址和晚新生代哺乳动物化石地点遗址类型，是迄今为止人类化石材料最丰富、动植物化石最齐全、研究最深入的古文化遗址。现今的周口店遗址，不仅可以登山观景，休闲旅游，还可以感受远古文化，探寻人类起源。

周口店遗址 1961 年被国务院公布为首批全国重点文物保护单位，1987 年被联合国教科文组织列为中国首批世界遗产项目。1953 年，在考古发掘的基础上建成 300 平方米的“中国猿人陈列馆”，是中华人民共和国成立后最早建立的史前遗址博物馆之一。1972 年，中国科学院为遗址拨款修建了“北京猿人展览馆”。2002 年，中国科学院与北京市政府签署了“周口店北京人遗址市院共建协议”，实行新的管理模式，在原址上建立周口店国家考古遗址公园，并在遗址不远处择新址建新馆，使遗址的保护管理状况有了很大的改善。2014 年 5 · 18 国际博物馆日，全新的周口店遗址博物馆对公众开放。

常设展览·馆藏精品

周口店遗址包括原状陈列、专题展览和专馆和三大系列，从“地质演变、生物进化、人类起源”三位一体，全方位、多角度地涵盖了直立人、早期智人和晚期智人三个古人类阶段，构成一个连续的古人类演化序列，向公众阐述人类进化演化历程。

原状陈列——猿人洞

周口店国家考古遗址公园是一处以休闲旅游为主的考古主题公园。该园区包含周口店遗址27处重要化石地点中的8处。猿人洞是遗址群中最著名的一处，原是一个天然石灰岩溶洞，“北京人”在这里断断续续生活了近50万年。他们的遗骨、遗物、遗迹和洞顶塌落的石块、洞外流入的泥沙在洞内一层一层填充起来形成的巨厚堆积层，是华北中更新世洞穴堆积的标准剖面。

该地点发现于1921年。百年来，主要发掘了堆积的中段，从中发现了近200件人类化石、上万件石器、数层灰烬和近200种动物化石，是迄今世界同时期遗址中材料最丰富、最全面、最具代表性的古人类遗址，在科学研究及人类远古文化史上占有重要而光辉的地位。

周口店第1地点（猿人洞）保护工程于2015年至2018年实施，采用空间单层网壳

猿人洞

周口店遗址博物馆

钢结构，南北长 77.5 米，东西长 54.5 米，高达 35.7 米，覆盖面积 3700 平方米。该保护建筑荣获 2019 年亚洲建筑师协会保护类建筑唯一金奖。

拓展视频

专馆——周口店遗址博物馆

周口店遗址博物新馆坐落于周口店遗址保护区的建控地带，建筑面积 8000 余平方米，粗粝的建筑外形源于周口店遗址重要文化元素——石器，不仅寓意石器作为远古人类谋生的利器，也寄予全新时代的现代美和远古文化的艺术融合。

新馆基本陈列以科学研究为基础，以旧石器人类发展演化为主线，以独特的建筑设计、珍贵的史前文物展品为依托，集研究、收藏、展览、展示、科普教育、文化交流于一体，展出的藏品包括古人类、古动物、文化遗物等 1000 余件，分为 4 个展厅，采用“实物展陈与互动体验相结合、文物展示与场景再现相结合、传统展陈与数字技术相结合”的展览手段，系统介绍了周口店遗址的发现、发掘、研究和保护。

馆藏精品

“北京人”第V号头盖骨

“北京人”第V号头盖骨是迄今为止现存真品中最完整的头盖骨。该头盖骨由部分头骨碎片组合而成。1966年发现了该头骨的额骨和枕骨碎片，裴文中先生将其与之前出土并失踪的化石制作的模型进行比对，发现两者完美吻合，正好属于同一个个体，也就是说，时隔30年，同一个个体相继出土并组成一个整体，这种巧合在古人类学界也是绝无仅有的。出土时间的不同，造成了它们不同的命运。“北京人”第V号头盖骨的额骨和枕骨原件目前保存在中国科学院古脊椎动物与古人类研究所内，是现存最完整的“北京人”头盖骨，是研究“北京人”及人类进化的珍贵实物证据。

“北京人”第V号头盖骨

专题展览——“溯本源·守初心·传薪火”专题图片展

该馆原为周口店遗址龙骨山上原始建筑，建造年代不详，最初为供奉山神所用，考古发掘初期作为发掘人员临时办公场所，现为中国科学院古脊椎动物与古人类研究所发展历史专题图片展。该展览分为南北两个展厅，南厅介绍了中国科学院古脊椎动物与古人类研究所的发展历程和该所几代科学家刻苦钻研、笃行报国的感人事迹。北厅主要介绍了该所首任所长——杨钟健先生的生平大事记及其在古人类和古脊椎学科研究领域所做出的伟大贡献。

该馆以图片展览的方式集中展示了在党的坚强领导下，几代古脊椎人不忘科技报国初心，肩负科技报国使命，为促进学科立足国际前沿、探索生物演化、追寻人类起源、传播科学知识所做出的积极贡献。

“溯本源·守初心·传薪火”专题图片展

馆藏精品

毛泽东给杨钟健的亲笔信

1921年7月，杨钟健已任少年中国学会执行部主任。1921年9月，正在长沙文化书社的毛泽东为补报少年中国学会入会志愿书一事给杨钟健手书一封信函，内容如下：

钟健先生：

前几天接到通告，知先生当选执行部主

任。今日又接来示，嘱补填入会愿书，今已照填并粘附小照奉上。惟介绍人系王君光祈为我邀集五人，我现在只能记得三人，余二人要问王君才能知道。以后赐示，请寄长沙潮宗街文化书社为荷！

弟泽东 二十九

展出的此信函为复制件，其原件现收藏保存于中国国家博物馆。

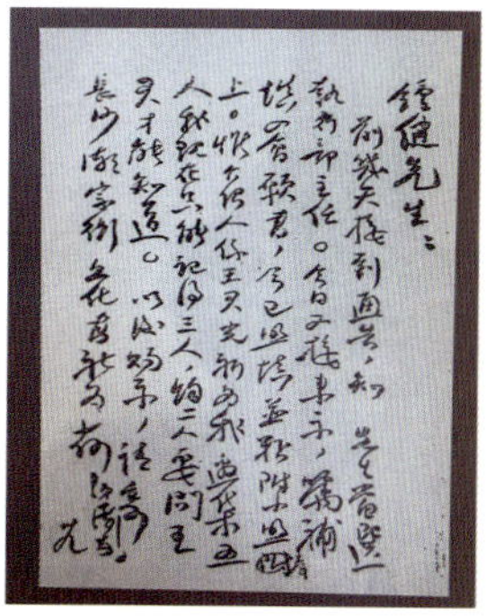

毛泽东给杨钟健的亲笔信（复制品）

参观攻略

地　　址： 北京市房山区周口店大街13号

咨询电话： 010-53230037、010-69301278

交通路线： 公交836路至周口店路口站下，转乘房38路到周口店遗址；公交616路良乡北关站下车，转乘房38路到周口店遗址。乘坐地铁燕房线到燕山站，转乘房38路到周口店遗址

开放时间： 旺季（4月1日—10月10日）9：00—16：30（16：00停止售票）；淡季（10月11日—次年3月31日）9：00—16：00（15：30停止售票）。周一闭馆（不含国家法定节假日），遗址公园全年无休

门票价格： 全价票30元/人，半价票15元/人

注意事项：

1. 博物馆全年实行每周一闭馆，遇法定节假日除外；考古遗址公园全年开放。

2. 周口店遗址实行线上预约参观制度。

3. 周口店遗址针对18周岁以下青少年、老年人等不同观众群体实行门票优惠减免政策，详情可见周口店北京人遗址博物馆官方微信公众号。

北京自来水博物馆外景

84 北京自来水博物馆

概　况

北京自来水博物馆始建于 2000 年，是由北京市自来水集团出资兴办的行业性博物馆。2009 年，集团在清末自来水厂旧址的基础上，重新规划、设计、扩建了博物馆，并于 2016 年 3 月 22 日正式对外开放。博物馆由科普馆、通史馆、印章展和清末自来水厂旧址（暂缓开放）4 个展区组成，占地面积 3 万平方米，是一座集文物收藏、展陈、保护、研究、教育功能于一体的综合性博物馆，为广大市民提供了一个全面感受北京自来水百余年历史文化、了解水资源现状、城市供水安全和自来水制水工艺的现代化科普教育平台。

北京自来水博物馆被授予“全国科普教育基地”“全国计量文化和科普资源创新基地”“国家水情教育基地”等称号；清末自来水厂旧址被列为北京市文物保护单位，入选“全国首批工业遗产保护名录”和“北京市近现代优秀建筑保护名录”。

常设展览 · 馆藏精品

北京自来水博物馆常设展览包括科普馆、通史馆和印章展。科普馆以新颖、鲜活的展现形式让观众了解与水相关的各类知识；通史馆通过让文物“讲话”、让历史“发声”的方式讲述北京自来水业百余年的发展历程；印章展通过北京自来水公司不同时期的印章，勾勒出北京自来水业勠力拓业、改革创新的奋斗历史。

常设展览——科普馆

科普馆以水科普知识为主线，借助声、光、电等现代化手段，运用巨幅弧形屏幕、立体沙盘、投影动画等趣味性十足的展现方式，打造出一个动感的“水世界”，让专业

北京自来水博物馆科普馆

知识变得更加生动形象、通俗易懂。观众可以全方位了解到全国及北京市水资源状况、自来水处理工艺流程、水质监测及节水知识等相关内容。

常设展览——通史馆

通史馆以时间为主线，通过大量珍贵的文物、图片、场景雕像群、多屏同步投影等手段，展现许多鲜为人知、趣味横生的京水故事，带领观众穿梭在百余年的历史长河中，见证北京自来水业由小到大、由弱到强的发展历程。

北京自来水博物馆通史馆展厅内景

馆藏精品

北平自来水股份有限公司股票

中华民国，1935 年，纸质，长 36.7 厘米，宽 23 厘米。

该藏品是北平自来水股份有限公司甲字第贰仟伍佰叁拾伍号股票，发行于 1935 年 1 月 1 日，为二联票，右为股票，左为股票存根，骑缝中标有甲字第贰仟伍佰叁拾伍号，盖有“北平自来水股份有限公司”印章，股票背面印有公司招股章程。股票设计采用中式传统风格，外观为碑式边框设计，寓意北京供水事业历经风雨而永不倒；边框由中国传统纹饰围成，上方绘有精美的凤凰图案，十分庄重气派；文字沿袭中国传统书写方式，皆“竖排右书”。该藏品作为中国早期股票的经典，展示了社会经济发展脉

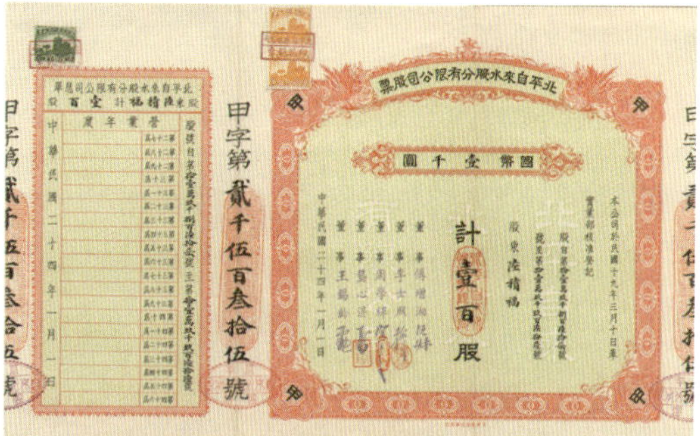

北平自来水股份有限公司股票（甲字）（1935 年）

络，具有较高的历史价值和艺术价值。

第一号水源井井碑

中华民国，1941 年，石质。长 136 厘米，宽 10 厘米，高 47 厘米。

该藏品是东直门水厂厂区外开凿的第一号水源井的井碑，碑上刻有“中华民国卅年，第一号水源井，傅增湘”等字，为北京自来水公司时任总理、著名的藏书家、版本目录学家傅增湘所题写。

第一号水源井井碑

1938 年，由于北京自来水用户不断增长，北京自来水公司决定开辟地下水作为新的供水水源，以取用深层地下水作为补充，此后便在东直门水厂内外开凿了 10 口地下水水源井。至 1942 年，东直门水厂全部改用地下水，北京自来水业由此拉开了地下水水源供水的序幕。该藏品见证了北京市自来水供水水源由地表水转为地下水的第一次变迁，是北京城市供水发展史上的重要里程碑。

常设展览——“足迹——北京自来水公司百十年印章展”

印章展按时间脉络分为 7 个部分，通过北京自来水公司不同历史时期的印章，反映北京供水企业 110 年的发展历史脉络和深厚的文化底蕴，记载和传承城市水文化，见证了北京自来水业从无到有、由小到大的发展轨迹。

足迹——北京自来水公司百十年印章展

馆藏精品

奏办京师自来水有限公司之关防

清光绪，1908 年，铜质，篆书。印面 11 厘米 ×7 厘米，通高 13 厘米，重量 515.4 克。

该藏品是京师自来水股份有限公司的首枚印章，也是公司早期印章中规制最高、体量最大的印章，用于公司上报政府公文及对社会发布信用文件、文书。印章上方阳刻“奏办京师自来水有限公司之关防”字样，“奏办”为奏请政府同意承办之意；“关防”始于明初，取“关防严密”之意，为旧时政府或军队用的印信，多为长方形。京师自来

奏办京师自来水有限公司之关防

水为奏办公司，用印以关防形制。该藏品历经北京城市供水事业的诞生和发展，是北京工业化发展和变化的重要见证。

参观攻略

地　　址： 北京市东城区东直门外香河园街3号

咨询电话： 010-64650787

交通路线： 公交18路香河园站，106、107、918路等东直门枢纽站，24、123、850路等东直门站；地铁2号线东直门站B口出，沿路向北约300米右转至香河园街即到

开放时间： 周三至周日9：00—16：00（15：30停止入场），周一、周二闭馆

门票价格： 免费参观

注意事项： 北京自来水博物馆实行全员实名预约参观机制。通过“北京文博”微信公众号进行线上预约

北京自然博物馆展览楼

85 北京自然博物馆

概　况

北京自然博物馆位于首都南城中轴线上的天桥地区，是中华人民共和国依靠自己的力量筹建的第一座大型自然历史博物馆。它的前身是成立于1951年4月的中央自然博物馆筹备处，1962年正式命名为北京自然博物馆，主要从事古生物、动物、植物和人类学等领域的标本收藏、科学研究和科学普及工作。博物馆曾先后被中央宣传部和北京市政府命名为“全国科普教育基地”和“北京市科普教育基地”，2008年被国家文物局评定为国家一级博物馆。

北京自然博物馆占地面积15 000余平方米，展厅面积10 000余平方米。博物馆馆藏标本30余万件，许多标本在国内、国际都堪称孤品。作为国家一级博物馆和全国青少年科普教育基地，北京自然博物馆一直秉承普及科学知识、服务社会公众的办馆理念，始终在做好标本收藏、科学研究、陈列展览和科学普及的基础上，努力利用自身的优势，开拓创新、锐意进取，不断把更多、更好的优秀作品呈现给观众朋友，为公益文化传播发挥积极引领作用。

常设展览·馆藏精品

北京自然博物馆的展览包括常设展览、临时展览和巡回展览，构成了多角度、全方位的展览体系。基本陈列以生物进化为主线，展示了生物多样性及生物与环境的关系，构筑起一个地球上生命发生发展的全景图。博物馆不定期推出临时主题展览，如“猛犸象”“达·芬奇科技”“人体的奥秘”及动物生肖展览等。博物馆精心策划的巡回展览曾多次走出国门，“中国恐龙展”曾在美国、澳大利亚、意大利、日本、瑞典、荷兰等多个国家展出，具有一定的国际影响力。

古爬行动物展

古爬行动物展览向观众展示了以恐龙为主的中生代爬行动物。展厅一层以脊椎动物从水域向陆地发展的复杂过程为展示顺序，重点展示了中生代爬行动物骨架群，包括许氏禄丰龙、井研马门溪龙、多脊沱江龙、上游永川龙，以及翼龙、鱼龙等。展厅二层展出了精美的恐龙蛋与恐龙足迹化石，还原了恐龙生活时期的场景，并展出珍贵的带羽毛的恐龙化石，为人们了解鸟类起源提供了依据。

古爬行动物展厅内景

馆藏精品

赫氏近鸟龙

赫氏近鸟龙是一种小型带羽毛的恐龙，生活在距今 1.55 亿年前的侏罗纪时期，化石发现于我国辽宁省。根据研究，科学家重构了它的外观。生活时期的赫氏近鸟龙四翼长着羽毛，黑白相间，头部长有羽冠，呈红褐色，外观靓丽。这也是科学界首次完整恢复恐龙的羽毛颜色。该研究结果发表于《科学》杂志上。

赫氏近鸟龙

古哺乳动物展

古哺乳动物展览以剑齿虎捕食大唇犀的造型为序，再现了古哺乳动物繁盛时期的生活场景。展览整体采用斗折曲线渐至开放式场景的布局，以古哺乳动物的时代演化作为展示顺序，详细介绍了中生代哺乳动物的特征，以及新生代多样的哺乳动物种类。其中，猛犸象、野牛、披毛犀等大型骨架标本分置于两组开放式景观中，与生存环境复原图相互融合，给予观众身临其境之感。

古哺乳动物展厅内景

馆藏精品

中华侏罗兽

中华侏罗兽生活在 1.6 亿年前的侏罗纪

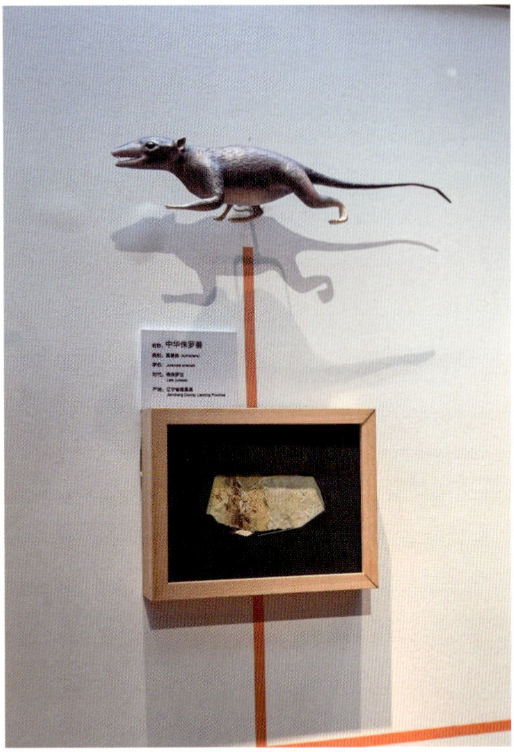

中华侏罗兽

“动物——人类的朋友”展厅内景

时期，是目前世界上已知最早的有胎盘哺乳动物，被称为来自中国的侏罗纪母亲，化石发现于我国辽宁省。该化石为正型标本，即用于命名新物种所使用的标本，极其珍贵。化石保存了其部分头骨，完整的前肢、手部骨骼以及毛发等。研究认为它具有一定的攀爬能力和夜视能力。

动物——人类的朋友展

“动物——人类的朋友”展览以生物进化为主线，展示了动物由简单到复杂、由低等到高等的进化过程。展厅中陈列着数百件珍贵动物标本。它们体态灵动、造型优美，再现了动物生活时期的姿态和容貌，以及在相应的生态环境下，各类动物生存的真实景观。这里不仅有湿地的鸟类，还有森林里的狼和棕熊，热带雨林里的孔雀、长臂猿等，漫步其中，给人回归自然之感。

馆藏精品

恐鸟

恐鸟分布于新西兰，曾是地球上体型最大的鸟类，高达 3 米，但它的上肢退化，不能飞行，主要靠其强壮有力的后肢运动。受到诸多因素的影响，恐鸟已于 1885 年灭绝。这是新西兰坎特伯雷国家博物馆赠送给我国

恐鸟

的恐鸟骨骼标本，也是保存在我国的唯一恐鸟标本。

拓展视频

参观攻略

地　　址： 北京市东城区天桥南大街126号

咨询电话： 010-67024431

交通路线： 公交7、20、35、110、120、622、特11、93，2、105、106路天桥站，832、836、838、917路天桥汽车站站，53、36（环形）、71、90路天坛西门站，15路天桥商场站

开放时间： 每天9：00—17：00（16：00停止入馆），周一例行闭馆（法定节假日除外）

门票价格： 免费参观

注意事项：

1. 北京自然博物馆实行实名制分时段网上预约参观，参观前至少提前一天进行网上预约。票务系统每天上午11：00更新，可预约三天内门票。一张证件只能预约一人，每个身份证号每日仅可预约一次。

2. 老年人及儿童也需提前完成预约，预约时请填写正确的证件信息，预约后请携带相应证件，按照约定日期及时段到馆参观。

国家动物博物馆外观

86 国家动物博物馆

概　况

国家动物博物馆隶属于中国科学院动物研究所，其前身为本所的动物标本馆；而标本馆是在震旦博物院、北平静生生物调查所、北平研究院动物学研究所、中央研究院动物研究所、故宫博物院等机构的动物标本收藏基础上发展而来。经过几代科学家的不懈努力和长达150余年的积累，现今馆藏动物标本超过930万号（件），成为全国乃至亚洲最大的动物学专业博物馆。

早在1999年，时任中共中央政治局常委、国务院副总理的李岚清同志莅临中科院动物所标本馆视察。在了解实际情况后，李岚清同志做出重要指示，应该建立一座国家动物博物馆，对社会公众开放，展示动物标本，开展科普活动，发挥科学传播与普及的作用。2006年3月，中科院动物所正式组建国家动物博物馆，李岚清同志题写馆名，著名昆虫学家乔格侠研究员担任首任馆长；建立伊始分为动物标本馆和标本展示馆。展示馆于2009年5月17日正式对外开放；标本馆则于2019年6月晋升为国家动物标本资源库，展示馆继续保留国家动物博物馆之名。

国家动物博物馆建筑面积7500平方米，其中展览面积5500平方米，包括地下一层、地上二层的对外展出部分。馆内有9个常设展厅和1个交流展厅，以及1个4D动感影院。

自对外开放以来，国家动物博物馆不断推出各类科普活动。2009年7月即开展夜场活动——“博物馆奇妙夜”；特色品牌活动还有静生讲堂、昆虫工作坊、少年博物学论坛、读书会、硕毅说吧、观鸟Plus、野外科学考察体验（科学探索营），以及中国动物标本大赛、全国自然科学类场馆科普培训班等。

国家动物博物馆被教育部、科学技术部、海关总署、中国科学院、国家林业和草原局、中国科学技术协会、北京市人民政府，以及专业学会或协会等多家单位授予各类科普教育基地、研学教育基地、动物保护教育基地等称号。

常设展览·馆藏精品

9个常设展厅分别为濒危动物展厅、鸟类展厅、中庭大厅、动物多样性与进化展厅、无脊椎动物展厅、国门生物安全展厅、昆虫展厅、人与动物展厅、蝴蝶展厅，共展示各类动物标本6500余号，通过标本实物、动物模型、展板展项、生态景窗等多种形式讲解动物学有关知识，是目前国内集中展示动物标本种类最多的博物馆。

常设展览——濒危动物展厅

本厅展出标本130余件。主要以我国濒危兽类为主，另有鱼类、两栖爬行类、鸟类等。绝大部分为国家一级、二级重点保护野生动物。展出的华南虎、白鱀豚、江豚、穿山甲、白头叶猴、长臂猿等极为珍稀，可谓“镇馆之宝”。

馆藏精品

秦岭景窗

本所著名动物学家郑作新院士将秦岭—淮河一线作为世界动物地理区划中的两个界的分界线，即秦岭以南为东洋界，以北为古北界。特殊的地理环境、气候条件、植被孕育了为数众多的珍稀特有动物种类，这里集中展示了大熊猫、川金丝猴、朱鹮、秦岭羚牛、红腹锦鸡等。这些物种的研究与保护离不开中科院动物所几代科学家的努力。

白鱀豚标本

白鱀豚属于功能性灭绝，这里展出的标本是20世纪50年代安徽渔民在捕鱼过程中误捕上来的，后由中科院水生生物所赠送给本所，为“镇馆之宝”之一。白鱀豚被誉为“长江女神”“水中大熊猫”，早在2000年前的历史文献中就有记载，我国古人很早就为其命名为“白鱀”。

白鱀豚标本

布氏鲸标本

布氏鲸标本位于地下一层的中庭大厅。这是该馆展示的最大的一号动物实体标本，长约10米。在2021年2月最新公布的《国

布氏鲸标本

家重点保护野生动物名录》中，布氏鲸晋升为国家一级重点保护动物。从外露的鲸须可以看出，它属于一种须鲸。

拓展音频

常设展览——鸟类展厅

本厅展出标本约 550 件。我国鸟类近 1500 种，展出数量多达其 1/3，其中不乏我国特有、极危或濒危级，以及国家一级、二级重点保护野生动物。代表性物种包括丹顶鹤、白鹤、黑颈鹤、大鸨、犀鸟、角雉、虹雉、长尾雉、遗鸥、鲣鸟、鹈鹕、黄胸鹀、各类猛禽，以及多种鸣禽。

馆藏精品

白冠长尾雉

白冠长尾雉的尾羽可达 1.6 米，传统戏剧中的“雉翎”便是由其中央尾羽做成，常见于孙悟空、周瑜、吕布、穆桂英等形象中；过去由于装饰上的使用而被大量捕捉。2021 年 2 月晋升为国家一级重点保护动物。它是我国中部地区特有的珍禽。

白冠长尾雉标本

参观攻略

地　　址： 北京市朝阳区大屯路中科院奥运科技园区（北辰西路 1 号院 5 号）

咨询电话： 010-64806899（前台）、010-64807975（售票处）

交通路线： 公交 143、145、311、319、379、450、466、484、607、695 路中科院地理所站，81、143、145、319、379、425、450、466、484、510、518、607、695 路南沟泥河站；地铁 8 号线、15 号线奥林匹克公园站

开放时间： 5 月 1 日至 8 月 31 日每周二至周日 9：00—17：00；9 月 1 日至次年 4 月 30 日每周二至周日 9：00—16：30

门票价格： 参观门票 40 元 / 人，优惠票价 20 元 / 人，4D 电影票 20 元 / 人，年票 100 元 / 人

注意事项： 逢周一及部分国家法定节假日闭馆（具体详见临时通知）。国家动物博物馆针对未成年人、老年人、残障人士、团体等不同观众群体实行门票优惠政策，详见国家动物博物馆微信公众号、售票处售票须知等

87 国家植物园科普馆

概　况

科普馆是植物园重要的基础设施之一，承载着科学普及功能。国家植物园科普馆始建于1996年，首次对外开放于1999年春，占地面积5000平方米，建筑面积2528平方米。开馆20余年以来，科普馆面向公众传播以植物为核心的生物多样性及生态保护相关科学知识，帮助公众提高对保护环境、保护生物多样性的意识。

2022年随着国家植物园落地，国家植物园科普馆全面完成提升改造，对空间布局及展示方式进行了革新，提升游客参观的舒适度，更好地发挥科普教育核心功能，打造首都植物文化和国际行业交流的重要平台。

整个展区涉及展览总面积约1590平方米，分为上下两层，由谷生厅、远志厅和草木绘馆构成。谷生厅以“植物改变人类生活”为主题，分层次展示植物为人类生活提供的原料。草木绘馆展览面积约140平方米，以国内外著名植物科学绘画为题材，定期更新专题展览内容，通过艺术与科学的结合，形象地、富有艺术感染力地再现植物的自然形态和内在特征，以达到让公众关注自然本身，重新审视自然与人的关系这一目的。远志厅展览面积约175平方米，以植物及相关历史、文化、科学研究延展性内容为主，定期更换主题与展览内容。一固定展和两临展组合，形成基本陈列和临时展览互为补充、交相辉映的陈列结构。

为了便于更好地为公众开展科学传播工作，馆内设置活动教室两间，总面积约215平方米，分别是以服务低龄青少年萌芽教室及服务中学生的林奈教室。全年定期为学生开展科普讲座、系列课程、科学探索等活动项目。

草木绘馆展厅内景

常设展览·馆藏精品

谷生馆展陈面积713平方米，为国家植物园科普馆主展厅，整个展览紧紧围绕“植物改变人类生活”主题，选取食用植物、饮料植物、纤维植物、木材植物、药材植物、能源植物6个与人类生活密切相关的板块，通过500余件实体展品与多种多媒体交互方式，展示植物的科学性、艺术性及在社会可持续发展过程中的重要作用。

食用植物区域展示以五谷为代表的粮食及果蔬作物育种、文化及应用等方面知识内容，传递植物直接或间接地为人类提供物质基础，体现“民以食为天”的需求。饮料植

谷生馆展厅内景

硅化木

物区域，重点展示世界三大饮料植物以及其他类饮料植物对人类贡献。纤维植物区域，传播桑、棉、竹、麻等纤维植物在造纸、纺织以及环保材料制造等方面的应用。木材植物部分，通过原木、木方砖、木制乐器、木制工艺品、木制器具、木建筑等大量实物展品，强调木材植物的环境友好性，使观众可以感受到木材温润的质地、自然的色彩和精美的独特纹理。药用植物区域，通过标本展示，配合互动多媒体，实现既有纵向深入解剖，又有横向关联扩展的动态展览形式，以科学和现代的手法呈现药用植物对人类的重要意义。能源植物区域，传播煤炭资源与远古植物的关系。此外，展厅中间为演讲厅，集现代化的专业音响设施、多媒体显示设备、高清摄录像技术、智能化集中控制等功能于一身，用于开展科普教学、学术讨论、演讲报告等活动，使参与的观众更近距离地走进植物的科学世界。

馆藏精品

硅化木

长 19.6 米，根部最宽处达 2.7 米，重 64.98 吨，为银杏硅化木。放置于国家植物园科普馆入口。该硅化木出土于新疆维吾尔自治区，形成时间为侏罗纪晚期，距今约 1 亿 4000 万年。

硅化木是一种树木化石，又名木石玉、木玉石、石化木。数亿年前的树木因种种原因被深埋地下，地层中树干周围的化学物质如二氧化硅、硫化铁、碳酸钙等在地下水的作用下进入树木内部，替换了原来的木质成分，同时保留了树木的木质结构和纹理，又经过石化作用最终形成了木化石。因为所含的二氧化硅成分较多，所以被称为硅化木，是研究古生物演化、古地理和古气候变化的重要科学依据。

海椰子

长 31 厘米，宽 28 厘米，高 19 厘米。

海椰子又名巨籽棕、双椰子，原产于印度洋上的塞舌尔群岛，仅分布在其中的普拉兰岛（Praslin）和屈里约斯岛（Curieuse），目前仅存约8000株。因分布地十分狭窄，且受自然灾害或人类采伐等因素影响，其灭绝的风险较高，被《世界自然保护联盟濒危物种红色名录》（*IUCN Red List of Threatened Species*）列为濒危（EN）等级。海椰子的种子是世界上已知最大和最重的种子。

海椰子

参观攻略

地　　址： 北京市海淀区香山卧佛寺路国家植物园（北园）内

咨询电话： 010-82598771

交通路线： 公交630路香泉环岛站下车后西行400米，563、932、318、360、698、505路国家植物园站；地铁10号线巴沟站A口出，换乘西郊线至国家植物园站

开放时间： 9：00—16：30，周一闭馆（法定节假日除外）

门票价格： 免费参观。国家植物园科普馆为园区内免费场馆，需预约参观，请提前购买国家植物园门票或持有公园年票

注意事项：

1. 游客可预约4日内科普馆入馆凭证。
2. 分时段预约参观（预约时段：9：00—11：00，11：00—13：00，13：00—15：00，15：00—16：30）。
3. 团体参观，请提前3天拨打预约电话010-82598771。
4. 参观当日，凭手机收到的预约码入馆参观。

俯瞰民航博物馆

88 民航博物馆

概　况

民航博物馆是经中编办批准，中国民用航空局主办的民用航空专题博物馆，自2011年11月起对外开放。2020年，被国家文物局列为第四批国家三级博物馆。2021年，被中国民用航空局授予“中国民航党性教育基地”“中国民航安全教育基地”称号。

民航博物馆位于北京首都机场辅路200号，总占地面积超15万平方米，总建筑面积21 980平方米。其中主体建筑15 924平方米，是由德国OWP公司按照飞机发动机形状设计的外观独具一格的现代建筑。民航博物馆现有藏品3万余件，藏品具有鲜明的民航行业特色，航空器藏品有里-2、BAe-146、伊尔-14、三叉戟、运7、空客A310-200等我国民航不同历史时期使用的运输机20架，基本涵盖了世界民用飞机变迁的主要机型。其中，伊尔-14型4208号毛主席座机为国家一级藏品。还展示包括“两航”起义、“八一”开航、拉萨试航等专题的大量珍贵历史文献和资料。科普互动区设有空客A320、西锐、梦幻三类飞行模拟机，可供观众体验模拟飞行。

2019年以来，民航博物馆举办的“昂首 展翅 高飞——新中国民航70年发展历程展”“启航——纪念新中国民航‘七一’‘八一’开航70周年”“民航人·初心——庆祝中国共产党成立100周年主题展”分别入选2019年度、2020年度和2021年度国家文物局“弘扬优秀传统文化 培育社会主义核心价值观”主题展览推介项目。“民航人·初心”展还入选中央宣传部、国家文物局联合推介的庆祝中国共产党成立100周年精品展览。

民航博物馆室内展厅

常设展览 · 馆藏精品

民航博物馆分为室内和室外展区。室内展区分为飞机陈列区、基本陈列区和科普互动区。室外展区展出民用航空器和民航大型专用设备。

民航博物馆展览主要由基本陈列、专题陈列和临时展览构成。

基本陈列——“昂首 展翅 高飞——新中国民航 70 年发展历程展”

该展以新中国民航 70 年发展历程和辉煌成就为主，展览面积 2500 平方米，使用图片、实物、图表、模型、油画等展示手段突出展览内容。展出文物 500 余件，包含“两航”人员从香港特别行政区带回的五星红旗、川航英雄机组副驾驶徐瑞辰事发当天所穿制服等珍贵文物。利用多媒体互动手段，设置了机票时光机、航旅天眼等互动项目。

馆藏精品

伊尔 -14 型 4208 号毛主席座机

伊尔 -14 型 4208 号飞机曾多次执行毛泽东主席等党和国家领导人的专机任务，为国家一级文物，2006 年 12 月征集入馆。

1956 年，我国空军从苏联引进 49 架伊尔 -14 飞机，主要执行专机和空运任务，4208 号就是其中之一。1957 年，因为操控性能优良，该机被挑选改装用以执行重要专机任务，并先后于 1957 年 10 月 21 日、12 月 8 日两次执行毛泽东主席的专机任务。改装后的 4208 号飞机，客舱内设有办公桌椅和床等设施。桌子及两把椅子放置在右侧，桌上摆放着一只火炬状台灯。客舱左侧设有一张软床。虽然是国内改装的，4208 号飞机的座舱看起来比另一架在苏联改装的专机还要好。

伊尔-14型4208号毛主席座机

4208号毛主席座机客舱内部

在1958年第4期的《中国青年》杂志上刊登了一幅名为《毛主席在飞机中工作》的照片，摄影师署名为侯波。当时，“毛主席大衣也没有脱，正在聚精会神地看文件，手中一支烟已燃了很长一段，好久都没有抽一口了。”侯波认为这是“拍摄毛主席办公照片的最好机会”，于是按下了快门。果不其然，照片发表后，受到了社会的广泛关注，发行量很大。这张照片就拍摄在4208号专机的客舱内，原因就是照片中的火炬形台灯是4208号专属的。除此之外，4208号飞机的窗帘杆是连在一起的，与照片一致。

专题陈列——“民航人·初心——庆祝中国共产党成立100周年主题展”

该展展示了民航优秀共产党员、先进基层党组织和其他先进集体在中国共产党领导下，为新中国民航事业所做出的重要贡献。共展出不同时期历史见证物100余件，设置了宣誓墙、阅读室、朗诵亭、党史知识答题等参与项目。

馆藏精品

徐瑞辰被撕碎的制服衬衣、领带

四川航空“中国民航英雄机组”副驾驶徐瑞辰被撕碎的制服衬衣、领带是成功处置川航3U8633航班险情的重要历史见证物，2019年9月，由民航西南地区管理局捐赠。

徐瑞辰被撕碎的制服衬衣、领带

专题陈列——中国民航空中交通管理

该展以民航空管发展历程为主，展览面积420平方米，展出文物110余件，设置了模拟塔台体验、雷达模拟体验和试听陆空通话等参与项目。

YZ-11型米波仪表着陆系统航向仪

馆藏精品

YZ-11型米波仪表着陆系统航向仪

YZ-11型米波仪表着陆设备由中国民用航空通信导航设备修造厂研制生产，它的研制成功结束了我国仪表着陆设备完全依靠进口的历史。1988年获得国家科技进步三等奖。

该设备于1992年9月在吉林二台子机场投入使用，1998年停用，2006年被捐赠给民航博物馆。

参观攻略

地　　址：北京市朝阳区首都机场辅路200号

咨询电话：010-84323666

交通路线：公交359路民航博物馆站

开放时间：9：00—16：30（16：00停止入馆），周一闭馆（法定节假日开放时间另行通知）

门票价格：免费参观

注意事项：民航博物馆实行预约参观制度，观众请关注民航博物馆微信公众号，点击“预约参观”，扫码进行预约

中国传媒大学传媒博物馆正门（1）

89 中国传媒大学传媒博物馆

概　况

中国传媒大学传媒博物馆于2012年10月26日正式对社会开放，为国家二级博物馆，它的建立填补了我国博物馆类别和传媒行业两项空白，成为我国传媒文化、传媒教育、艺术展示与互动交流的国家级传播平台。

传媒博物馆是中国传媒大学直属二级单位，设有综合办公室、展陈设计部、藏品文物部、公共服务部、安检运营部、融媒体中心等机构，馆藏文物12 000余件（套），展览面积5000平方米，包括广播馆、电视馆、电影馆、传输馆，形成“四馆七厅一条传媒走廊”的展示格局，重点展现国内外传媒发展历史变迁，特别是在中国共产党领导下的广播影视事业从诞生、发展到崛起的重要历史节点，凸显“红色基因、历史传承、底蕴深厚、史料翔实、时代变迁”的历史和发展脉络，以“办有思想的博物馆”为统领，做“有思想的文博人”。

2012年12月26日，传媒博物馆经北京市文物局批准，成为北京市第164家登记注册的博物馆；2017年，被授予“北京市科普基地”称号；2018年，被评选为国家三级博物馆；2019年，荣获“全国博物馆陈列艺术成果交流展（2009—2019年）50强”称号；2020年，荣获“第十七届（2019年）全国博物馆十大陈列展览”精品奖，是该大奖创办23年来首个荣膺的传媒类博物馆，为全国高校博物馆赢得了荣誉；2020年，被评选为国家二级博物馆；2022年，荣获“全国科普教育基地”“北京市科普教育基地”称号。

中国传媒大学传媒博物馆正门（2）

自筹建以来，传媒博物馆得到了国家、北京市文博行业、传媒行业、教育行业的广泛认同，先后当选为北京博物馆学会副理事长单位；北京高校博物馆联盟副理事长单位；北京高校博物馆专业委员会主任委员、新媒体与传播专业委员会主任委员单位、中国高校博物馆专业委员会常务理事单位等职务。自2019年以来，传媒博物馆与中广联合会交通宣传委员会联合在国家文物局举办的纪念“5·18国际博物馆日”主会场推出微信小程序——“点赞国宝”“为国宝代言”融媒传播活动，推出“百城、百台、百馆、百物、百人”融媒线上活动，成为网络现象级的融媒传播爆款产品。

常设展览

传媒博物馆设有基本展陈“传媒行业与传媒教育发展历程展”，将“传媒教育”与“传媒行业”历史文化资源进行有效的对接与整合，体现了“有感官、有品质、有温度、有思想”的展陈理念，以“传媒教育、传媒行业、传媒创意、传媒产业”为特色，彰显“共享、开放、融合、发展”的传媒文化新构想。展览由五部分组成，即传媒教育白杨礼赞、穿越时空广播之声、视听感受电视演绎、电影艺术百年发展、信号传输日新月异。展览从不同视角诠释了国内外传媒历史的变革与发展，集中展现了以中国传媒大学为代表的中国传媒教育事业自1954年以来的探索与创新实践，为党和国家新闻传播事业、社会经济文化变革、发展所做出的巨大贡献与成就。近年来，通过征集、捐赠等形式，收集与国内外传媒历史、传媒文化、传媒教育等相关的传媒文物、历史档案、珍贵书籍、报刊、图片、证书、徽章、影音资料等实物，展示展品1000余件（套）。

馆藏精品

熊猫牌1501型落地式收音、电唱、录音三用一体特级收音机

1959年是中华人民共和国成立十周年，各行业都在加大干劲力争上游，为国庆十周年献礼。当时主管工业生产的一机部十局向南京无线电厂下达任务，研制一项体现十年发展新水平的高级电子音响产品，产量少，外观体现民族性，性能要优于同类国外产品，属于特级收音机。这款收音机的定位为高端机，其设计理念体现在四个方面：一是用来装备人民大会堂、劳动人民文化宫等公共场所；二是放置在驻外大使馆，如中国驻苏联大使馆等使馆内；三是领导人专用，如毛泽东主席的书房，朱德、刘少奇、宋庆龄等人的书房中都曾配备过；四是作为国礼送给来访的亚非拉国家元首。熊猫牌1501型落地式三用一体特级收音机曾作为国礼送给加纳总统杜尔。

熊猫1501型机采用上等优质木材制成，外形一边呈方形，一边是圆形，象征着中国传统的“天圆地方”思想，产品充满了浓郁的中国风貌。机身左侧上方打开后是双轨式录音机，下方是自动电唱机；右侧采用推拉式设计，推开后可以看到机型的猫眼、旋钮、琴键开关等；右侧下方是喇叭装置，收音机的猫眼采用的就是中国传统的宫灯式设计。左侧电唱机开合面板的装饰上装饰有4个蝙蝠样式的纹饰，中间把手处有一个“寿”字纹，象征“福寿满堂”。这款机型在产品性能上采用当时世界各国8种不同等级的市电电压，能检索到全球所有频段的音频信号。唱机部分支持多规格的唱片，可自动换唱片。当时德国著名厂商德律风根的工程师看到这款机型后，不敢相信是中国制造，1953年我国才组织生产收音机，短短几年，技术水平的进步足以让国外同行刮目相看。

熊猫牌1501型落地式收音、电唱、录音三用一体特级收音机（1959年）

华夏第一屏——北京牌820型35厘米电子管黑白电视机（1958年）

华夏第一屏——北京牌820型35厘米电子管黑白电视机

北京牌820型35厘米电子管黑白电视机是由国营天津无线电厂1958年研制成功的，被誉为“华夏第一屏”。

1956年10月，在北京举办的首届日本商品展览会上，日本人展出了一套电视广播系统，其中就有几台电视机。中华人民共和国成立初期，百废待兴，大家完全没有电视这个概念，当时的中国人第一次见到电视都觉得很神奇，一个小小的黑匣子竟然会说话、唱歌和跳舞！甚至有人转到小匣子的背后，想看看里面的人究竟藏在哪里。电视机这个新生事物吸引了国家领导人的目光，毛泽东主席也在这次展览会上专门观看了电视机。

1957年，在毛泽东主席的指示下，中国开展了独立自主的电视机技术研发，由北京广播器材厂负责电视机发射设备的研制，电视机则由收音机制造传统的国营天津无线电厂负责。天津无线电厂接到重要研发任务非常忐忑，因为当时谁都没有见过电视机。而“华夏第一屏”的主要设计者正是该厂的黄仕机。他带领本厂专家，组成了8人的设计小组，在党组织及技术人员的共同努力和帮助下，他们收购了苏联的“先锋牌”“红宝石牌”“旗帜牌”等品牌电视机的散件及样机，经过综合对比，决定以“旗帜”牌电视机为参考对象，生产自主品牌的电视机。1958年3月17日晚，我国电视中心在北京第一次试播电视节目。试验大厅摆着一台苏联电规机和一台我国自主生产的电视样机。国营天津无线电厂试制成功的电视机样机图像清晰，声音洪亮，达到了苏联电视机的水平。

为纪念中国第一台国产电视机的诞生，国家领导人特别把“首都”的名称给了这台电视机，中国第一台自主品牌电视机“北京牌”从此诞生，北京牌820型35厘米黑白电视机被同行们响亮地称为“华夏第一屏”。

拓展音频

参观攻略

地　　址： 北京市朝阳区定福庄东街1号中国传媒大学49号楼

咨询电话： 010–65783703

交通路线： 公交475、506、666路梆子井站下车，步行从南门进入中国传媒大学；411、488、615、690、639、517路及快速公交2线等定福庄站下车，步行从北门进入中国传媒大学。地铁1号线传媒大学站B口出，向东步行约100米，从南门进入中国传媒大学

开放时间： 周一至周五9：00—16：30（16：00停止入馆），周末、法定节假日及寒暑假闭馆

门票价格： 免费参观，部分专题、特色、联展展览除外

注意事项：

1. 社会各企事业单位、社会团体的团队参观需提前一周向官方预约，提交《中国传媒博物馆社会团体预约申请表》，获得批准后按照博物馆日程安排和学校入校规定要求有秩序组织参观。

2. 个人参观需持本人身份证登记、刷卡入馆参观；本校师生使用校园一卡通刷卡入馆参观。持其他有效证件者需到前台总问询处登记后入馆参观。

3. 有关博物馆其他信息，请关注微信公众号“传媒博物馆”。

中国地质博物馆外景

90 中国地质博物馆

概　况

中国地质博物馆是我国首批国家一级博物馆，也是中国人自己建造的第一个公立自然科学博物馆。1916 年 7 月，中国人自主培养的首批 18 名地质学子毕业时的“学生成绩展览会”孕育了中国地质博物馆的雏形——地质矿产陈列馆。中国地质博物馆历经百年风雨，是中国近代科学发端的见证者、中国地质事业的传承者、中国地学科普的开创者，是中国科学史、地学史、博物馆史上的传奇。

自 1916 年正式开馆至今，中国地质博物馆薪火相传、英才辈出、成就斐然，始终作为独立的科学机构存在且不断发展，记载并见证了我国地球科学和地质事业的曲折发展，汇聚积淀了丰厚的自然精华和文化遗存，一直都以典藏系统、成果显著、陈列精美享誉世界。目前已成为地学研究、知识传播、自然资源文化建设和成果宣传与形象展示的重要窗口。

伴随着中国近现代科学的同步发展，中国地质博物馆传承了厚重的光辉历史和严谨的科学精神，凝聚了国家建设发展的灵魂动力，提炼形成的“博物、博学、博爱”核心价值理念，更铭刻着地质博物馆人立足地质、服务社会、大爱致和、创新进取的铿锵步伐。

中国地质博物馆大楼是 1956 年在周恩来总理的关怀下兴建的，建成于 1958 年，建筑面积 11 500 平方米，展陈面积 5000 多平方米，1959 年对社会开放。21 世纪初大楼修缮一新后，于 2004 年 7 月重新对外开放。馆藏地质标本 55 万余件（套），涵盖地学各个领域。其中有蜚声海内外的巨型山东龙、中华龙鸟等恐龙系列化石，北京人、元谋人、山顶洞人等古人类化石；有毛泽东主席赠送的“水晶王”，巨型萤石方解石晶簇标本，精美的蓝铜矿、辰砂、雄黄、雌黄、白钨矿、辉锑矿、黑柱石等中国特色矿物标本，以及包括世界上已知最大的方柱石猫眼和重达 144.45 克拉的沙弗莱石在内的种类繁多的宝石、玉石等一大批世界级、国宝级珍品。

常设展览 · 馆藏精品

中国地质博物馆目前共有 4 个常设展览，一楼是地球厅，二楼是矿物岩石厅和宝石厅，三楼是史前生物厅和一个临时展厅，四楼设有两个临时展厅，不定期推出临时展览，展示当前最热门的地学知识。

常设展览——矿物岩石厅

矿物岩石厅位于二层，主要展示地球的物质组成，即矿物和岩石。矿物是地球的基本物质组成单位，岩石是矿物的集合体。展厅展示了数千件矿物珍品及典型岩石标本，其中有很多独具特色的标本举世无双，并汇集了大量精美的蓝铜矿、辰砂、雄黄、雌黄、白钨矿、辉锑矿等中国特色矿物标本。矿物岩石厅采用动静结合、虚实呼应、寓教于乐的设计方式，使观众了解自然界中矿物岩石的成因、产出情况、基本物理性质等。其中“真假水晶的辨别”的互动模型，通过观众动手参与来激发观众探求知识的兴趣；“岩溶地貌模型”以北京房山区石花洞和广西桂林芦笛岩为原型，进行科学创作而建成，让观众有身临其境的感觉。（岩石矿物宝石陈列曾荣获第六届“全国博物馆十大陈列展览精品奖”。）

馆藏精品

蓝铜矿

在矿物岩石厅入口处的墙面上镶嵌着一朵朵像蓝色丝绒玫瑰的矿物，它就是产自广

蓝铜矿

东阳春的蓝铜矿。蓝铜矿是寻找铜矿的重要标志，也是中国传统国画矿物颜料的主要成分，古时称为“石青”。广东阳春出产的蓝铜矿以板状晶体构成的花朵状晶簇而闻名，在国内外享有很高声誉，是中国地质博物馆的特色馆藏。1981 年，当中国地质博物馆得知广东阳春珍贵的蓝铜矿要被当作铜矿石用于提炼铜时，出于对珍贵矿物晶体保护性收藏的需要，经过多方努力，将这批蓝铜矿从炼铜炉下抢救下来。

常设展览——宝石厅

宝石厅位于二层，以宝石、玉石陈列为主线，融入宝石鉴定、宝石鉴赏、宝石加工、首饰镶嵌等内容。通过原石与成品对照，让观众了解原石通过切磨、雕琢及镶嵌等工艺变成璀璨夺目的宝玉石成品；通过天然宝石与相似宝石、合成宝石、仿制宝石对照，让观众了解真假珠宝的识别方法。另外，展厅内循环播放两部影片《东西方珠宝文化对比》《宝石的开采加工》，观众可以通过影片深入了解宝玉石文化及其加工技巧。宝石、玉石、有机宝石、贵金属和各种特殊光学效应的常识性知识都以文字形式进行说明，相关内容可以通过多媒体平台自助查询。展厅内珍宝荟萃，有重达 16.45 克拉的黄色钻石、重达 279 克拉的坦桑石、稀有的塔菲石和蓝锥矿，玉石有“玉石之王”翡翠、中国四大名玉以及“帝王之石”田黄等。

馆藏精品

狗头金

在中国地质博物馆的 15 元门票上印有

狗头金

一幅熠熠生辉的狗头金图片，它是中国地质博物馆众多藏品中的明星之一。它重达 3552.8 克，含金量达 85%。狗头金是经河流等外动力地质作用改造后天然产出的、块体较大、纯度较高的块金。它通常是自然金、石英和其他矿物的集合体。狗头金的外形多样而奇特，多数呈不规则薄板状，有的还有对穿的孔洞，表面都较浑圆，整体形状有的像狗头、有的像卧狮，千姿百态，无一雷同。1983 年，青海海西蒙古族藏族自治州的两位农民意外发现了它，并用斧子将其劈成 3 块，匆匆卖给当地的银行。经青海地质化验室用环氧树脂黏合后，这块狗头金成了如今的模样，最终历经波折收藏于中国地质博物馆。

常设展览——史前生物厅

史前生物厅位于三层，以生物进化过程中发生的重大事件为线索，展示了生物由低级到高级、由水生到陆生、由简单到复杂的进化历程。其中“海洋生物的登陆”“恐龙生存环境”“恐龙集群绝灭”等场景模型惟妙惟肖，观众仿佛身临其境。化石形成过程的三维动画展示也吸引了观众的眼球。其中展示了北京人、元谋人、山顶洞人等著名古人类化石，以及大量集科学价值与观赏价值于一身的鱼类、爬行类、鸟类等珍贵史前生物化石。

馆藏精品

中华龙鸟

中华龙鸟

中华龙鸟于 1996 年发现于中国辽宁北票，是一种原始的小型兽脚类恐龙，生活在 1.4 亿年前的早白垩世。中华龙鸟拥有典型的恐龙特征，如牙齿锐利，后部牙齿后缘呈锯齿状，骨骼结实，尾椎数目多等。背部从头到尾长着细丝状的皮肤衍生物，与鸟类的羽毛类似，它身上那种极其有趣的毛状结构为研究鸟类羽毛的起源提供了重要的信息。它的发现为鸟类起源于恐龙的假说提供了有力证据，在国际古生物学界掀起了带羽毛恐龙研究的热潮。2010 年，它作为世博会辽宁馆“镇馆之宝”自中国地质博物馆飞抵上海展出，吸引了世界的目光。

拓展视频

参观攻略

地　　址：北京市西城区西四羊肉胡同 15 号

咨询电话：010-66557858

交通路线：101、103、124、612 路西四路口东站，42 路西四路口西站，102、105 路西四路口南站，3、13、22、38、88、143、409 路西四路口北站，38、109 路西四丁字街站；地铁 4 号线西四站 D 口

开放时间：9：00—16：30（周一闭馆）

门票价格：30 元 / 人。未成年人、成年学生、教师、60 周岁以上老年人、残疾人、军人、自然资源系统职工和中国地质学会会员等凭相关证件免票

注意事项：中国地质博物馆实行微信公众号线上预约参观制度，每日限流 2500 人

中国第四纪冰川遗迹陈列馆外景

91 中国第四纪冰川遗迹陈列馆

概 况

中国第四纪冰川遗迹陈列馆成立于1989年，由国务院原副总理方毅题写馆名。陈列馆地处京西古道模式口大街，北靠翠微山，南邻永定河引水渠，是我国乃至亚洲唯一建在第四纪冰川遗迹上的自然科学类专题博物馆。模式口冰川擦痕是著名地质学家、原水利部高级工程师李捷先生在勘探永定河引水渠隧道时发现的，后经著名地质学家李四光和苏联著名地质学家纳里乌金共同确认。1957年10月28日，模式口冰川擦痕

中国第四纪冰川遗迹陈列馆遗迹大厅内景

被北京市政府公布为第一批文物保护单位，并加以保护。

为了更好地保护冰川擦痕遗迹，区政府对冰川馆实施了改扩建工程，新馆于2009年6月正式对外开放。改扩建后的新馆占地面积6336.88平方米，建筑面积为4170平方米。冰川馆深入挖掘本地资源，并充分利用展馆资源，开展面向公众的研究性学习，引导公众走近科学、热爱科学，同时冰川馆长期秉承着“请进来，走出去”的办展思想和互动性办展模式，走进学校、深入社区，打造了“冰川馆里过大年”“流动的博物馆——科普大篷车”“青少年地质勘探队——科普夏令营”3个极具特色的科普实践品牌活动，成为一座立足于科研、科教、科普、寓教于乐的现代化展览馆。

常设展览·馆藏精品

冰川馆常设展览包括11个展厅和1个遗迹大厅，分为“冰川知识”“人类演化过程”“第四纪冰川与人类关系”“矿石展”“擦痕遗迹保护区”等几个部分。

“模式口冰川擦痕”遗迹

馆藏精品

“模式口冰川擦痕”遗迹

模式口冰川擦痕是北京西山冰川遗迹中典型且最具代表性的遗迹，是一项不可复制的文物。冰川擦痕是冰川在运动中携带的沙砾、碎石块等与露出地面的基岩发生摩擦而产生的痕迹。冰川擦痕有如下几个特点：第一，上宽下窄，呈钉头鼠尾状；第二，有一定的方向性，一般与山体走向一致；第三，擦痕较为圆滑，不像其他划痕那样尖刻。

这一冰川遗迹的发现彻底推翻了西方学者关于“中国除了西部及西北部高山地区现今仍有冰川以外，从未得到冰期冰流现象到平地的证明”的论断，对冰期问题具有决定性和肯定性的意义，因此被苏联地质学家赞称“揭开了亚洲地质史上的光辉一页”。

参观攻略

地　　址： 北京市石景山区模式口大街28号

咨询电话： 010-88722585

交通路线： 公交336、358、876、972、941路首钢小区站；地铁1号线苹果园站，6号线金安桥站均可换乘公交车抵达

开放时间： 周一12：00—17：00（15：30停止预约，16：30停止检票入馆），周二至周日8：30—17：00（15：30停止预约，16：30停止检票入馆）

门票价格： 免费参观

注意事项：

1. 登录“石景山文E”手机APP、“石景山文旅”微信公众号、“石景山文化E站”网站进行预约。

2. 首次预约需填写姓名、身份证号、手机号、验证码，完成实名认证。

3. 每个账号最多可预约4人（该账号用户及3名随行人员），填写随行人员信息（所有进馆人员包含老人及未成年儿童均需实名制预约），提交申请，获取预约短信，完成预约。（如预约人未到，随行人可扫描签到码，输入预约人手机号及验证码，完成签到）。

4. 已预约参观门票的市民朋友如无法按时到冰川馆，最晚于预约参观当天闭馆前1小时登录系统取消预约。逾期未取消，视为爽约1次，累计爽约3次，将被系统列入黑名单，不能再预约冰川馆门票。

中国电信博物馆正门

92 中国电信博物馆

概　况

中国电信博物馆是中国电信集团有限公司所属的国家级通信行业综合性博物馆，首批国家二级博物馆，是全面展示中国电信行业发展历史的窗口，全国电信文物收藏、保管、展览、研究的专门机构，传播电信科技科普知识的文化场所，全国爱国主义教育、科普教育和企业文化教育的基地。

中国电信博物馆坐落于北京市海淀区学院路42号，毗邻首都中关村科技园区，展馆面积近3000平方米，现有藏品13 000余件。

常设展览 · 馆藏精品

为庆祝中国共产党成立100周年，纪念近代电信技术进入中国150年，中国电信博物馆推出以“百年电信 红色传承——中国电信业发展史陈列”为主题的新展陈。

中国电信博物馆新展陈常设展览主要分为“烽火连天 电信之光”“百年电信 艰难起步”“电信使命 红色基因”“人民邮电 砥砺前行”“改革开放 历史跨越”“信通四海 赋能未来”六大部分。展览以习近平新时代中国特色社会主义思想为指导，弘扬红色电信精神，通过丰富的电信文物、图文史料、趣味通信科普和先进的多媒体互动体验，回顾红色电信在党的领导下从“半部电台”到“云监工”走过的百年历程，描绘中国电信业从艰难起步到发展、跨越、腾飞的历史画卷，展示中国电信担负建设网络强国和数字中国、维护网信安全的历史使命，在国家通信建设中取得的丰硕成果。

展厅正门浮雕

“百年电信 艰难起步”展厅内景

挪威公司赠送的龙图案电话机

常设展览——“百年电信 艰难起步”

该展览主要通过实物展示、场景复原手段，展现自近代以来，电信技术伴随西方列强入侵传入中国，中国早期的国家主体电信机构建立，以及此后电报、电话、无线电等业务在中国近代的发展过程。

馆藏精品

挪威公司赠送的龙图案电话机

1906 年，清廷派贸易代表团访问爱立信公司，双方签订引进共电式人工交换机合同。之后爱立信的子公司挪威克里斯蒂安尼亚电话公司将这部龙图案电话机作为礼物赠送给清政府，是该馆的“镇馆之宝”。整部电话呈现明黄色，正面印有中国特色的龙图案，两侧印有挪威公司的标志，其上为挪威文“挪威　克里斯蒂安尼亚电力局　埃克蒂公司”。

清末共电式人工交换机座席

1907 年从德国西门子公司引进的共电式

清末共电式人工交换机座席

人工交换机座席，原装于颐和园，供清廷使用，人们称它为“老慈禧”。后又移装至北京东局、济南、枣庄，最后于 1985 年 9 月 28 日“退役”。这是从该机组拆下的座席。

常设展览——“电信使命 红色基因”

该展览主要通过展品、图片、油画、影像等手段展现红色电信从秘密电台开始，从地下斗争中起步，由“半部电台”起家，在革命战争中成长，为人民解放事业做出重大贡献的战斗历程。

“电信使命 红色基因”展厅内景

馆藏精品

半部电台

1930 年 12 月 30 日，红一方面军在第一次反“围剿”的龙冈战役中歼灭国民党第 18 师 9000 余人。在活捉敌师师长的同时，红军还缴获了一部电台。因为在清理战利品时，发报机被弄坏了，只剩下了收报部分，成了只能收报不能发报的“半部电台”。这是中国工农红军拥有的第一件高科技装备，它的出现标志着中国红色电信事业的起步。1931 年 1 月 6 日上午，王诤、刘寅等通过修理后的“半部电台”接收到了国民党中央社发出的新闻。红军也开启了自己的无线电通信和侦察的历史。

半部电台（复制品）

常设展览——“改革开放 历史跨越”

该展览主要通过大量电信文物及实物设备的陈列，展示党的十一届三中全会以来，中国电信依靠国家政策的支持及社会各界的帮助，积极发展固定电话、移动通信、数据与多媒体通信等电信业务，不断拓展业务服务领域，走出一条具有中国特色的通信发展之路，成为国民经济基础性、先导性、战略性产业的历程。

“改革开放 历史跨越”展厅内景

馆藏精品

国产第一款模拟移动话机 YD9100

该机由原邮电部第四研究所与江苏江阴市经委共同研制开发，YD 是移动的缩写，而 9100 表明是 1991 年生产。1992 年 5 月 20 日，YD9100 在北京正式通过邮电部鉴定。专家给出的鉴定意见是功能齐全，话音清晰，通话效果良好，属国内首创，这也标志着我国通信技术研究跨上一个新台阶。

中国打通的第一个 GSM 电话

1994 年 12 月 25 日，在中国国际通信设备技术展览会上，时任邮电部部长吴基传打通了中国第一个 GSM 数字移动电话，他使用的正是这一部诺基亚 2110。1995 年，

国产第一款模拟移动话机 YD9100

中国电信在全国 14 个省、自治区、直辖市开通了“全球通”业务。2001 年，我国的移动电话用户数跃居世界第一。

中国打通的第一个 GSM 电话

参观攻略

地　　址：北京市海淀区学院路42号

咨询电话：010-58843111

交通路线：公交94、375、386、478、603、686、693路学知桥北站，331、375、386、438、478、603、606、632、686、693、484路北京航空航天大学站；地铁10号线西土城站B口

开放时间：

1. 个人参观：周六、周日9：00—17：00（16：00停止入馆）。

2. 团体参观：周二至周五9：30—16：00（15：30停止入馆）。

3. 周一例行闭馆，国家法定节假日开放时间另行公告

门票价格：免费参观

注意事项：具体预约方式请关注中国电信博物馆官方网站、微信公众号

中国古动物馆外景

93 中国古动物馆

概　况

中国古动物馆隶属中国科学院古脊椎动物与古人类研究所，是该所于1994年创建的中国第一家以古生物化石为载体，系统普及古生物学、古生态学、古人类学及进化论知识的国家级自然科学类专题博物馆。中国古动物馆是全国青少年科技教育基地、北京市青少年教育基地、中国古生物学会科普教育基地和国家中央机关思想教育基地。1995年12月，中国古动物馆正式对公众开放。

中国古动物馆坐落于北京市西城区西直门外大街，东邻北京天文馆，北与北京动物园隔街相望，其外观为青色古堡式建筑；总建筑面积3000平方米，其中展览面积近2000平方米。

常设展览·馆藏精品

中国古动物馆馆内按照脊椎动物的演化序列分为两馆，即古脊椎动物馆和人类演化馆；共4个展厅，即古鱼形动物和古两栖动物展厅、古爬行动物和古鸟类展厅、古哺乳动物展厅、古人类与石器展厅。

常设展览——古脊椎动物馆

该展览分为3个展厅。古鱼形动物和古两栖动物展厅展示了各种无颌类、有颌鱼类和两栖动物的化石和标本。古爬行动物和古鸟类展厅展出了恐龙、恐龙蛋、翼龙、鱼龙、鳄、龟、蜥蜴等各种古爬行动物以及古鸟类的珍贵化石。古哺乳动物展厅展示了各种各样的古哺乳动物化石及其骨架。

馆藏精品

拉蒂迈鱼标本

拉蒂迈鱼标本是来自非洲的“活化石”，

拉蒂迈鱼标本

位于一层古鱼形动物和古两栖动物展厅。1938年12月22日，南非东伦敦港博物馆一位叫拉蒂迈的小姐在渔民刚打捞起的鱼中发现了一条不同寻常的鱼。这条鱼后来被鉴定为总鳍鱼类中的腔棘鱼，鱼的名字也献给了拉蒂迈小姐。拉蒂迈鱼是4亿年前的总鳍鱼家族残留至今的“活化石”。它生动地展现了鱼类向陆生四足动物演化的过渡环节特征，也对研究脊椎动物由水上陆提供了解剖学上的重要证据。

马门溪龙骨骼模型

位于一层古鱼形动物和古两栖动物展厅。中国是世界上发现恐龙种类最多的国家，截至2021年底，已发现了约300种大小不一、形态各异的恐龙。马门溪龙是亚洲个体最大的恐龙之一（中加马门溪龙体长可达35米），也是世界上脖子最长的恐龙，又是中国种类最多、地域分布最广的蜥脚类恐龙，还是中国首次发现皮肤化石的蜥脚类恐龙。中国古动物馆展出的这条马门溪龙叫“合川马门溪龙”，产自合川县（现重庆市合川区），体长22米，光脖子就有9米多

马门溪龙骨骼模型

长。专家推测，它每天至少要吃300千克的植物，是恐龙界中温柔的"吃货"。

"中国第一龙"许氏禄丰龙的模式标本

许氏禄丰龙是中国古动物馆的"镇馆之宝"。中国古动物馆二层"恐龙走廊"展出的这件许氏禄丰龙标本也被称为"中国第一龙"。之所以这么说有3个原因：首先，许氏禄丰龙生活在2亿多年前的侏罗纪早期，因此它是我国发现的时代最早的恐龙（一个"第一"）。其次，它的骨骼化石于1938年发现于云南禄丰（并因此得名），而且保存得非常完整。经过中国古脊椎动物学之父杨钟健先生研究命名后，1941年在重庆北碚装架，成为在中国装架起来的第一具恐龙骨架（两个"第一"）。最后，1958年，中华人民共和国邮政总局发行了一套三枚古生物纪念邮票。其中一枚是许氏禄丰龙的骨架和复原图，而这枚邮票也是全世界发行的第一枚恐龙邮票（三个"第一"）。

"中国第一龙"许氏禄丰龙的模式标本

师氏剑齿象骨架化石

师氏剑齿象俗称"黄河象"，生活在

师氏剑齿象骨架化石

250 万年前，身高 3.81 米，是当时陆地上最高大的动物之一。黄河象的头骨化石现在保存在北京自然博物馆，而身躯和其他骨骼则在中国古动物馆三层古哺乳动物展厅展出。黄河象是亚洲最完整的剑齿象骨架之一，连它舌头中的四块骨骼化石都完整地保存下来。

常设展览——人类演化馆

中国古动物馆的人类演化馆原名“树华古人类馆”，1999 年建成开馆，2020 年底至 2021 年初改造后以新的面貌面向公众，通过展出各个时代的古人类化石和石器标本及模型，系统普及了人类起源与演化的科学知识。展品包括举世瞩目的“北京人”头盖骨神秘丢失之前制作的最早期模型，以及国外赠送的各种珍贵的古人类化石标本和模型等；还包括中国古人类制作的各类石器、骨器等工具和装饰物，生动展现了史前人类文化和行为演化的特点。该展馆也把我国科学家的古人类 DNA 研究等最新成果介绍给公众。

北京猿人（直立人）3 号头盖骨

该头盖骨是中国发现的第一枚头盖骨化石，也是北京猿人的第一枚头盖骨化石。它发现的日期是 1929 年 12 月 2 日。这个头盖骨很清晰地显示了猿人的特征，头盖骨的骨壁比较厚、眉脊比较高、额头比较低。

北京猿人（直立人）3 号头盖骨

参观攻略

- **地　　址：** 北京市西城区西直门外大街 142 号（北京天文馆西，北京动物园对面）
- **咨询电话：** 010–88369210、010–88369280
- **交通路线：** 公交 27、87、632、305、347、360、362、332、563、534、129、105、107、111 路动物园或白石桥东站；地铁 4 号线动物园站 D 口
- **开放时间：** 周二至周日 9：00—16：30（16：00 停止检票入馆），周一闭馆；周末及节假日不接待团体预约（工作日预约请提前三天）
- **门票价格：** 全价门票 20 元 / 人，优惠门票 10 元 / 人，未成年人免费但需预约

中国海关博物馆外景

94 中国海关博物馆

概　况

中国海关博物馆是经国家发展改革委员会批准立项，由海关总署兴建的国家级行业博物馆，是全国海关唯一全面对外开放的博物馆，位于北京市东城区建国门内大街2号，具有海关文物收藏保护、海关文化展示交流、海关历史研究、爱国主义教育、海关职业素质教育、中国海关“对外窗口”等功能。

中国海关博物馆主展区建筑面积8000平方米，“海关902”艇展区建筑面积2000余平方米，现有藏品3万余件，涵盖了从战国时期至当代各个历史时期的海关重要文物。其中既有“关”字瓦当、大龙邮票、李鸿章题写的“津海新关”木匾等海关历史文物，也有中华人民共和国首任海关总署署长的任命书、见证邓小平南方谈话的“海关902”缉私艇等当代海关文物，还有海关查获的夏家店文化彩绘陶鬲、齐白石《山水图》折扇、雪豹标本、东北虎皮等走私文物和濒危动物制品，既是记录海关发展的历史长卷，又是展示现代海关建设成就的平台。

自2014年3月30日正式面向社会开放以来，中国海关博物馆秉承“存史、资政、育人”的社会职责，2015年被评为中央国家机关爱国主义教育基地，2019年被命名为全国、北京市和东城区三级爱国主义教育基地，为弘扬海关文化、传承海关红色基因、展示海关使命担当、开展爱国主义教育做出了积极贡献，为丰富百姓的文化生活、满足人民群众对美好生活的新期待发挥了作用，取得了良好的社会效益。

常设展览·馆藏精品

中国海关博物馆分为“千秋古关”“近代

海关”和“新中国海关”三个常设展览，还有“海关 902”缉私艇专题展厅，全面展现中国海关的发展历程和建设成就，反映海关与国家同呼吸、与民族共命运的历史脉动，揭示“国盛则关兴，国弱则关衰”的历史规律。

常设展览——“千秋古关”

展览根据朝代更迭介绍了我国古代的海关关卡。早在西周时期，我国已经出现军事关卡；春秋战国时期，诸侯国在水陆要道上设置关卡，具备了检查进出境旅客和货物、征收赋税、查缉走私的职能；西汉至唐代，关津制度逐渐完善；唐宋元明设市舶（使）司，承担海关、外贸管理、外事接待等职责；清初收复台湾后，设立闽、粤、江、浙四海关，“海关”之名初定。

馆藏精品

“关”字瓦当

瓦当是古代建筑物檐头筒瓦前端的下垂部分，主要用于蔽护檐头和美化装饰。这方瓦当就来自西汉函谷关门楼，其边缘虽已残破，但主体部分的“关”字仍然清晰可见。张骞凿空西域后，函谷关成为丝绸之路东起点（洛阳）西去的第一个关卡。迄今为止，

“关”字瓦当

“关”字瓦当只出现于汉代函谷关遗址及其专门的烧窑遗址中。它既是古代关卡起源的有力证据，也见证了古代丝绸之路的辉煌。

常设展览——“近代海关”

展览介绍了中国近代海关的历史。鸦片战争后，中国被迫签订了一系列不平等条约，沦为半殖民地半封建社会。海关尽管名义上由中国政府管理，实际上却成了英国等西方列强“对华关系的基石”和“在华利益代言人”。

馆藏精品

“津海新关”木匾

咸丰十一年（1861 年）津海关设立，光绪十四年（1888 年）津海关扩建办公楼竣工，时任直隶总督兼北洋大臣李鸿章应邀题写了“津海新关”四字，制成匾额挂在津海关楼上。匾额的左方落款是“李鸿章”和“文华殿大学士”的印鉴。此方匾额现为国家一级文物、中国海关博物馆的重要馆藏。

“津海新关”木匾

大龙邮票

海关从 1866 年开始代办使领馆外交邮件的邮递事务，1878 年开始试办新式邮政，同年 7 月海关发行了中国第一套邮票——大龙邮票。图样为江山云龙，分为 5 分银（橘

大龙邮票

黄色）、3 分银（朱红色）、1 分银（黄绿色），由总税务司署设在上海的造册处印制。这套邮票的发行，是我国近代邮政创办的标志。

常设展览——“新中国海关”

展览介绍了中华人民共和国成立后，中国海关的发展。1949 年 10 月 1 日，中华人民共和国成立，同年 10 月 25 日，中华人民共和国中央人民政府海关总署在京宣告成立。70 多年来，中华人民共和国海关为维护国家主权和利益、促进对外经贸发展和科技文化交流、保障社会主义建设做出了贡献。

馆藏精品

海关总署首任署长任命书

1949 年 10 月 19 日，中央人民政府任命通知书，任命孔原为中央人民政府海关总署署长。

中央人民政府任命通知書

茲經中央人民政府委員會第三次會議通過任命孔原為中央人民政府海關總署署長

特此通知

主席

一九四九年十月十九日

中華人民共和國中央人民政府之印

海关总署首任署长任命书

“海关 902”缉私艇

“海关 902”缉舰艇全长 58.5 米、宽 7.8 米，总排水量达 400 吨，由我国自主设计建造，并配有卫星定位、雷达导航和 H966 通信系统，是珠江水域上最为先进的舰艇之一，是中国海关的“光荣艇”和“英雄艇”。1989 年 7 月 20 日在珠海拱北海关投入使用，2009 年正式退役。服役 20 年间曾经查获走私案件 1000 多起，案值 3.5 亿元。它还先后 50 多次安全接送多位党和国家领导同志。特别是 1992 年 1 月 23 日，邓小平同志乘坐它由深圳前往珠海经济特区视察，并在艇上

“海关 902”缉私艇

发表了著名的“南方谈话”的一部分。

参观攻略

地　　址： 北京市东城区建国门内大街2号

咨询电话： 010-65194458 、010-65194318

交通路线： 公交1、52、99、120、126、420、666、特2路北京站口东站；地铁1号线、2号线建国门站C口

开放时间： 周二至周日9：00—16：30（15：45停止换票，16：00停止入馆），周一闭馆

门票价格： 免费参观

中国化工博物馆正门

95 中国化工博物馆

概　况

中国化工博物馆是国家级行业博物馆，旨在展示、收藏中国化学工业的发展历程和重要成果，传播化学工业文明，普及科学知识，开展爱国主义教育。中国化工博物馆建成于2008年，展陈面积2542平方米，主要由序厅、古代化工厅、近代化工厅、当代化工厅、展望未来化工厅、化工科普厅及3D影院7个展厅组成，通过生动的藏品及图文，辅以各种先进的展示手段，向观众详尽展示中国化学工业从古至今的发展历程、取得的发展成就，以及化工如何改变我们的生活，让我们的生活更加美好，同时通俗易懂地向大众普及化工是什么、化工为什么、化工干什么。对外开放至今已获挂牌资质7项，每年接待社会公众数万人次，在传承工业历史、普及科学知识、开展爱国主义教育等方面发挥了重要作用。

常设展览 · 馆藏精品

中国化工博物馆由序厅、古代化工厅、近代化工厅、当代化工厅、展望未来化工厅、化工科普厅6个常设展览组成，以历史脉络介绍中国化学工业从无到有、从弱到强的发展历程，展示中国化工行业的百年辉煌成就及一代代化工人创业创新的感人故事，同时使观众在观展与互动中体验化工造物的神奇与幻妙。

常设展览——古代化工厅

古代化工厅主要展示中华民族先贤智慧和化学技术的探索，对世界工业文明做出的重要贡献。

展厅清晰展示了中国古代先民在火药、造纸、制陶烧瓷、炼铜冶铁乃至熬油造漆、纺织印染、酿酒制醋、炙制药物等化学加工技艺方面取得的成就，现场复原《天工开物》记载的古代制锌现场。

馆藏精品

《梦溪笔谈》

成书于 11 世纪末，一般认为是 1086 年至 1093 年，是一部笔记本百科全书式著作，被世人称为“中国科学史上的里程碑”。北宋科学家沈括在该书中首次提出了石油的名称，这一命名要比德国人乔治 · 拜耳 1556 年提出的“石油”（Petroleum）一词早近 500 年。化学方面，沈括曾率先采用胆水炼铜、用石油制墨的技术。最厉害的是，当时的沈括已经发现了石油的重要性，他曾断言“此物必大行于世”。

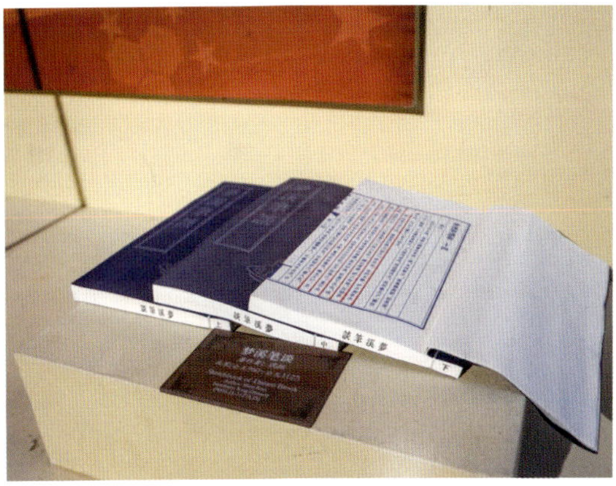

《梦溪笔谈》

早在 19 世纪中期，日本就排印了这部名著，20 世纪，法、德、英、美、意等国家都有学者、汉学家对《梦溪笔谈》进行系统而又深入的研究。英国科学史家李约瑟评价《梦溪笔谈》为“中国科学史上的坐标”。

常设展览——近代化工厅

近代化工厅以“筚路蓝缕、实业报国”为主题，分为“西学为用、自强求富”“实业救国、砥砺前行”“烽火岁月、自力更生”“薪火相传、遗泽余芳”“隐蔽战线、打破封锁”5 个单元，向观众讲述鸦片战争后，范旭东、吴蕴初、陈调甫、陈嘉庚等一批优秀的民族实业家和有着世界影响的化工专家侯德榜，在中国化学工业道路上披荆斩棘，积极探索救亡图存的道路，怀着“实业救国、科学救国”的理想，传播科学知识、创业创新的故事。

近代化工厅内景

馆藏精品

“继武前徽”匾额

中国酒精厂于 1934 年 11 月建成投产时，业界同人为表示祝贺而赠送该厂“继武前徽”匾额，距今已有 80 年的历史。

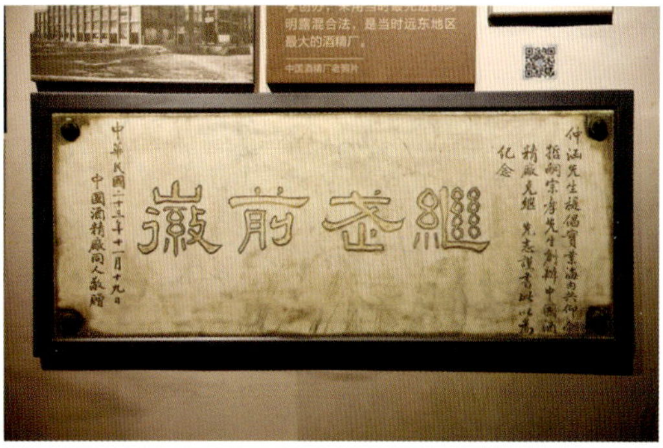

“继武前徽”匾额

中国酒精厂是1933年由印尼著名爱国华侨黄仲涵先生家族企业投资创办的。生产设备均从英国进口，当时堪称远东第一。匾上镌刻“继武前徽”四个大字，匾额上款为“仲涵先生提倡实业海内共仰今哲嗣宗孝先生创办中国酒精厂克继先志谨书此以为纪念”，下款为“中华民国二十三年十一月十九日中国酒精厂同人敬赠”。可喜的是，中国酒精厂不负众望，投产后业务蒸蒸日上，酒精质量高、产量大，为远东之冠。

常设展览——当代化工厅

当代化工厅通过大量展品和图片，展示了中华人民共和国成立后，从百姓衣食住行到经济建设、国防建设，方方面面都需要化工产品。党和国家领导人高度重视化学工业的发展，几代化工人砥砺初心、艰苦奋斗，始终践行产业报国的使命责任，在满足国民经济各行业发展需求和人民生活衣食住行需要等方面做出了应有的贡献。走进新时代，在创新驱动建设工业强国战略指引下，中国化学工业已建成世界上规模最大、门类最全的工业体系。

馆藏精品

“玉兔号”月球车所使用的五星红旗

2013年12月14日，“嫦娥三号”成功着陆月球，使中国成为世界上第三个实现月面软着陆的国家。12月22日凌晨，“嫦娥三号”着陆器与巡视探测器“玉兔号”月球车进行了第五次互拍，首次传回着陆器携带的五星红旗的清晰全景照片。馆藏五

当代化工厅

星红旗由研制单位使用与“嫦娥三号”着陆器和“玉兔号”月球车上五星红旗相同的材料与工艺同尺寸制作，采用特殊的合成树脂、颜料、涂覆材料及工艺制作而成，可以抵抗月球上高剂量的辐射，应对环境变化冷热交替时的温差及月球黑夜的超低温，克服紫外线电子和质子等高分子射线的冲击，在外太空极端环境下保持鲜艳的国旗红。

“玉兔号”月球车所使用的五星红旗

参观攻略

地　　址： 北京市海淀区北四环西路 62 号

咨询电话： 010–82677217、010–82677715

交通路线： 公交 26、47、641、718、740、808、982、983、963、944 支、运通 113、运通 106、运通 109 路海淀桥东或中关村西站；地铁 4 号线中关村站

开放时间： 周一至周五 9：00—16：00（周六、周日及其他国家法定节假日闭馆）

门票价格： 免费参观

中国科学技术馆外景

96 中国科学技术馆

概　况

中国科学技术馆（以下简称“中国科技馆”）是我国唯一的国家级综合性科技馆，是实施科教兴国战略、人才强国战略和创新驱动发展战略，提高全民科学素质的大型科普基础设施。

1984 年 11 月 21 日，中国科技馆一期工程在安华桥畔奠基，邓小平同志为奠基题词。1988 年 9 月 22 日，一期工程建成开放，建筑面积 2 万平方米，展览面积 5000 平方米，展品 150 余件。二期工程于 2000 年 4 月 29 日建成开放，建筑面积 2.3 万平方米，展览面积 1.5 万平方米，展品 400 余件。

中国科技馆新馆于 2006 年 5 月 9 日奠基，2009 年 9 月 16 日正式开放，建筑面积 10.2 万平方米，展览面积 4 万平方米，展品 800 余项（件）。新馆位于北京市朝阳区北辰东路 5 号。馆内设有五大主题展厅、公共空间展示区及球幕影院、巨幕影院、动感影院、4D 影院 4 个特效影院。中国科技馆以科学教育为主要功能，推出“定制科技馆之旅”“中科馆大讲堂”等“中国科技馆十大品牌教育活动”，引导公众加深对科学与技术的理解和感悟，激发其对科学的兴趣和好奇心，提高科学素质。

此外，中国科技馆还肩负着示范引领全国科技馆事业发展的重任。党的十八大以来，中国科技馆打造以实体科技馆为龙头，以流动科技馆、科普大篷车、农村中学科技馆为补充，以中国数字科技馆为平台的现代科技馆体系，逐步实现公共服务均等化。

常设展览・馆藏精品

中国科技馆包括儿童科学乐园、华夏之

光、探索与发现、科技与生活、挑战与未来、短期展厅等主题展区，各类展品800余项。

常设展览——儿童科学乐园

儿童科学乐园主题展厅位于中国科技馆一层，主题设置为“乐享科学，筑梦童心”，目标观众为3~8岁儿童及陪同前来的家长，总面积3900平方米，是激发科学兴趣、启蒙科学思维、亲子休闲娱乐的重要儿童活动场所。共设置人体探秘、健康成长、山林王国、戏水港湾、热闹城市、角色体验、机器伙伴、神奇宇宙8个主题展区和1个科学秀场，展品128件。

馆藏精品

太空城堡

展项配色新颖，形式活泼，满足儿童视觉偏好，并依照儿童身体指标定制尺寸和操作位置，方便流畅操作体验。儿童可以进入攀爬装置内，通过自主攀爬，穿梭于太空飞船之间。通过自我挑战，锻炼自身勇气与身体协调能力，同时自主在飞船内探索，了解火箭与飞船等的结构特点，激发探索兴趣，增强学习科学知识的意愿。

常设展览——“华夏之光”（中国古代科学技术专题展厅）

“华夏之光”主题展厅是一个系统、全面、综合展示中国古代科学技术的专题展厅。展厅面积2300平方米，共有展项146件（套），设置“中国古代的技术创新”“中国古代的科学探索”“华夏科技与世界文明的交流”三大主题分区以及序厅、体验空间两个功能分区。

馆藏精品

大花楼织机

大花楼织机是中国古代织造技术的最

展品——太空城堡

展品——大花楼织机

高成就代表，它比普通织机多一个束综提花装置，因其形状似高楼而得名。这种织机出现于东汉时期，盛行于唐代。大花楼织机的核心技术是织造图案的循序装置——花本。《天工开物》对花本的编织有过经典的解释：“画师先画何等花色于纸上，结本者以丝线随画量度，算计分寸杪忽而结成之。”花本结好后，在挽花工和织工的相互配合下，便可完成复杂的、较大纬向循环的花纹。大花楼织机的线制花本为法国贾卡带来的启示，发明了纸板打孔的提花装置应用于贾卡织机，而有孔的纸板又启发了电报信号传送原理的发明，同时也促成了早期计算机雏形的发明。

常设展览——“感触智能魅力”（科技与生活展厅）

“感触智能魅力”常设展厅位于中国科技馆三层“科技与生活”D厅，展览面积2200平方米，于2021年12月30日面向公众开放。展览以“走近人机共融”为主题，按照“人类与机器人逐步走向人机共融”的脉络展开，共设置“嗨！机器人”“身手不凡”“机智过人”“智能生活”“机器人大秀场”5个主题展区，以及“追踪前沿”新技术短期展区，共32件展品。

馆藏精品

特种训练营

四足机器人属于特种机器人的一种，它具有超强的运动能力，可以代替人在恶劣危险的环境中作业，具有广泛的应用前景。展品选取两台世界先进水平的四足机器人，设置了训练营场景，让四足机器人完成匍匐钻隧道、穿越碎石地形、跳过障碍、上下台阶等表演，观众还可以通过语音指挥它们俯卧撑、跳远、跳高等，充分展示四足机器人自身强大的运动控制技术和敏锐的环境感知技术，拉近观众与机器人之间的距离。

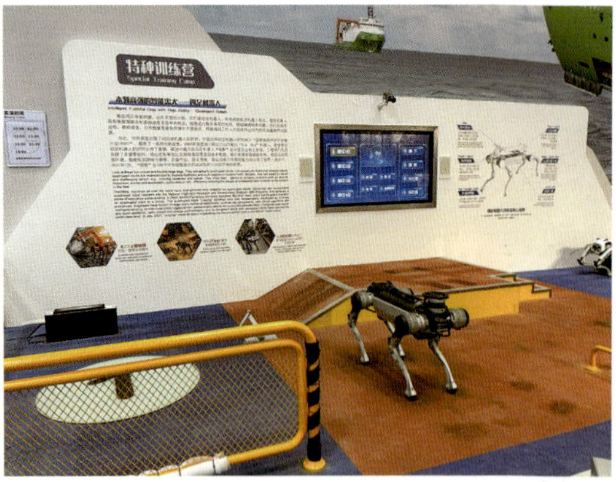

展品——特种训练营

常设展览——“守护地球家园”（挑战与未来展厅）

“守护地球家园”常设展厅位于中国科技馆四层“挑战与未来”D厅。展览以地球的唯一性为切入点，将生物圈作为核心，以生物圈与其他圈层之间的相互关系为主线，设置“宇宙奇迹”“穹顶之护”“万物之润”“众生之基”“和谐之路”5个展区，总面积 1000 平方米，展品 31 件。

馆藏精品

垃圾分类

展品通过机电与多媒体结合的方式引导观众了解垃圾分类的方法及意义等内容。透明轨道中依次弹出 10 个包裹垃圾模型的透明球体，观众观察垃圾类型，选择展台上的旋钮，将小球分别送到对应的垃圾桶模型中，展品显示屏将实时呈现分类结果并给出评判，互动结束后通过视频动画，带领观众了解垃圾清运、处理以及垃圾分类正确与否带来的后果等相关内容，由此启迪观众对垃圾分类的重视，培养垃圾分类的意识，提升垃圾分类的能力。

常设展览——“同构能源格局”（挑战与未来展厅）

“同构能源格局”常设展厅位于中国科技馆四层“挑战与未来”C 厅。展览共设置“走近能源”“协同并举”“高效生产”“绿色生活”和“未来之路”5 个主题展区，32 件展品，将“科技创新驱动能源革命，低碳发展保护绿水青山”主题通过二元叙事法进行展开。

馆藏精品

华龙一号

采用 1：50 仿真“华龙一号”动态模型，机械演示反应堆换料、汽轮机工作等场景，并与多媒体有机结合模拟核反应、蒸汽发生器、回路热交换、电能并网等场景。观众通过 4 个互动环节，可亲自体验控制核反应堆换料过程，启动反应堆主回路、常规岛发电流程、电能并网等环节，了解核电站工作原理及特点。同时该展品设置“华龙一号”安全技术 VR 展示区，让观众沉浸式感受“华龙一号”如何应对飞机撞击、地震、海啸等灾害，惊叹其高超的核安全技术，感悟科学家精神之伟大。

展品——华龙一号

参观攻略

地　　址： 北京市朝阳区北辰东路 5 号

咨询电话： 010-59041000

交通路线： 公交 311、319、379、450、484、466、695 路洼里南口站，311、319、379、419、425、450、484、518、695 路豹房站；地铁 8 号线奥林匹克公园站东北口，森林公园南门站 C 口

开放时间： 周二至周日 9：30—17：00，周一（国家法定节假日除外）、除夕、初一、初二闭馆

门票价格： 主展厅门票 30 元 / 人；儿童乐园门票 30 元 / 人 / 场（分上下午场次）；特效电影 30 元 / 人 / 场。更多团体、优惠、免票政策请在中国科学技术馆官网及微信服务号“中国数字科技馆”查询

注意事项： 主展厅门票当日一次有效；如果参观途中因看电影、吃午饭、外出找人等，需要二次返回展厅，请于检票口留印记

中国蜜蜂博物馆大门外景

97 中国蜜蜂博物馆

概　况

中国蜜蜂博物馆位于风景优美的香山北京市植物园内，著名古刹卧佛寺西侧，周围植被茂密、景色宜人，尤以春季桃花盛开、秋季红叶烂漫的时节吸引游人无数。

该馆是以中国农业科学院蜜蜂研究所为依托兴办的自然科学类博物馆，初建于1993年9月。时值第33届国际养蜂大会在北京召开，其颇具中国特色的展览内容得到中外同行的好评，荣获大会颁发的金奖。该馆面积约500平方米，有4个展室。展出内容包括蜜蜂的起源、养蜂业发展史、蜜蜂与人类文化的渊源、中国的养蜂资源、蜜蜂生物学、养蜂技术、蜜蜂授粉、蜂产品和蜂疗、中国现代养蜂业发展成就和科技成果、国际交往等，展出图片和图表500余幅、标本和实物600余件、景观模型4个等。

中国蜜蜂博物馆力图使观众在兴趣盎然的参观中获得与蜜蜂相关的生态学、生物学、农业、产品等方面知识，同时激发青少年对自然的热爱，对生物学和昆虫学的兴趣，陶冶良好的心理和情操，满足他们探求知识的渴望。该馆既是中小学生生物学课外教学和实践的理想场所，也是普通民众了解蜜蜂相关科普知识的窗口。

常设展览 · 馆藏精品

中国蜜蜂博物馆常设展览按主题划分为4个展厅介绍蜜蜂相关知识。蜜蜂由于其严密的社会性群体结构和高度发达的生物本能而引起人们浓厚的兴趣，成为自然科学的重要研究对象之一。同时，蜜蜂作为自然界最主要的授粉昆虫，不但是生物链上不可缺少的重要环节，也是现代农业中不可替代的作物授粉者。养蜂业不占耕地、不产生污染，有利于改善生态环境，在世界各国都受到普遍重视。我国有着悠久的养蜂历史，不但拥有丰富的养蜂自然资源，而且形成了精彩纷呈的蜜蜂文化。

第一展厅“蜜蜂起源和养蜂历史”展示了古蜜蜂的化石、照片和演化图等。从史前的猎蜜到公元前3000年开始原始的养蜂，展览以时间为轴介绍了包括我国在内的人类驯养蜜蜂的历史，并展示了我国本土部分种类蜜蜂和蜂巢的标本。第二展厅“蜜蜂生物学”介绍了蜜蜂的生物学特性和社会性行为，如蜂群的构成、生活习性等“蜜蜂王国”引人入胜的“奥秘”。第三展厅“蜂产品与人类健康”介绍了蜂产品的来源、生产过程及用途。蜂蜜、王浆、蜂花粉、蜂胶、蜂毒、蜂蜡等都是宝贵的天然营养品，有的甚至具有独特的医疗保健效果。随着现代科学技术的发展和现代社会人们的需求趋向，小小蜜蜂造福人类潜力巨大，前景广阔。第四展厅“世界蜜蜂文化和中国蜂业历史成就”介绍了世界各国和蜜蜂有关的文化、习俗等，并配套有相关的实物展示，以图片、实物等形式展示了我国蜂业发展的历史、成就、生产、科研、教学、影视出版物、产品等。

蜜蜂身体结构剖面模型

馆藏精品

山旺蜜蜂化石

来自山东山旺的蜜蜂化石，距今已有2300多万年，为“镇馆之宝”。

山旺蜜蜂化石

蜜蜂观察箱

观众通过观察箱，可以看到巢内亮晶晶的蜂蜜、发现蜜源的蜜蜂在巢脾上兴奋地跳

蜜蜂观察箱

着 8 字和圆圈舞蹈、收获归来的蜜蜂卸载花粉、个体最大的蜂王产卵等有趣的情景。

参观攻略

- **地　　址：** 北京市海淀区香山北沟一号卧佛寺西侧
- **咨询电话：** 010-62595735
- **交通路线：** 公交 318、360、563 路等国家植物园站；地铁西郊线国家植物园站
- **开放时间：** 9：00—16：30；节假日 9：30—16：30（提前半小时停止入馆），节假日需提前电话预约
- **门票价格：** 免费参观
- **注意事项：** 团体参观需要提前 3 天电话预约；12 岁以下需要成人陪同参观

全国农业展览（中国农业博物馆）一号馆及广场雕塑

98 中国农业博物馆

概　况

中国农业博物馆隶属中华人民共和国农业农村部，1983 年 7 月在全国农业展览馆基础上筹建并于 1986 年 9 月正式向社会开放。中国农业博物馆担负着传承弘扬中华农业文明、宣传党和国家"三农"政策、展示现代农业发展成果、助力乡村振兴等职责，是国家一级博物馆，先后被授予"全国中小学生爱国主义教育基地""全国科普教育基地""全国中小学生研学实践教育基地"等称号。

作为"中华人民共和国成立十周年"首都十大建筑之一，中国农业博物馆馆区树木繁茂、湖水依依，人文景观与自然景观互相映衬，相得益彰，属大型园林式博物馆。

农业博物馆藏品丰富，特色鲜明，形成了农业古籍、传统农具、土壤标本、农业票证、农业宣传画、农业蜡果、高密年画和古代彩陶八大特色系列馆藏。目前，该馆藏品总量 14 万余件，其中一级文物 200 多件，农业古籍近 3 万册，传统农具近 5000 件，农业宣传画 3600 多幅，高密年画近 400 幅。动植物标本 5000 余件，土壤标本 226 块，极富科研和展示价值。

常设展览 · 馆藏精品

中国农业博物馆通过传统与现代结合、点与面结合、动与静结合、室内与室外结合、线下与线上结合等方式，全面展示我国源远流长的农业历史、博大精深的农耕文明、灿烂辉煌的农业农村发展成就。博物馆常设展览包含中华农业文明、中国传统农具、中国土壤标本、彩陶文明和农业科普 5 个陈列展览。

拓展视频

中华农业文明陈列序厅

基本陈列——中华农业文明

中华农业文明陈列展共有文物展品1000多件（套），内容包括农业生产与生活、生产工具的发明与传承、水的治理与利用、养殖的起源与发展、纺织的产生与传播、西学东渐与实验农业、现代农业繁荣与发展等方面。陈列内容贯穿古今万余年的中国农业历史，诠释了悠久灿烂的中华农业文明。

馆藏精品

劳作俑

汉代，出土于四川彭山，高74厘米。劳作俑又名“执锸执箕俑”。陶俑头戴笠帽，身穿束袖交领中长服，脚穿露趾草鞋，左手执箕，右手握一长柄锸，腰间配有环首长刀，作静立姿态。锸、箕并用是古代农人的特征，锸类似于用来掘土的铁锹，箕则用来盛土石等。这尊陶俑裤腿高卷、双脚有力、身材魁梧、表情生动，塑造出当时亦兵亦农、身兼劳武的劳动者形象。这件文物是古代工匠创作的不可多得的雕塑工艺品，体现了汉代较高的雕塑艺术水平和成就。

“实践八号”育种卫星返回舱

现代，最大直径约1米，高1.5米。“实践八号”育种卫星是我国首颗专门用于航天育种研究的返回式科学技术试验卫星，返回舱内搭载了九大类约215公斤、共计2020份农作物种子和微生物材料，主要任务是利用太空的微重力、高真空、强辐射等特殊环境，对这些材料进行诱变，导致基因变异，以期从中筛选培育出遗传性状稳定的优良突变品种。

育种卫星返回舱于2006年9月9日下午3时发射升空，9月24日返回地球。舱内的种子等材料交由农业科研单位开展育种研究，返回舱由中国农业博物馆收藏。“实践八号”航天育种工程为我国农作物育种技术进步和粮食安全发挥了积极的作用。

劳作俑

“实践八号”育种卫星返回舱

专题陈列——中国土壤标本陈列

中国土壤标本陈列面积约 400 平方米，展出土壤标本 80 多块，主要介绍土壤基本知识、土壤保护和利用，以及土壤与农业、土壤与人之间的相互关系。土壤样本类型齐全，保存完整。展览旨在增强观众对我国丰富土壤资源的认知，培养观众对保护土壤、保护环境的意识，加强对人类自身生存环境的关注。

中国传统农具陈列

中国土壤标本陈列

专题陈列——中国传统农具

中国传统农具陈列面积约 400 平方米，文物展品 150 多件（套），覆盖了全国各地各种类型农具。陈列内容按照农业生产的具体工序，分整地、播种、田间管理、灌溉、收获、运输、脱粒、加工、称量 9 个单元进行展示，从春耕、夏种、秋收、冬藏 4 个方面充分反映我国传统农具的发展历程和主要成就。

参观攻略

地　　址：北京市朝阳区东三环北路 16 号

咨询电话：010-59199766、010-59199760

交通路线：公交农业展览馆站或亮马桥站均可到达；地铁 10 号线农业展览馆站

开放时间：9：00—16：30（16：00 停止入场），周一闭馆

门票价格：免费参观

注意事项：观众参观请提前在微信搜索“农展馆农博馆预约”小程序，进行网上预约。馆区有收费停车场，请按收费管理相关规定停车

中国铁道博物馆正阳门展馆外观

99 中国铁道博物馆

概　况

中国铁道博物馆是中国铁路唯一的国家级专业博物馆，主要负责铁路文物、科研成果等展品的收藏、保管、陈列、展示及研究工作，也是铁路及社会各界进行爱国主义宣传教育和科学普及教育基地，先后被命名为“全国爱国主义教育示范基地”“全国科普教育基地”“国家交通运输科普基地”“全国铁路科普教育基地”“北京市爱国主义教育基地”“北京市科普教育基地”等。中国铁道博物馆有三个展馆：正阳门展馆、东郊展馆、詹天佑纪念馆。

常设展览·馆藏精品

常设展览——中国铁路发展史

中国铁道博物馆正阳门展馆是中国近代铁路早期建筑的重要代表和珍贵的历史文化遗产。该馆的固定展览为“中国铁路发展史”，分为蹒跚起步、步履维艰、奋发图强、阔步前行的中国铁路四部分内容，通过运用大量翔实的图片史料、实物展品全面展示中国铁路从无到有、从落后到先进的发展历程。

馆藏精品

铁路硬板客票印刷机

这是一台往复步进式凸版冲压式印刷机，是我国早期使用的铁路硬板客票印刷机，在20世纪20年代由德国格贝尔公司制造。它印刷出的硬板客票一直使用到20世纪80年代，直到计算机售票推广使用，才正式退出历史舞台。这台印刷机不仅见证了中国铁路蹒跚起步的艰辛，也经历了新中国铁路的沧桑巨变，是铁路科技不断进步、时代不断发展的最好证明。如今，我们拥有世

铁路硬板客票印刷机

界上最大的票务网站，全路所有旅客列车实现互联网售票，电子客票全面实行。从纸质票到电子票、从人工售票到网络售票的变迁，记录着铁路发展的速度，彰显着“人民铁路为人民”的温度。

常设展览——机车车辆陈列展

中国铁道博物馆东郊展馆机车车辆展厅展示了百余台不同历史时期、不同类型及制式的机车车辆，它们当中既有堪称“镇馆之宝”的中国现存最早的机车——0号蒸汽机车，也有以伟人名字命名的“毛泽东号”和“朱德号”等功勋机车，还有中国制造的第一代“东风”型电传动干线货运机车和第一代“韶山”型电力机车等。这些机车车辆是中国铁路发展变化的缩影，是中国铁路从落后到现代化的历史见证。

“毛泽东号”蒸汽机车

馆藏精品

毛泽东号蒸汽机车

这台机车诞生于解放战争时期。它全长23.75米，构造速度每小时80千米，是一台具有重要纪念意义的革命文物机车。

1946年8月，为支援解放战争，哈尔滨机务段的职工在铁路运输动力严重不足的情况下，从滨州线肇东车站拉回一台破旧的ㄇㄎ1型304号机车。他们奋战27个昼夜，将这台失修、停用多年的机车修复。10月30日，经中共中央东北局批准，正式命名该机车为“毛泽东号”机车。

在中华人民共和国建设的光辉历程中，“毛泽东号”机车组从“大决战”阵地到“大会战”前沿，从救灾现场到抢险一线，都有它的身影。在“满超五”运动和抗美援朝、保家卫国中，驰骋在长城内外，往返于黄河南北，屡建功勋，成为中国铁路的一面鲜艳旗帜。

常设展览——詹天佑生平事迹展

詹天佑纪念馆展览通过实物、图片、沙盘模型、触摸屏等多种形式和手段，翔实、生动地展现了詹天佑先生爱国、创新、奋斗、自强光辉的一生。

馆藏精品

詹天佑的二等宝光嘉禾勋章

这枚勋章银胎镶珐琅质地，直径9厘米，重0.124千克，由八角形五色旗组成。勋章中间设计为同心圆，内圈为白底禾苗图案，正中镶嵌红宝石，外圈镶嵌18颗珍珠，背面有“宝光嘉禾勋章”字样。勋章带原盒，盒盖刻有“二等宝光嘉禾勋章字样”。1918年，詹天佑因在全国交通法规和铁路建设方面的突出贡献，被清政府授予此勋章。

二等宝光嘉禾勋章

参观攻略

中国铁道博物馆正阳门展馆

地　　址： 北京市东城区前门大街甲2号

咨询电话： 010-67051638

交通路线： 公交特7、8、9、20、22、44、301、673、692、803路均可到达；地铁2号线前门站

开放时间： 周二至周日9：00—17：00（16：00停止售票），周一闭馆

门票价格： 免费参观

中国铁道博物馆东郊展馆

地　　址： 北京市朝阳区酒仙桥北路一号院北侧

咨询电话： 010-64381317

交通路线： 公交403、516路环形铁道站，402、418、688、973、851路南皋西站；地铁14号线将台站下车换乘公交

开放时间： 周二至周日9：00—16：00（15：30停止售票），周一闭馆

门票价格： 全价票20元/人，优惠票10元/人

詹天佑纪念馆

地　　址： 北京市延庆区八达岭特区

咨询电话： 010-69121516

交通路线： 公交919路八达岭站；北京北站乘坐火车到八达岭站下车

开放时间： 周二至周日9：00—16：00，周一闭馆

门票价格： 全价票20元/人，优惠票10元/人

中国消防博物馆主体建筑外景

100 中国消防博物馆

概　况

中国消防博物馆（国家防火防灾教育基地）由公安部原消防局建设，2011 年 6 月经北京市文物局批准注册登记，2011 年 11 月正式开馆并免费开放，2018 年 10 月随公安消防部队整体转隶应急管理部，现为应急管理部所属事业单位，是国家综合性消防救援队伍的重要组成部分，也是国内唯一的国家级消防专题博物馆。现馆区（过渡性场馆）于 2019 年 11 月完成整体复展建设并恢复开放。

中国消防博物馆以“传承消防历史文化、普及防火防灾知识、展示消防队伍形象”为宗旨，大力收藏展示中国消防历史见证物、开展全民防火防灾普及教育、宣传消防救援队伍良好形象、传播优秀防灾文化和理念。现为全国科普教育基地、全国中小学生社会实践消防安全教育基地、全国中小学生研学实践教育基地、北京市科普教育基地、北京市爱国主义教育基地。

常设展览 · 馆藏精品

中国消防博物馆共 3 层，展陈面积 8000 平方米。一层设置序厅、防火防灾体验厅，综合运用复原场景和多媒体技术对火灾、地震、暴风雨应急避险和急救常识等内容进行介绍，设置相关体验和互动展项。二层设置文化传承展厅、烈火荣光展厅、国家综合性消防救援队伍的组建展厅、国际交流与合作展厅和特展展厅，集中反映了中国消防历史沿革，特别是中华人民共和国消防事业发展历程的实物、文献、图片和视频，涵盖防灭火思想、法制、组织机构和技术等方面，并设置相关多媒体复原场景和演示展

文化传承展厅内景

项。三层设置会展中心，用于防火防灾专题展览及会议。

常设展览——文化传承展厅

该展厅陈列了反映远古至近代的防灭火思想、火政管理机构和法制、防灭火机构和组织、防灭火科技等方面沿革历程的代表性实物、文献和照片，包括猿人用火灰烬遗迹、新石器时代建筑火灾遗留木炭、清末救火会灭火器具、近代火政区域图等重点藏品，设置宋代潜火军兵灭火幻影成像演示、民间水会与消防所复原场景、首辆国产泵浦消防车 1 ∶ 1 比例模型等辅助展项和展品。

馆藏精品

人力唧筒“飞龙”

清光绪，铜、木制，压杆长 320 厘米、水箱长 75 厘米、宽 55 厘米。唧筒由水泵、水箱、压杆等构件组成，水箱一侧刻有“飞龙”（繁体字）和制作日期“光绪……”（字迹难以辨认）。唧筒俗称“水龙”，明末经

人力唧筒“飞龙”

由欧洲传教士传入，清中期以来用作官办救火机构和民间救火会的主力灭火装备，但形制不统一。唧筒征集自天津市静海区独流镇，由“保安”水会置办和使用，一直使用至 20 世纪 80 年代。

常设展览——烈火荣光展厅

该展厅集中陈列了反映新中国消防事业发展历程的代表性实物、文献、照片和视频，包括中华人民共和国成立早期消防器材、防火宣传海报、消防制服、重大灭火救援行动中使用的装备、烈士遗物等重点藏品，设置中华人民共和国成立初期消防队车

烈火荣光展厅内景

库门复原场景、汶川地震救援多媒体演示、逆行英雄多媒体演示等辅助展项。

馆藏精品

“火警电话 09”牌

中华人民共和国成立初期，铁制涂漆，横宽 35 厘米、高 28 厘米。牌面绘有电话机和火焰图案，留存“火警电话 09”和“上海市公安局消防处 中国人民保险公司”文字。中华人民共和国成立后，火警电话与电话特别通讯号码一起变更，中华人民共和国成立初期为“09”，1974 年 11 月 1 日改为“119”。

消防手揿泵

中华人民共和国成立初期，铜、铁、木制，压杆长 177 厘米，基座横宽 60 厘米，水泵高 97 厘米。水泵通过上下按动压杆抽水灭火，基座装有轮子、方便搬运。水泵征集自安徽省黄山市歙县昌溪村。昌溪村历史悠久，被誉为“歙南第一村”，村民恪守“宁可三餐无食、火不可一日不防”的祖训，清末曾自办救火会。1957 年，为添置消防器具，昌溪吴氏家族长者将珍藏于员公

“火警电话 09”牌

消防手揿泵

支祠积善堂的唐伯虎《春》《夏》《秋》《冬》四条屏画护送到上海博物馆，筹款1600元，从上海震旦铁厂购回水泵和报警器、水带等器材。

常设展览——国家综合性消防救援队伍的组建展厅

该展厅重点陈列反映国家综合性消防救援队伍组建以来牢记使命、忠诚履职的崭新面貌的代表性实物、图片和视频，包括队旗、队徽、制服和消防救援衔标志、灭火救援防护服装等重点藏品，设置重大灭火救援行动纪实影像墙、国家综合性消防救援队伍授旗仪式复原场景。

馆藏精品

中国消防救援队队旗

2018年，织物、钢制，旗帜长165厘米、宽132厘米，旗杆长295厘米。国家综合性消防救援队伍授旗仪式于2018年11月9日在人民大会堂隆重举行，习近平总书记亲自授旗并致训词，提出“对党忠诚、纪律严明、赴汤蹈火、竭诚为民”的总要求。随后，各地消防救援队伍举行迎旗、授衔和换装仪式。展品为当时使用的队旗之一。

中国消防救援队队旗

拓展视频

参观攻略

地　　址：北京市丰台区马家堡东路187号

咨询电话：010–87899935、010–87899936

交通路线：公交501、957、专145路公益东桥北站，501、957、专145路西马场南里站，400（内环）、485、501、602、685、825、829、990路公益东桥站；地铁10号线角门东站A口，出站后换乘其他交通工具

开放时间：周二至周日10：00—16：30（16：00停止入馆），周一及法定节假日闭馆

门票价格：免费参观

注意事项：观众需通过微信小程序或官方网站进行线上实名制预约，当日24时前可预约后续7天（开馆日）的参观。具体事项详见预约平台公告

图书在版编目（CIP）数据

古都博览 : 探秘北京100家博物馆 / 果美侠主编
. -- 北京 : 旅游教育出版社, 2022.11
ISBN 978-7-5637-4485-5

Ⅰ. ①古… Ⅱ. ①果… Ⅲ. ①博物馆—介绍—北京
Ⅳ. ①G269.271

中国版本图书馆CIP数据核字(2022)第198041号

古都博览——探秘北京 100 家博物馆

果美侠　主编

策　　划	丁海秀　黄明秋
责任编辑	施云峰
出版单位	旅游教育出版社
地　　址	北京市朝阳区定福庄南里 1 号
邮　　编	100024
发行电话	（010）65778403　65728372　65767462（传真）
本社网址	www.tepcb.com
E - mail	tepfx@163.com
排版单位	北京旅教文化传播有限公司
印刷单位	北京利丰雅高长城印刷有限公司
经销单位	新华书店
开　　本	787 毫米 ×1092 毫米　1/16
印　　张	25.25
字　　数	327 千字
版　　次	2022 年 11 月第 1 版
印　　次	2022 年 11 月第 1 次印刷
定　　价	128.00 元

（图书如有装订差错请与发行部联系）